两江经济法治文丛

金融

西江经济法治文丛

岳彩申 总主编

2016年民间金融法治发展报告

岳彩申 主 编

万 江 副主编

Annual Report on China's
Rule of Law in Folk Finance(2016)

法律出版社 LAW PRESS · CHINA

两江经济法治文丛

总　序

随着我国经济体制改革的不断深化,经济法治建设面临着一系列重大理论与实践问题,急需从理论上展开深入探讨并提出有效的解决对策。"两江经济法治文丛"紧扣中国经济法治建设的主线,围绕如何实现政府与市场关系的法制化、如何发挥市场配置资源的决定性地位等重大理论与实践课题,力求通过出版一批具有前沿性和创新性的著作,寻求经济法治理论的创新,为中国市场经济法治建设提出对策建议。

"两江经济法治文丛"是重庆市"两江学者"特聘教授岗位推动学科建设的平台,是服务重庆及全国经济与法治建设的系列成果。"两江学者"计划作为重庆市最高层次人才计划,被公认为"重庆院士工程",是重庆市高层次人才队伍建设工程重大专项,在市委人才工作领导小组领导下,由市委组织部、市人力社保局牵头,市教委、市科委等市级有关单位共同实施,在全市重点产业、重点学科、重点建设领域设立100个特聘岗位,以带动全市重大项目、支柱产业和优势学科发展。其中,应用技术领域60个,基础研究领域25个,人文社科领域15个。该计划面向海内外延揽一流精英,造就一批高水平创新团队,培育一批高层次学术技术领军人才,提升重庆核心竞争力,打造内陆开放高地和西部人才中心。西南政法大学经济法学科经过几代人的不懈努力,在科学研究、人才培养、服务社会及文化传承方面取得了突出成就,于2003年和2007年两次被确定为国家重点学科,2011年入选设立"两江学者"岗位的单位,2013年我本人有幸受聘为"两江学者"岗位特聘教授。

为实现"两江学者"计划及特聘教授岗位设置的目标,"两江经济法治文丛"以推动经济法学科建设和服务重庆及全国经济社会发展为目标,选择西南政法大学经济法学科教师及博士研究生的优秀著作出版,重点资助专门研究经济法基本理论、财税金融法、竞争法、消费者保护法、农村经济法制等领域重大问题的优秀著作。文丛的出版坚持前沿性、科学性、现实性和针对性的原则，突出问题导向，采用灵活多样的著作形式，不仅包括个人专著，还包括合著、论文集等形式。根据申请出版的书稿质量，坚持择优资助和宁缺毋滥的原则，每年资助出版著作2～5部。

我们期待"两江经济法治文丛"的出版能为重庆及我国经济法治建设添砖加瓦，同时欢迎各界朋友不吝赐教，对文丛的出版提出宝贵建议和意见。

岳彩申

2015年6月3日

前　言

民间金融是相对正规金融而言的一种融资模式，两者的差距在过去较明显，区分的依据在于从事融资服务的金融中介是否得到了政府的有效控制。但是，民间金融与正规金融的这种泾渭分明的区别却在互联网金融、私募基金逐步被纳入政府监管的背景下模糊起来。尤其是前几年互联网金融游离于政府的严格监管之外时，网络借贷是一种不同于传统银行借贷、更接近于民间借贷的融资模式。但是，互联网金融逐步遍及各个行业，对国家金融安全、金融稳定的影响日益显著，政府监管亦日趋强化。比如，2016年国务院办公厅印发的《互联网金融风险专项整治工作实施方案》就对互联网金融从业机构准入、资金账户管理、资金运用情况、内控管理等予以明确要求。这些受到严格监管的互联网金融已不再符合民间金融的传统定义，但是，无论是网络借贷、众筹还是虚拟货币，其和银行、证券等传统的正规金融又有明显不同。这意味着，要么扩大民间金融的范畴，要么扩大正规金融的外延，要么以新的概念来涵括各种新型的融资模式。正是在这种背景下，我们将各种新的金融现象纳入“民间金融”这一更具生命力的分析框架下。

截至2016年年末，全国68家信托公司管理的信托资产规模跨入“20万亿元”时代。基金业协会已登记备案私募基金管理人17,433家，认缴规模突破10万亿元。其中，私募证券基金管理人7781家，规模27,661亿元。在互联网金融方面，网络借贷平台共4856家，使用网上支付的用户达到4.75亿，手机支付用户达到4.69亿。在民间金融野蛮生长的同时，2016年更引人关注的是各种问题的出现。互联网金融引发的校园裸贷、平台跑路等饱受关注。以网络借贷为例，近5000家平台正常运营的仅有1625家，无故关闭的平台共有433家，歇业停业的平台共

395 家,失联跑路及提现困难的平台分别有 181 家和 79 家。[①] 基于市场风险、信用风险的彰显,互联网金融行业监管力度明显加大、整顿步伐明显加快,监管部门颁发了大量监管文件。仅 2016 年 10 月 13 日,中央部委就颁发了 7 份规范互联网金融的文件,涉及网络借贷、股权众筹、互联网保险、第三方支付、互联网资产管理业务。2016 年国务院和中央部委制定了 10 多部规章、规范性文件,地方政府总共制定了 90 多部涉及民间金融的专门规范性文件,其中,绝大多数与互联网金融相关,与股权投资、民间借贷相关的规范性文件也不少。

民间金融在前几年的狂奔后开始逐步回归理性、规范发展,政策收紧必然会带来民间金融市场的一次重新洗牌。从长远来看,有效的政府监管将有利于民间金融的有序发展。重建民间金融的声誉机制,防止因为信息不对称带来的劣币驱逐良币问题,有助于发挥金融服务于实体经济的作用,有助于落实民间金融的普惠化。但是,既往的实践亦表明,不当的监管反而可能扭曲市场的自我调节机制,极容易导致"一放就乱,一管就死"的监管困境。

在这种情况下,理论界对民间金融监管的强化有期待,亦有担忧。过去一年,理论界对民间金融法治仍然保持着较高的研究热度,特别是互联网金融方面的研究成果继续大幅度增加,无论是数量还是质量均有一定提升。随着有关民间借贷司法解释的颁布,以及案件获取更便利,对民间金融的实证研究亦得以增多。总的来讲,有关民间金融法治发展的理论研究呈现出多样化、学科交叉的研究趋势。但是,我们也要注意到现有学术研究结构上存在的不均衡,即对股权投资、信托的研究较少,对互联网金融、民间借贷等热点问题的研究增长迅速;法学领域的规范性分析较多,实证研究、案例分析较少。

在这种背景下,我们期望通过每年定期发布民间金融法治发展报告,为学者和实务界人士研究民间金融提供完整的知识地图,为企业规范融资提供法律文献参考,为教育部哲学社会科学重大课题攻关项目《民间借贷与非法集资风险防范法律问题研究》(12JZD038)以及该课题

---

① 参见徐锻:《2016 中国 P2P 网贷年度报告:全年交易额近两万亿》,载零壹财经网:http://www.01caijing.com/article/12992.htm,最后访问日期:2017 年 3 月 20 日。

的深化研究提供理论上资料与数据的支撑。本报告作为民间金融法治发展报告的第三期，集中梳理了2016年我国有关民间金融研究的学术文献、学术活动、各级政府颁布的规范性文件，并选取了10个为社会关注的典型案例。报告撰写一如既往坚持三个特色：一是事实性，即报告主要是向读者提供案例、学术研究活动和学术成果、法律文件等信息，尽可能减少不必要的理论解释。二是及时性，即展示理论界和实务界的最新成果和实践探索。当然，我们更希望能够从每年的变化中捕捉具有规律性的问题。三是突出比较视野，尽可能收集国内外的典型案例、法律文件和学术文献，全面展示民间金融法治建设和学术研究在每个年度所取得的进展。我们期望，这种形式的年度报告可以为那些对民间金融感兴趣的各界人士提供全面的参考资料。同时，我们希望持续性的年度报告能够勾勒出我国民间金融法治发展的路径和发展方向。

作为西南政法大学经济法学科"两江学者"特聘教授，我一直在思考如何推动西南政法大学经济法学科的可持续发展，实现人才培养与社会服务的有机结合。文献梳理是学术研究最基本的功底和素养，指导青年教师和研究生全面梳理有关民间金融的理论文献、法律文件、制度改革和典型案例，是学科建设和培养青年学术人才的有效措施，也希望通过每年编写民间金融法治发展报告，助力西南政法大学的人才培养。报告的编写分工如下：第一编由闫夏秋、徐玖玖、陈彤、张卓、孙进丽、青彤编写；第二编由范水兰编写；第三编由万江、徐新星、戴航宁、徐玖玖、翟书珍编写；第四编由龚暄杰、宣潇然编写。

在此还必须说明，本研究报告的编写是对民间金融法治研究的新尝试，民间金融涉及范围相当广范，信息与资料的收集比较困难，受时间、人力及编写水平等因素的影响，难免还存在不少问题，离预期还有很大差距，恳请读者批评指正，提出建设性的意见和建议，以便在来年改进。

岳彩申

2017年5月12日

目　录

第一编　民间金融法治理论研究

第三编 民间金融域外法制的改革与发展

第四编 2016 民间金融十大案例

第一编　民间金融法治理论研究

民间金融法治理论研究作为基础的理论性研究，一直都是学术界和实务界深入探索民间金融法治的重要组成部分。总体而言，2016 年各界关于民间金融法治理论研究相较 2015 年仍然保持着较高的研究热度，特别是互联网金融方面的研究成果继续大幅度增加，无论是数量还是质量均有一定提升。为了尽可能全面地展现 2016 年度民间金融法治理论研究的全貌，本报告将民间金融法治理论研究分为民间金融法治理论研究概述、民间借贷的法治研究、私募的法治研究、股权投资的法治研究、信托的法治研究以及互联网金融的法治研究 6 个层面，广泛收集 2016 年相关学术会议、期刊论文、学术著作、科研项目和研究报告五种主要的研究成果，在充分总结和分析 2016 年我国民间金融法治理论研究最新成果的基础上，探寻我国民间金融法治理论研究的最新发展趋势，尽可能客观、全面地呈现过去一年内我国民间金融法治理论研究的整体状况，为学界和理论界的进一步研究提供参考，为国家和相关实务部门制定规则提供政策基础。

第一章　民间金融法治理论研究概述

一、数据采集说明

本报告主要利用中国知网(http://www.cnki.net/)、读秀学术搜索(http://www.duxiu.com/)、中国皮书网(http://www.pishu.cn/)、中国学术会议在线(http://www.meeting.edu.cn/meeting/indexS.jsp)、全国哲学社会科学规划办公室(http://www.npopss-cn.gov.cn/)以及百度(https://www.baidu.com/)等公共搜索网站,从民间金融、民间借贷、私募、股权投资、信托、互联网金融六大方面出发,以"关键词"为检索条件对2016年我国民间金融法治的理论研究文献进行跨学科检索。同时,在期刊论文的检索中区分法学与非法学学科、核心期刊和CSSCI期刊,在法学学科的检索中包括所有法学二级学科,不再作进一步的区分,在此基础上收集相关数据进行统计分析。

二、数据统计与分析

我国民间金融法治理论研究现状可从民间金融法治研究的总体状况、民间金融法治理论的综合研究两个层面展开。通过对2016年这两方面研究成果的数据统计和分析,尽可能使读者对我国民间金融法治理论的研究现状形成较为清晰的认识。

(一)民间金融法治研究的总体状况①

由表1-1可见,据不完全统计,2016年我国召开主题为"民间金

① 数据检索截至2016年12月31日,数据访问截至2017年3月20日。

融”的学术会议(包括会议论文)[①]79 次(篇),与 2015 年[②]相比增长了 61.2%,表现出学界和实务界对民间金融的研讨热情持续高涨;共发表关键词为“民间金融法治”的学术论文 3367 篇,与 2015 年[③]相比共出版主题为“民间金融法治”的学术著作 99 部,与 2015 年[④]相比增长了 43.48%;共发布主题包含“民间金融法治”的研究报告 63 份,是上一年度[⑤]数量的 2.5 倍,该部分增长数量主要体现在互联网金融方面,该方向的研究报告从 2015 年的 9 篇增加至 2016 年的 42 篇,充分表明了研究机构在 2016 年对互联网金融问题的高度关注。学界共承担主题为“民间金融法治”的部级以上科研项目 42 项,与 2015 年[⑥]相比略有增加。总体而言,2016 年我国民间金融法治的理论研究成果颇为丰富,学界的期刊论文和承担的科研项目仍然主要集中在民间借贷和互联网金融两大模块。民间借贷虽然在期刊论文方面比 2015 年的 1404 篇降低了 18.80%,但在学术会议、学术著作、研究报告和科研项目等方面的数量均翻了几倍,这在一定程度上表明民间借贷理论研究逐渐向系统性发展。互联网金融的增长主要表现在期刊论文、学术著作和研究报告方面,并且在各方面都居于民间金融法治研究成果数量的首位,体现了学界对于互联网金融的研究热潮仍然在持续发酵。

---

① 由于目前我国并没有一家权威的学术会议或会议论文数据库,因此本报告有关学术会议的统计数据主要来自中国学术会议在线(http://www.meeting.edu.cn/meeting/indexS.jsp)的检索数据,同时,借助百度等公共搜索网络进行人工辅助搜索,在此基础上得出统计数据。此外,对于通过前述手段仍检索不到的会议统计项,我们采用中国知网会议论文数据库检索的论文篇数来代替。所以,本报告关于学术会议的统计数据必然存在一定的误差,但我们认为,在没有权威数据库支撑的条件下这种误差是被允许的,特此说明。

② 根据我们在互联网搜索有关“民间金融法治”学术会议的检索数据统计,2015 年我国共召开主题为“民间金融”的学术会议(包括会议论文)49 次(篇)。

③ 根据我们在中国知网(CNKI)期刊论文数据库搜索有关“民间金融法治”学术论文的检索数据统计,2015 年我国共发表关键词为“民间金融法治”的学术论文 3368 篇。

④ 根据我们对读秀学术搜索(http://www.duxiu.com/)有关“民间金融法治”图书的检索数据统计,2015 年我国共出版主题为“民间金融法治”的学术著作 69 部。

⑤ 根据我们在互联网搜索有关“民间金融法治”研究报告的检索数据统计,2015 年我国共发布主题为“民间金融法治”的研究报告 18 份。

⑥ 根据我们在全国哲学社会科学规划办公室网站和教育部人文社科网等网站搜索有关“民间金融法治”科研项目的检索数据统计,2015 年我国共承担主题为“民间金融法治”的部级以上科研项目 38 项。

表 1-1　2016 年民间金融法治研究总体情况统计　　单位:篇

研究内容 / 发文数量	民间借贷	私募	股权投资	信托	互联网金融	合计
学术会议	12	10	16	6	35	79
期刊论文	1140	11	44	71	2101	3367
学术著作	11	13	8	13	54	99
研究报告	7	4	3	7	42	63
科研项目	16	0	0	5	21	42

资料来源:根据 cnki、读秀等数据库信息整理而成。

由表 1-2 可见,2016 年我国所有学科在民间金融领域共发表核心期刊学术论文 524 篇,与 2015 年相比降低了 22.14%,回归到 2012~2013 年民间金融法治研究的数量层级。我国民间金融法治研究在 2014 年和 2015 年连续 2 年经历了井喷式发展,2014 年增长幅度为 24.54%,2015 年在 2014 年丰富成果的基础上仍然保持了 9.61% 的增长幅度,期间民间金融法治的理论研究非常活跃,在 2015 年达到研究热潮的巅峰。2016 年民间金融法治研究热潮的冷却在一定程度上表明学界的研究开始回归理性。具体而言,一是民间金融的传统领域持续降温,表现在民间金融综合性研究、民间借贷等部分的核心期刊发文数量出现了明显的回落,但这并非表示民间金融的研究热潮退去,而是在数年研究成果基础上追求更深入研究的必然结果;二是民间金融的新兴领域热度上升,私募领域与上一年度保持相同的核心期刊发文数量,信托领域数量与 2015 年基本持平,维持一定的研究热度,股权投资领域的研究成果数量相较上一年度翻了将近两倍。虽然民间金融新兴领域呈现出持续增长的态势,但该三部分的发文数量总和仅占总数的 7.82%,虽然比 2015 年的 4.31% 占比量有了显著增加,但是,总体而言,研究成果仍然较为薄弱,期待学界在民间金融新兴研究领域投入更多的研究资源。

表 1－2　2012～2016 年所有学科关于民间金融法治的核心期刊①发文量统计②

单位：篇

发文年份 / 数量	2012	2013	2014	2015	2016
民间金融	134	124	92	103	47
民间借贷	318	294	224	203	151
信托	21	28	23	19	20
私募	2	3	6	4	4
股权投资	5	12	15	6	17
互联网金融	0	32	254	338	285
合计	480	493	614	673	524

资料来源：中国知网（CNKI）期刊论文数据库。

就研究领域而言，2016 年各学科对民间金融法治不同领域的关注度不同，表现在核心期刊论文成果上，如图 1－1 和图 1－2 所示：

一方面，从各领域的占比角度，如图 1－1 所示，2016 年在各学科有关民间金融法治的发文总量中，互联网金融的数量居于首位，占比达到 54.39%，略高于 2015 年 50.22% 的占比，已经连续 2 年超过民间借贷这一民间金融的传统研究领域；另一方面，从各领域的走势角度，如图1－2 所示，民间金融综合性研究和民间借贷研究的发文数量在持续下降，增幅主要体现在互联网金融、信托、私募和股权投资领域。虽然互联网金融在 2016 年的发文数量小幅回落，但是，仍然高于 2014 年“井喷式”发展时期的数量，各界的研究热情并未削减。

---

① 此处的核心期刊包括北京大学图书馆编制的北大中文核心期刊和南京大学中国社会科学研究评价中心编制的中国社会科学引文索引（CSSCI）期刊。此外，由于北大中文核心期刊与 CSSCI 期刊之间存在一定的交叉，因此，本报告所统计的核心期刊论文的数据必然存在一定的误差，特此说明。

② 检索说明：本编对有关期刊成果进行检索的数据库为 CNKI 中国知识资源总库期刊数据库，检索条件为“关键词”。对于所有学科的检索范围为全部学科领域；对于法学学科的检索范围为社会科学Ⅰ辑中的法理、法史、宪法、行政法及地方法制、民商法、刑法、经济法、诉讼法与司法制度、国际法等法学学科领域。数据检索截至 2016 年 12 月 31 日，数据访问截至 2017 年 3 月 20 日。

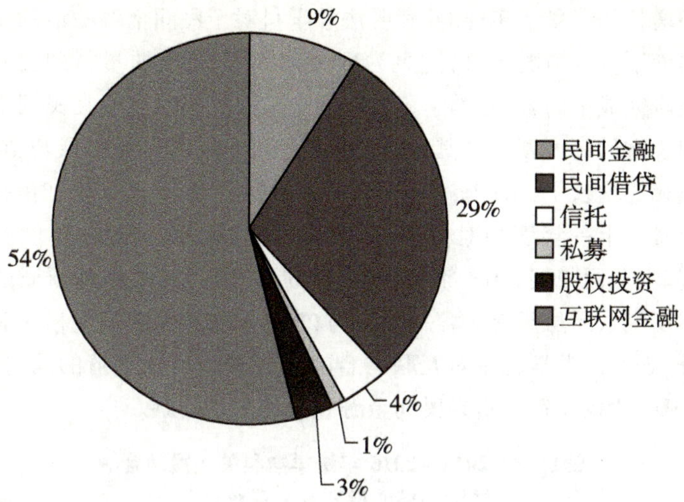

图1－1　2016年所有学科关于民间金融各子部分内容的发文量统计

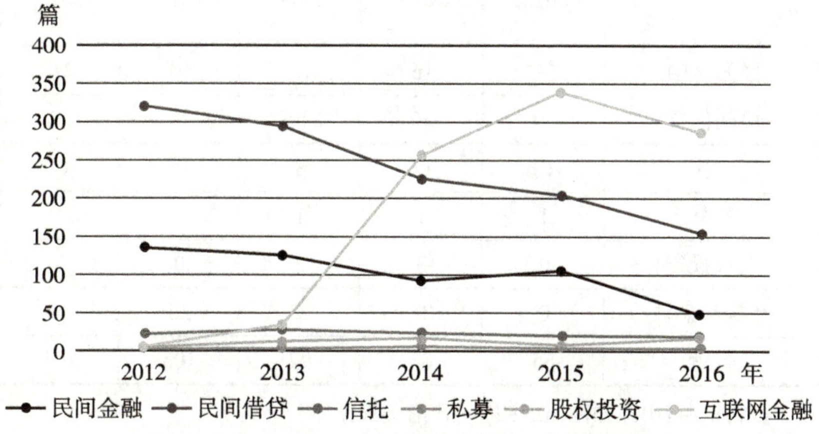

图1－2　2012～2016年所有学科关于民间金融各子部分内容的发文量走势分析

如表1－3、图1－3和图1－4所示，2016年法学学科共发表关于民间金融法治的核心期刊论文111篇，在数量方面比2015年增长了7.77%。就占比角度而言，法学学科关于民间金融法治的核心期刊论文占2016年所有学科关于民间金融法治的核心期刊论文总数的21.18%，相较于2015年的15.30%占比有显著提升。值得注意的是，这一占比的提升是在法学学科关于民间金融法治核心期刊论文数量与上一年度仅有小幅增长的背景下实现的，表明法学学科对于民间金融法治的研究在研究热度不减的情况下，研究更为理性和深入，研究质量得到提升。就各领域研究成果而言，法学学科的民间金融研究仍然集中在民间借贷和互联网金融的两大领域。其中，互联网金融领域的研究成果与2015年的数量相比增长了26.67%，民间金融综合性研究、民间借贷和信托领域研究数量与上一年度相对持平，股权投资领域虽然比上一年度有所增加，但基本上回归到2013年和2014年的研究数量，而私募领域的高质量法学研究成果虽只有4篇，但是，与2012～2015年的数量相比有了明显提升，表明法学学者在对互联网金融维持较高研究热情的同时，开始关注私募、股权投资等新兴民间金融领域的法治问题。

表1－3　2012～2016年法学学科关于民间金融法治的核心期刊发文量统计①

单位：篇

数量 \ 发文年份	2012	2013	2014	2015	2016
民间金融	15	16	15	16	16
民间借贷	29	36	40	40	37
信托	10	12	8	15	14
私募	1	1	1	2	4
股权投资	0	3	3	0	2
互联网金融	0	0	25	30	38
合计	55	68	92	103	111

资料来源：中国知网（CNKI）期刊论文数据库。

① 该部分数据检索截至2016年12月31日，数据访问截至2017年3月20日。

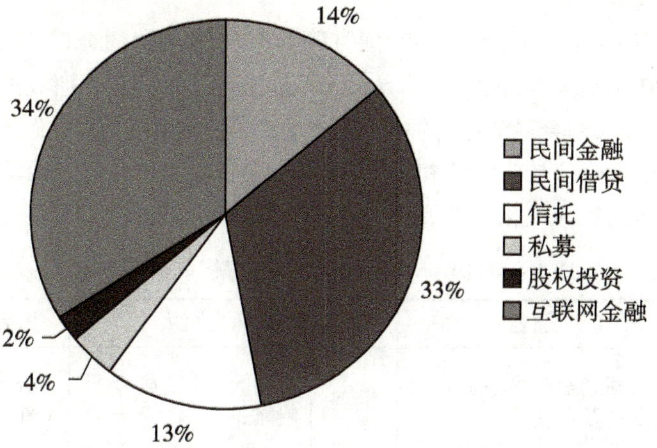

图 1－3　2016 年法学学科关于民间金融个子部分内容的发文量统计

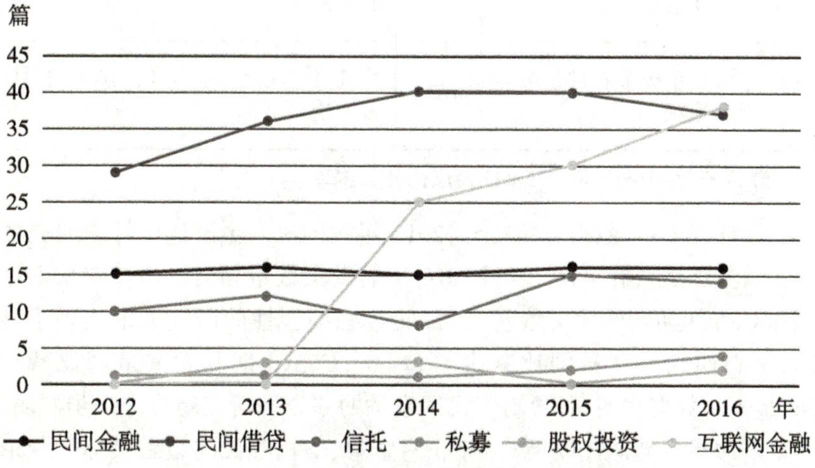

图 1－4　2012～2016 年法学学科关于民间金融各子部分内容的发文量走势分析

（二）民间金融法治的综合研究

民间金融法治的综合研究是学界从宏观层面对民间金融展开的研究，有别于民间借贷、互联网金融、信托等具体领域的类型化研究。本报告以“民间金融”为关键词，利用中国知网等数据库，从学术会议、期刊论文、学术著作、科研项目和研究报告五大方面对该领域的综合研究成果进行检索统计，尽可能全面、客观地展现 2016 年我国民间金融法治的综合研究成果。

如表1－4所示,2016年我国主题为“民间金融”的会议论文共计3篇,与2015年基本持平。① 学界对于民间金融法治综合性研究的关注仍然较高,但民间金融的综合性会议比2015年更为减少,民间金融各具体领域的学术会议较为活跃和频繁,表明社会各界对于民间金融法治的研究进一步向纵深细化和发展。

表1－4　2016年主题为“民间金融”的会议论文

序号	题名	作者	来源	发表时间
1	民间金融对中小企业的支持及创新	洪羽	2016年第二届今日财富论坛	2016年5月3日
2	民间金融风险产生的原因及治理措施	舒磊	2016年第二届今日财富论坛	2016年5月3日
3	浅析重庆市农村金融体系现状	谢沂片	第五届世纪之星创新教育论坛	2016年5月9日

资料来源:中国知网(CNKI)会议论文数据库。

根据表1－5数据分析可知,2016年我国民间金融法治综合研究的发文数量虽然略有下降,但和2015年的发文数量相对持平。在核心期刊和CSSCI期刊的发文数量上,民间金融综合性的研究成果出现了陡降,核心期刊发文量同比减少57.01%,CSSCI期刊发文量同比减少56.25%。数据表明,各界对于民间金融的综合性研究趋势进一步减弱,学术资源更多地向民间借贷、互联网金融、信托等民间金融具体表现形式的精细化研究倾斜。

① 根据对中国学术会议在线(http://www.meeting.edu.cn/meeting/indexS.jsp)和百度等公共搜索网络的检索统计,2015年我国召开的主题包含“民间金融法治”内容的全国性学术会议1次,主题为“民间金融”的会议论文2篇。

表 1－5　2012～2016 年关键词为“民间金融”的期刊论文发表情况统计①

单位：篇

数量＼发文年份	2012	2013	2014	2015	2016
全部期刊	634	429	391	369	251
CSSCI 期刊及占比	79 （12.46%）	82 （19.11%）	55 （14.07%）	63 （17.07%）	28 （11.15%）
北大核心期刊及占比	120 （18.93%）	120 （27.97%）	85 （21.74%）	101 （27.37%）	46 （18.33%）

资料来源：根据中国知网（CNKI）期刊论文数据库。

表 1－6　2012～2016 年法学学科关键词为“民间金融”的期刊论文发表情况统计

单位：篇

期刊＼年份	2012	2013	2014	2015	2016
发文数量（及占所有学科的比例）	69 （10.88%）	53 （12.35%）	53 （13.55%）	69 （18.70%）	45 （17.93%）
CSSCI 发文数量（及占法学学科的比例）	11 （15.94%）	13 （24.53%）	8 （15.09%）	11 （15.94%）	8 （17.78%）
北大核心发文数量（及占法学学科的比例）	10 （14.49%）	15 （28.30%）	14 （26.42%）	18 （26.09%）	16 （35.56%）

资料来源：根据中国知网（CNKI）期刊论文数据库。

根据表 1－6 的数据分析可知，2016 年度法学学者对于民间金融法治综合性研究的热情有所降温，发文数量与 2015 年度相比降低了 5.80%，但在所有学科发文数量的占比与上一年度相对持平，均远高于

① 该部分数据检索截至 2016 年 12 月 31 日，数据访问截至 2017 年 3 月 20 日。

2012 ~ 2014 年年度的占比数量，这表明，近 5 年法学领域总体而言对于民间金融法治的综合研究始终保持不断增长的研究热情。从 CSSCI 期刊和核心期刊的发文数量来看，两种期刊来源的发文数量均出现了一定程度的小幅下降，进一步表明法学学科领域的高质量研究成果在向细化的具体领域倾斜。

如表 1 – 7 所示，据不完全统计，2016 年我国共出版有关民间金融法治综合研究的学术著作 5 部，与 2015 年的学术著作成果数量持平，表明学界对于民间金融的综合性研究仍然处于稳步发展阶段。值得注意的是，2016 年民间金融法治的综合研究成果在研究方法上呈现出多元性和复合性，大量借鉴了社会学、管理学、信息经济学的研究范式，在理论研究上大大拓宽了学界对民间金融法治问题的研究边界，呈现了大量观点颇为新颖的研究成果，为国家和相关部门对民间金融的规制提供了政策参考基础，在一定程度上推进我国民间金融法治化进程向更深层次发展。

表 1 – 7　2016 年有关“民间金融”的学术著作出版情况统计

序号	著作名称	作者	出版社	出版时间	主要观点
1	民间金融合约的信息机制：来自改革后温台地区民间金融市场的证据	张翔	社会科学文献出版社	2016 年 1 月	本书通过对个人间直接借贷、合会和民营业存款类金融机构三类民间金融合约不同信息机制的分析，解释 3 类民间金融合约替代与并存现象的具体机制。本书通过信息汇聚机制解释了个体选择通过合会合约而非直接借贷合约向多人借钱，通过信息隐瞒机制解释合会的大规模倒会现象，通过政府信用信号发送机制解释温台地区民营存款类金融机构的发展，展现中国改革后民间金融交易从亲友间人格化交易到陌生人间非人格化交易的扩展过程

续表

序号	著作名称	作者	出版社	出版时间	主要观点
2	社会管理创新视野下的金融犯罪防控研究	李娜	浙江大学出版社	2016年5月	本书从社会管理与社会治理的缘起、金融活动的高度社会化入题,阐述了金融犯罪治理的法律和政策需求。着重分析商业银行信贷活动、民间金融借贷活动、房地产金融活动、证券金融活动中滋生的金融风险及其诱变为犯罪的情形。本书认为,社会力量、社会资源可望在金融犯罪治理中成为继政府、金融体系、司法体系之后能够发挥独特有效作用的重要力量。因此,应将社会治理的理念和技术移植到金融犯罪的防控中
3	民间金融市场治理法律制度研究	胡晓治、梁偲	浙江大学出版社	2016年9月	本书通过对民间金融市场治理逻辑的研究提出构建和完善法律制度的对策。民间金融的内生需求在于金融抑制和二元金融结构,其竞争优势在于降低交易成本和信息不对称程度。金融深化理论、公共利益理论均为民间金融市场治理的制度构建提供理论依据。民间金融市场治理的制度构建应当以维护社会公共利益、满足市场运行的基础法律需求、类型化民间金融作为合理规制的路径为宗旨。但是,民间金融市场治理存在三个方面的法制化障碍,包括金融抑制政策、司法解释越位、刑法过度介入。我国民间金融市场治理模式应当尊重市场自决、健全基础法律、防范系统风险,形成主体制度、行为制度、监管制度以及征信制度4个方面的制度构建

续表

序号	著作名称	作者	出版社	出版时间	主要观点
4	民间金融法律治理研究	魏敬淼	中国政法大学出版社	2016年9月	本书认为,民间金融是与官方正规金融相对应的概念,具有存在的必然性与正当性,并且已经达到相当规模。加之平等金融权已在党的十八届三中全会关于金融改革的篇章中作出规定,民间金融在规模和参与主体上都将获得进一步的发展。但是,民间金融复杂多样,尤其是互联网金融具有创新性,法律治理存在很大问题与缺失,影响民间融资的规范和有序发展,也影响金融安全与社会安定。因此,应当针对不同类型、不同特点的民间金融形式形成不同的法律治理机制和对策
5	银行金融、民间金融与隐性金融——近海捕捞业中船东的融资行为	周剑、王晓静	经济科学出版社	2016年9月	本书认为,近海捕捞业中船东的融资需求比较大,但是,通过银行等国家正规渠道得到的资金比较少。民间融资是船东常见的融资渠道,甚至还会选择通过其他一些隐性的融资契约取得资金。在此基础上,本书提出了近海捕捞业渔民的融资选择理论,分析了近海捕捞业的补贴政策、相关银行金融机构的信贷政策以及该领域的隐性金融契约现象

资料来源:根据读秀学术搜索(http://www.duxiu.com/)图书检索数据整理。

如表1-8所示,据不完全统计,2016年我国共发布主题为“民间金融”的研究报告3份,与2015年民间金融法治方面的研究报告数量持平。特别是西南政法大学岳彩申教授领衔的研究团队和中央财经大学民泰金融研究所所长史建平教授领衔研究团队始终关注民间金融的法治发展进程，连续多年发布关于民间金融的研究成果，对年度内的民间金融法治进行客观、全面的系统性梳理，为各界研究人士提供了基础的研究材料。

表1-8　2016年有关“民间金融”的研究报告

序号	报告名称	报告发布单位	出版单位发布时间	主要观点
1	2015年民间金融法治发展报告	西南政法大学岳彩申教授领衔的研究团队	法律出版社 2016年9月	本报告收集整理了2015年我国有关民间金融研究的学术文献、学术活动、各级政府颁布的规范性文件，并选取了10个为社会关注的典型案例。主要内容包括民间金融法治理论研究、民间金融国内法制的改革与发展、民间金融境外法制的改革与发展。同时，通过对民间金融法治的持续跟踪报告，希望能够从中勾勒出我国民间金融法治发展的可行路径和建设方向
2	中国中小微企业金融服务发展报告（2016）	中央财经大学民泰金融研究所所长史建平教授领衔研究团队	中国金融出版社 2016年6月	本报告汇集了该所研究团队对我国中小微企业金融服务最新跟踪研究成果。报告从商业银行、邮储银行与政策性银行、农村金融、信托、融资租赁、小贷、典当、担保与保理、创业投资、股权交易市场、债券市场、民间金融、保险共十三个方面对各类机构和市场在中小微企业金融服务领域的表现进行跟踪评价，用翔实的数据全视角展现我国中小微企业微金融服务全貌

续表

序号	报告名称	报告发布单位	出版单位发布时间	主要观点
3	2016 年民间资本与房地产业研究报告	住房和城乡建设部政策研究中心	2016 年 10 月 25 日	本报告认为,一方面,存量房时代城市更新势在必行,存量时代的房地产往往随着城市功能的改变而不断变化着承载的形式,实现着资产的升值;另一方面,以轻资产模式进行城市有机更新优势明显。因此,未来城市必将成为房地产投资的永续产业,是民间资本投资房地产的新热点

如表 1 - 9 所示,据不完全统计,2016 年我国共发布与“民间金融法治”密切相关的部级以上科研项目 4 项,其中,国家社科基金 2 项,教育部青年项目 1 项,法学会自选课题 1 项,在总体上仍然和 2015 年的科研项目数量基本持平。国家社科基金一般项目以温州地区的实践为基础,针对民间融资利率指数展开研究,这与我国利率市场化改革的实践进程形成呼应,表明国家层面对民间金融市场发展的高度关注。法学会部级课题关注非正式金融市场的监管法律制度,从市场角度提升民间金融的研究层次,表明学界对于民间金融法治问题的研究更为深入和理论化。值得注意的是,民间金融研究开始融入了历史学的研究范式,展现了各学科对于民间金融的高度关注和研究热情。

表 1 - 9　2016 年主题为“民间金融”的部级以上科研项目统计

序号	项目名称	主持人	项目类别	学科类别
1	基于温州指数的中国民间融资利率指数构建及其应用价值研究	徐小华	2016 年国家社科基金一般项目	应用经济
2	日本视野中的中国民间资本研究(1937 ~ 1945)	朱佩禧	2016 年国家社科基金青年项目	历史学

续表

序号	项目名称	主持人	项目类别	学科类别
3	金融反贫困的包容性治理及其空间效应研究	吕勇斌	2016年度教育部人文社会科学研究青年基金项目	经济学
4	非正式金融市场监管法律制度研究	巫文勇	中国法学会2016年度部级法学研究课题自选课题	法学

资料来源：全国哲学社会科学规划办公室网站和教育部人文社科网等。

三、民间金融法治综合研究综述

（一）民间金融法治综合研究综述

民间金融的监管问题始终是民间金融法治综合研究的重点内容。杨利华（2016年）[①]认为，民间金融市场应当以金融安全为前提，以金融自由和效率为灵魂。同时，民间金融的隐蔽性、无序性、局限性要求民间金融法律规制路径宜采取政策与法律的二元化模式，针对不同民间金融模式分别适用民商法和经济法进行分类规制，同时，兼顾政府差别化监管与行业自律。熊进光和王奕刚（2016年）[②]认为，我国现有的金融业市场准入制度存在准入标准高、准入断层大、不予认可合会等特点会导致“系统性负投资”、民间金融市场混乱、市场不公平、低效率等问题。因此，应当降低小规模民间金融组织准入门槛，升级转型民间金融组织，并且为部分民间金融形态提供合法的市场准入路径。吴国威和杨玲（2016年）[③]认为，应当针对民间金融活动制定专门法，由多主体共同形成全方位的民间金融监管体系，并且建设民间金融存款保险制度和存款准备金制度作为保障制度。

---

① 参见杨利华：《论我国民间金融的法律规制》，载《兰州学刊》2016年第1期。

② 参见熊进光、王奕刚：《我国民间借贷最高利率限额制度的变迁及优化路径》，载《甘肃社会科学》2016年第3期。

③ 参见吴国威、杨玲：《民间金融风险成因及防范对策》，载《人民论坛》2016年第5期。

随着民间金融综合研究的深入，学界开始出现新的研究视角。一是地区性研究成果增多：朱海城（2016 年）①对浙江地区民间金融研究进行综述，以近 30 年来国内外浙江民间金融研究中公开发表出版的论著为分析对象，从浙江民间金融与经济发展、浙江民间金融组织、浙江民间金融制度与历史、浙江民间金融问题与监管四个方面进行文献梳理与归纳。王晟先等（2016 年）②对温州地区的民间金融展开研究，提出民间金融阳光化是民间金融向现代金融转型的过程。杨浩宇（2016 年）③也对西部民族地区民间金融的监管制度进行分析。其中，农村地区的民间金融发展态势和规制机制研究成为许多学者的关注重点，例如，崔霞等（2016 年）④针对农村土地利用中的民间金融进行研究，认为农村地区的民间金融存在一套有别于正规金融监管的发展和治理逻辑，应尊重市场机制在土地利用中对民间金融的利用。刘景东（2016 年）⑤运用实证研究方法对安徽农村 1042 户农户进行调研，分析农村民间金融组织的稳定性和脆弱性问题。王宝娜和邬枫（2016 年）⑥认为，农村民间金融本身具有盲目性、自发性、不规则性等特点，应当完善村民间金融法律监管制度。二是有学者开始运用历史学的角度和研究范式展开历史性研究，例如，丁骋骋（2016 年）⑦以 1883～2015 年阶段为基础，从中国式金融危机历史的视角研究区域性民间金融风潮的成因和发展逻辑，提出区域性民间金融风潮的演化路径也经历“疯狂—惊恐—崩溃”三个阶段。其认为金融管控应当与经济发展程度相适应，一旦发生区域性民间金融风潮，

① 参见朱海城：《浙江民间金融研究述评》，载《理论月刊》2016 年第 2 期。

② 参见王晟先、黄健洋、马赛：《温州民间金融阳光化问题研究》，载《现代管理科学》2016 年第 2 期。

③ 参见杨浩宇：《西部民族地区民间金融监管研究》，载《贵州民族研究》2016 年第 1 期。

④ 参见崔霞、何真、龚勇：《农村土地利用中民间金融的运行逻辑与法律治理》，载《农村经济》2016 年第 6 期。

⑤ 参见刘景东：《农村民间金融组织的稳定性和脆弱性研究——基于社会网络的研究视角》，载《金融经济学研究》2016 年第 4 期。

⑥ 参见王宝娜、邬枫：《农村民间金融法律监管制度完善》，载《农业经济》2016 年第 6 期。

⑦ 参见丁骋骋：《区域性民间金融风潮：中国式金融危机简史（1883～2015）》，载《财政理论与实践》2016 年第 3 期。

在应对措施上也有别于普通金融危机。

(二)民间金融法治综合研究发展趋势

第一,民间金融综合研究随着金融理论的发展,理论分析框架呈现出多元化趋势。随着民间金融实践的发展,学界对民间金融研究的理论在金融发展理论、金融抑制理论的基础上,逐步引入区域金融理论、金融地理学等理论对民间金融展开深入研究,综合运用经济学、管理学、法学、历史学等学科的研究方法,极大地丰富了民间金融法治的研究研究成果。

第二,民间金融法治的研究进一步向纵深发展,理论层面的综合性研究逐渐降温。越来越多的民间金融研究开始关注实践中较为突出的基础性问题,例如,民间金融的利率问题、风险防范机制等。虽然民间金融监管制度仍然是学界的研究重点,但是,诸如区域性的民间金融发展问题、民间金融的利率问题等也逐渐开始成为民间金融综合性研究的主要领域。

第二章　民间借贷法律问题研究

一、数据统计与分析

表 2－1　2012～2016 年以“民间借贷”为主题的全国性会议论文①

单位：篇

年份 数量	2012	2013	2014	2015	2016
学术会议论文	9	12	3	6	8

资料来源：中国知网（CNKI）会议论文数据库。

表 2－2　2016 年以“民间借贷”为主题的全国性会议内容

序号	会议名称	主办方	召开时间	地点
1	2016 年第一届今日财富论坛	北京中外软信息技术研究院	2016 年 3 月 15 日	北京市
2	2016 年第二届今日财富论坛	内蒙古新华报业中心；北京中外软信息技术研究院	2016 年 5 月 3 日	北京市
3	决策论坛——管理决策模式应用与分析学术研讨会	《科技与企业》编辑部	2016 年 9 月 23 日	北京市
4	决策论坛——地方公共决策镜鉴学术研讨会	《科技与企业》编辑部	2016 年 12 月 10 日	北京市

资料来源：中国知网（CNKI）会议论文数据库。

① 数据检索截至 2016 年 12 月 31 日，数据访问截至 2017 年 3 月 20 日。

从表2－1、表2－2可见，2016年我国召开主题为民间借贷的学术会议（包括会议论文）8次（篇）。以民间借贷为主题的学术会议论文数量在2013年达到高峰，2014年大幅回落，但2016年有所回升，可见，学界还保持着对民间借贷问题的关注。在上述会议成果当中，大多数成果还是着眼于民间借贷的实务问题以及网络借贷，可以看出，研究依然紧跟民间借贷基础问题和热点问题。

表2－3　2012～2016年所有学科关键词为“民间借贷”的期刊论文发表情况统计①

单位：篇

年份 / 数量	2012	2013	2014	2015	2016
所有期刊	2090	1564	1363	1404	1140
CSSCI期刊论文数量及占比	166（7.94%）	161（10.29%）	129（9.46%）	131（9.33%）	100（8.77%）
北大核心期刊论文数量及占比	296（14.16%）	276（17.65%）	210（15.41%）	193（13.75%）	147（12.89%）

资料来源：中国知网（CNKI）期刊论文数据库。

从表2－3所有期刊、CSSCI和北大核心的论文数量统计数据可以看出，2016年所有学科共发表关键词为“民间借贷”的期刊论文1140篇，其中CSSCI期刊发表100篇，占总量的8.77%，北大核心期刊发表147篇，占总量的12.89%。2012年关于民间借贷的论文达到最高峰，之后逐年回落。在以“民间借贷”为关键词的所有期刊发文数量统计中，2016年的发文数量与2015年相比有所回落，近5年中，CSSCI和北大核心期刊所采纳的以“民间借贷”为关键词的文章数量在所有期刊中的占比波动不大，但到2016年，CSSCI和北大核心期刊的占比都有所降低，这说明学者们依然对民间借贷保持着相当高的讨论热情，但关注度有些减少。

① 该部分数据检索截至2016年12月31日，数据访问截至2017年3月20日。

表2-4　2012~2016年法学学科关键词为"民间借贷"的期刊论文发表情况统计①

单位:篇

年份 数量	2012	2013	2014	2015	2016
法学期刊论文数量	190	191	201	333	264
CSSCI期刊论文数量	20	28	25	32	28
CSSSI占比	10.53%	14.66%	12.44%	9.61%	10.61%
北大核心期刊论文数量	24	33	37	39	34
北大核心占比	12.63%	17.28%	18.41%	11.71%	12.88%

资料来源:中国知网(CNKI)期刊论文数据库。

从表2-4可知,2016年法学学科期刊中共发表关键词为"民间借贷"的论文264篇,其中,CSSCI期刊发表28篇,占总量的10.61%,北大核心期刊发表34篇,占总量的12.88%。在法学学科期刊中,2012~2014年的期刊论文数量相对稳定,到了2015年增速骤快,这与网络借贷的兴起密切相关,而国家在2015年开始出台相应的法律文件对民间借贷行为进行进一步规制,规范包括网络借贷在内的民间借贷行为。2016年法学期刊论文数量较2015年有所回落,CSSCI期刊和北大核心期刊的论文数量也有所减少,但占比与2015年基本持平,说明法学学科对民间借贷依然保持着一定的关注度。

从表2-5可以看出,2016年共出版以民间借贷为主题的学术著作11本,主要集中在法学学科,经济学科亦有少量著作产出。在法学学科领域,2016年的学术著作更多着眼于民间借贷实务经验与规则的探讨,以各个地方的民间借贷实践实例来研究民间借贷的重点难点。民间借贷是法学学者、司法实务人员等研究的热点问题,值得注意的是,不少学者聚焦温州民间借贷风波,对其根本成因、经济影响、应对机制等各个方面进行了深入探讨,温州民间借贷风波成为一个2016年民间借贷规制

① 该部分数据检索截至2016年12月31日,数据访问截至2017年3月20日。

与发展的重要事件。

表 2－5　2016 年有关“民间借贷”的学术著作

序号	著作名称	作者	出版社	出版时间	核心观点
1	民间借贷纠纷裁判思路与裁判规则	最高人民法院民事审判第一庭	法律出版社	2016 年 1 月	本书紧扣实务热点,立足实践指导实践,通过选取有较大借鉴参考价值的借贷纠纷案件切入,从民间借贷的受理、管辖、主体认定、借贷关系认定、成立、成效与效力、利息认定、担保、债的转让、诉讼时效、虚假诉讼、民间借贷与刑民交叉等角度探讨民间借贷在裁判环节当中的处理思路和相应的处理规则,解决了民间借贷实务当中的疑难问题
2	民间借贷与乡村经济社会研究——以近代广西民族地区为中心	陈峥	经济日报出版社	2016 年 1 月	近代时期,广西民族地区乡村负债率较高,高利贷占据了民间借贷体系的统治地位。本书的研究重点,一是近代广西民族地区乡村民间借贷的总体情况,主要包括负债率与负债额、借贷期限、利率方式、债主与债户等;二是民间借贷种类及其盛行原因;三是民间借贷与民族地区经济社会之间的联系及对社会阶层变动的影响;四是民族地区民间借贷的社会功能。本书重新探讨了近代广西民族地区高利贷存在原因,将广西民族地区乡村民间借贷与汉族地区、近代之前、城镇的民间借贷进行了比较,并提出了解决当今民族地区乡村金融的一些建议

续表

序号	著作名称	作者	出版社	出版时间	核心观点
3	借贷担保纠纷案例读本	七五普法图书中心	中国法制出版社	2016年1月	本书从日常经济活动中最常涉及的借贷担保类型和有关知识出发，讲解了银行贷款、民间借贷、保证、一般抵押担保、城市房地产抵押担保、质押担保、留置权七个方面的问题
4	温州企业资金链、担保链风险化解的实践与探索	温州市决策咨询委员会，中共温州市委政策研究室	中国经济出版社	2016年5月	本书是围绕触目惊心的温州民间借贷风波和大量企业因资金链、担保链断裂走向倒闭这一状况展开论述的，对资金链、担保链风险的形成、演变和应对过程进行了深刻的反思和总结，从宏观和微观层面进行深入分析，寻找风险化解的主要途径以及“两链”风险的司法处置工作机制的创新
5	民间借贷案件裁判要点与观点	韩延斌	法律出版社	2016年6月	本书的案例精心选自人民法院以及有代表性省份的法院近年来审结的数千件真实案件，兼顾每个专题问题的体系性，并包括人民法院公报案例、指导案例、人民法院发布的典型案例、个别省的参阅、参考性案例以及权威出版物所登载的案例等，涵盖此类案件重点、疑难、新型问题的法律适用点，着重准确简明地提炼“裁判要旨”，同时，挂接了司法解释理解与适用等权威的观点

续表

序号	著作名称	作者	出版社	出版时间	核心观点
6	温州民间借贷纠纷解决机制研究	周湖勇	浙江大学出版社	2016年7月	本书从温州民间借贷纠纷入手,针对温州民间借贷纠纷“井喷”的现状,调查了温州民间借贷纠纷解决的现状,总结温州民间借贷纠纷解决机制的特点、经验及教训,从中发掘现代金融纠纷解决机制的规律,推进“大调解”体系建设,从而构建一套适合现代金融纠纷特点的多元化纠纷解决机制
7	民间借贷案件审判要点	王海萍	法律出版社	2016年7月	本书涵盖了民间借贷的主体、借贷事实、证据收集、立案、审理、刑民交叉等内容,以帮助广大社会公众认知民间借贷、防范民间借贷风险。在写作方式上,以问题作为标题,一方面,凸显民间借贷实践中存在的公众较为关心的问题;另一方面,则方便检索查找感兴趣或对身边事有帮助的问题。在写作体例上,每个具体问题包括基本理论、典型案例、有关法律规定三个部分,既从理论上展现了问题的认知与争议,又从实务上回应了问题的共识与解决

续表

序号	著作名称	作者	出版社	出版时间	核心观点
8	民间借贷的社会风险防控机制研究——温州案例	王尚银	厦门大学出版社	2016 年 7 月	时下,由于"金融改革"的有限性、国家产业政策的限制性等因素的影响和作用,民间借贷的规模、地域等还会扩大。由此,就存在借贷资金链条断裂、金融风险、社会风险的可能性。本书分析传统路径民间借贷风险防控实践和理论上的局限性,区分社会风险防控中的两维途径,建构"二维空间"理论。方法论上:注重微观研究并将现实主义与建构主义整合;提出了社会风险研究的新视角:社会互动与社会风险的关联性;建构了民间借贷社会风险防控的新机制:提出了新机制下民间借贷社会风险的防控对策
9	民间借贷交易与农村微型金融中介体发展研究	张乐柱	中国农业出版社	2016 年 8 月	本书在借鉴探讨农村金融中介理论基础上,分析了基于机构视角的现有农村金融中介体变迁及其功能,理论剖析了民间信贷交易市场及其机制,包括甄别机制、履约机制、监督机制与风险控制机制等,借鉴国际农村微型金融中介体可持续发展经验,研究探讨了农村微型金融中介体的筛选规则、几类重要的微型金融中介体形式以及微型金融中介体的培育。在此基础上,得出研究结论并提出政策性建议

续表

序号	著作名称	作者	出版社	出版时间	核心观点
10	民间融资法律规制问题研究	甘培忠	北京大学出版社	2016年9月	本书共十一章。第一章、第二章两章为民间借贷融资问题总论，对民间借贷问题概念、定义、分类进行了概述，对民间融资借贷问题宏观上的经济、社会原因进行分析，并以金融监管理论为问题的规制提供了思路和方向。第三章、第四章综述国内、国外的借贷融资问题的发展与现实，总起报告的具体分析部分，为后续的微观分析提供了分析路径与分析背景。第五～十章为具体问题的微观分析，以融资方式和主体的类型为基本分类，对我国现实中的民间融资借贷问题及其规制思路进行了分析。第十一章作为本报告的结论，对我国规制民间借贷融资问题提出了若干立法、修法建议

续表

序号	著作名称	作者	出版社	出版时间	核心观点
11	民间借贷法律治理的地方实践	胡毅峰	人民法院出版社	2016年10月	本书选取了内蒙古高级人民法院关于民间借贷法律治理的调研成果，主要以内蒙古自治区以及全国部分典型地区的民间借贷纠纷法律治理情况为研究对象，通过理论研究、数据统计、实践总结等方式对民间借贷的法律治理进行了深入的调查研究，并在司法应对、政府治理和立法完善三个方面提出了民间借贷法律治理的完善建议。其调研成果在民间借贷概念界定、民间借贷与基础法律关系处理、利率分类规制、“刑民交叉”处理、虚假诉讼防范、网络贷款平台规范等方面的立法建议被最高人民法院原则采纳和吸收

资料来源：读秀学术检索数据库。

从表2－6可以看出，2016年共发布7份关于民间借贷的研究报告，在数量上有所增加，并且注重民间借贷行业的现状与发展，仍由固定的研究院、咨询公司每年定期发布上一年度行业数据统计与分析，并对未来行业的走势做出预测。从2016年研究报告的具体研究内容不难发现，研究者更多地关注到中小企业的融资问题，以各个地区的中小企业借贷实践经验和数据为支撑，研究中小企业融资贷款的现状及未来发展趋势，说明随着国家对中小企业扶持的加大，中小企业更加积极寻求资金注入，以谋求企业自身的扩充、完善和发展，由此引起了学界更多的关注。

表 2-6　2016 年有关"民间借贷"的研究报告

序号	研究报告 （著者/发布者）	研究报告框架
1	2015 年民间金融法治发展报告 （岳彩申、万江）	第一章：民间金融法治理论研究；第二章：民间金融国内法制的改革与发展；第三章：民间金融境外法制的改革与发展；第四章：2015 年民间金融十大案例
2	2016～2021 年中国民间借贷行业市场趋势研究及十三五前景展望 （中研普华）	第一章：民间借贷行业发展综述；第二章：民间借贷行业市场环境及影响分析；第三章：我国民间借贷行业运行现状分析；第四章：我国民间借贷市场供需形势分析；第五章：我国民间借贷细分市场分析与预测；第六章：我国民间借贷行业营销趋势及策略分析；第七章：民间借贷行业区域市场分析；第八章：2016～2021 年民间借贷行业竞争形势及策略；第九章：2016～2021 年民间借贷行业领先企业经营形势分析；第十章：2016～2021 年民间借贷行业前景及趋势预测；第十一章：2016～2021 年民间借贷行业投资价值评估分析；第十二章：2016～2021 年民间借贷行业投资机会与风险防范；第十三章：民间借贷行业投资战略研究；第十四章：研究结论及投资建议
3	2016 年小额贷款行业研究报告 （前瞻产业研究院）	第一章：小额贷款行业综合统计分析；第二章：小额贷款行业未来发展环境分析；第三章：互联网对小额贷款行业冲击挑战及突围策略；第四章：小额贷款行业重点区域投资前景；第五章：小额贷款行业标杆企业经营状况

续表

序号	研究报告 （著者/发布者）	研究报告框架
4	2016～2020 年中国民间借贷行业市场动态聚焦分析及深度研究咨询报告 （三胜咨询）	第一章：民间借贷行业发展综述；第二章：民间借贷行业市场环境及影响分析；第三章：我国民间借贷行业运行现状分析；第四章：我国民间借贷市场供需形势分析；第五章：我国民间借贷细分市场分析及预测；第六章：我国民间借贷行业营销趋势及策略分析；第七章：民间借贷行业区域市场分析；第八章：2016～2020 年民间借贷行业竞争形势及策略；第九章：2016～2020 年民间借贷行业领先企业经营形势分析；第十章：2016～2020 年民间借贷行业前景及趋势预测；第十一章：2016～2020 年民间借贷行业投资价值评估分析；第十二章：2016～2020 年民间借贷行业投资机会与风险防范；第十三章：民间借贷行业投资战略研究；第十四章：研究结论及投资建议
5	2016～2020 年中国民间借贷行业市场动态聚焦分析及市场评估咨询报告 （博思数据研究中心）	第一章：民间借贷行业发展综述；第二章：民间借贷行业市场环境及影响分析；第三章：我国民间借贷行业运行现状分析；第四章：我国民间借贷市场供需形势分析；第五章：我国民间借贷细分市场调研及预测；第六章：我国民间借贷行业营销趋势及策略分析；第七章：民间借贷行业区域市场调研；第八章：2016～2020 年民间借贷行业竞争形势及策略；第九章：2016～2020 年民间借贷行业领先企业经营形势分析；第十章：2016～2020 年民间借贷行业前景及趋势预测；第十一章：2016～2020 年民间借贷行业投资价值评估分析；第十二章：2016～2020 年民间借贷行业投资机会与风险防范；第十三章：民间借贷行业投资规划建议研究；第十四章：研究结论及投资建议

续表

序号	研究报告（著者/发布者）	研究报告框架
6	中国中小企业贷款市场模式分析与未来应用调研分析报告 2016（中研嘉业研究院）	第一章：中小企业贷款的相关概述；第二章：2016 年中小企业发展状况分析；第三章：2016 年中国中小企业贷款市场环境分析；第四章：2016 年中国中小企业融资主要模式分析；第五章：2016 年中小企业贷款市场分析；第六章：2016 年中小企业贷款主要渠道分析；第七章：2016 年中国主要地区中小企业贷款分析；第八章：2016 年中国金融机构中小企业贷款分析；第九章：中小企业贷款风险管理及防范策略分析
7	中国小额贷款行业现状分析与发展前景研究报告（中国产业调研网）	第一章：小额贷款相关概述；第二章：2012 ~ 2015 年国外小额贷款发展分析；第三章：2012 ~ 2015 年中国小额贷款发展的经济社会环境；第四章：2012 ~ 2015 年中国小额贷款发展分析；第五章：2012 ~ 2015 年小额贷款公司及其业务分析；第六章：2012 ~ 2015 年银行系金融机构小额贷款分析；第七章：2012 ~ 2015 年农村小额贷款市场分析；第八章：2012 ~ 2015 年中小企业小额贷款市场分析；第九章：2012 ~ 2015 年重点地区小额贷款发展分析；第十章：2012 ~ 2015 年中国小额贷款市场主要竞争主体分析；第十一章：2012 ~ 2015 年中国小额贷款发展的政策背景；第十二章：小额贷款市场的投资机会及前景分析；第十三章：（济研咨询）小额贷款市场的投资风险及防范建议

资料来源：根据互联网资料整理。

从表 2 – 7 可以看出，2016 年有关民间借贷的省部级以上科研项目共有 16 个。2016 年立项的关于民间借贷的国家级课题主要集中于应用经济学科，经济学、社会学、管理学等学科也有所涉及，法学学科方面关注度不高。而从研究的主题来看，网络借贷无疑是学者们研究的重点问题，但中小企业借贷和农村借贷也逐渐走入学者们的视野。

表 2－7 2016 年有关“民间借贷”的省部级以上科研项目
（包括法学和非法学专业）

序号	项目名称	主持人	项目类别	学科类别
1	资产专用性、声誉效应与农村互联性贷款自我履约的机理研究	米运生	2016 年国家社科基金重点项目	应用经济学
2	新常态下民间借贷危机的形成机理及治理路径研究	肖韶峰	2016 年国家社科基金一般项目	理论经济学
3	基于精准扶贫视角下的目标群小额信贷研究	谢玉梅	2016 年国家社科基金一般项目	应用经济学
4	P2P 网络借贷中信息披露失范及其动态甄别研究	冯素玲	2016 年国家社科基金一般项目	应用经济学
5	基于利益相关者异质性的 P2P 网贷价值网的构建、价值共创与政府规制研究	吴庆田	2016 年国家社科基金一般项目	应用经济学
6	基于社会网络的网络借贷风险识别与控制研究	童泽平	2016 年国家社科基金一般项目	应用经济学
7	基于生态圈视角的 P2P 网络借贷信用风险传导、动态评测与防控策略研究	谭中明	2016 年国家社科基金一般项目	管理学
8	新常态下“影子银行”与我国区域经济增长的关联机制研究	马光宇	2016 年国家社科基金一般项目	应用经济学
9	我国网络借贷的地方治理模式研究	向静林	2016 年国家社科基金青年项目	社会学
10	中国 P2P 网络借贷行业的有效竞争及实现路径研究	姜琪	2016 年国家社科基金青年项目	应用经济学

续表

序号	项目名称	主持人	项目类别	学科类别
11	隐性高利贷纠纷的裁判困境与适用利益衡量之公共政策表达	袁继红	2016年度教育部人文社会科学研究规划基金项目	法学
12	网络借贷信用风险评估的结构化方法及应用研究	胡文彬	2016年度教育部人文社会科学研究青年基金项目	交叉学科/综合研究
13	金融发展条件下农村信贷约束与农户借贷行为研究——基于浙江样本的分析	刘际陆	2016年度教育部人文社会科学研究青年基金项目	经济学
14	信贷宽松的政策有效性研究：基于缓解中小企业融资约束的视角	于蔚	2016年度教育部人文社会科学研究青年基金项目	经济学
15	金融机构主导型影子银行风险的审计监管研究	蒲丹琳	2016年度教育部人文社会科学研究青年基金项目	经济学
16	网络借贷平台法律规制研究	郑仁荣	中国法学会2016年度部级法学研究课题自选课题	法学

资料来源：根据互联网资料整理。

二、文献综述

在2016年的文献中，对民间借贷法律问题的关注点较为分散，有学者就2015年最高人民法院出台的关于民间借贷的司法解释作出评析，有学者关注民间借贷在司法实践当中的重点难点，也有学者以民间借贷的历史发展和演变过程为视角，探讨民间借贷的演变及法律规制的得失，从而为当下的民间借贷发展总结经验与教训。总体而言，学者针对民间借贷的研究有以下几个方面。

（一）民间借贷行为与刑法犯罪的界限

1. 民间借贷法律责任中对刑事责任的偏重

岳彩申、车云霞（2016年）①认为，我国的刑法并未对民间融资行为可能造成的社会危害后果进行类型划分，而是统一适用于非法集资行为相关的罪名，在司法实践中将相应行为直接认定为非法吸收公众存款罪和非法经营罪，这难免会扩大对民间融资行为的打击范围，造成民间融资法律责任的重刑倾向，极大地打击了民间借贷主体的积极性，也造成了特定时期的民间借贷“冤案”。但同时，暴露了民间借贷规范化发展的法制需求与民间借贷传统法律监管制度供给之间的不协调。

袁林、姚万勤（2016年）②则认为，当前我国司法机关处理民间借贷涉罪案件的“先刑后民”模式存在理论缺陷，具体表现为：首先，该模式体现了公权绝对优先的价值理念，与现代法治理念不符；其次，该模式与基于“同一事实”或“同一法律关系”为基础确立的合并审理原则相悖；最后，该模式容易被当事人恶意利用。

梅腾、阎二鹏（2016年）③认为，目前我国司法实践对集资行为的重刑主义十分明显，非法吸收公众存款罪定罪标准低，理论界与实务界对非法吸收公众存款罪的构成要件进行形式解释导致该罪扩张适用。以P2P网络借贷为例，无论是平台自融资金还是借款人借助平台集资，对P2P网贷平台债权转让的刑法规制必须具有限度，需要对非法吸收公众存款罪构成要件进行规范解构，缓解刑法过度介入P2P网贷债权转让的困境。

2. P2P网贷平台犯罪与刑法规制

林越坚、李俊（2016年）④主张，可以用“擅自发行股票、债券罪”来规制互联网金融资产证券化业务模式，但不应根据人数，而应根据融资

---

① 参见岳彩申、车云霞：《民间借贷法律监管的新进路》，载《河北法学》2016年第5期。

② 参见袁林、姚万勤：《民间借贷涉罪案件处理模式的反思与重构》，载《天津师范大学学报》（社会科学版）2016年第1期。

③ 参见梅腾、阎二鹏：《“P2P网贷债权转让”的刑法介入——以非法吸收公众存款罪的实质解释为视角》，载《中国人民公安大学学报》（社会科学版）2016年第2期。

④ 参见林越坚、李俊：《P2P网贷平台犯罪及司法治理研究》，载《河北法学》2016年第10期。

金额来设定入罪标准，对于尚未构成非法集资或擅自发行股票、债券罪的互联网金融违法活动，则以"非法经营"来进行规制，但入罪的标准应适度提高。在具体判断 P2P 网贷平台融资行为的法律效力时，应结合《最高人民法院关于审理民间借贷案件适用法律若干问题的规定》来作出合理的刑、民处分。在强化司法治理的基础上，还应进一步强化行政监管，并构建好互联网金融健康发展的信息基础。

3. 高利转贷合同的刑、民规制

纪海龙（2016 年）[①]认为，考量强制性规定导致合同无效的情形，《最高人民法院关于审理民间借贷案件适用法律若干问题的规定》第 14 条将套取金融机构信贷资金又高利转贷给借款人的情形认定为民间借贷合同的无效情形，这一无效事由直接来源于刑法中的高利转贷罪。目前，我国的信贷市场已经基本实现市场机制的调控，国家对信贷市场的影响主要通过宏观货币政策，信贷市场的利率也已经放开，高利转贷罪的立法目的已经落空。且金融最主要的功能就是通过资金的流转，实现资金的合理优化配置，从而扩大资金的使用价值。因此，根本没有必要禁止转贷行为。国家在刑法层面惩罚高利转贷的行为本就不具备正当性。就比例原则审查的程序而言，其预备阶段（确定正当目的）便未通过，更无须再谈为实现目的运用合同无效的手段。

姚万勤（2016 年）[②]认为，利用刑法规制高利贷行为，在选择具体路径上应当把握两点：一是应贯彻刑法的谦抑性，尽量避免利用刑法进行干预，高利贷行为虽然损害了正规金融机构的隐性利益，但与纯粹破坏金融市场秩序的行为相比，社会危害性显然较小，对其保持一定程度的宽容，不认为构成犯罪才具有妥当性；二是创新高利贷行为登记制度，加大国家对高利贷行为的监管力度，将其纳入监管部门的有效监管范围内加以规制。

（二）民间借贷规制的司法实践

随着《最高人民法院关于审理民间借贷案件适用法律若干法律问题

---

① 参见纪海龙：《比例原则在私法中的普适性及其例证》，载《政法论坛》2016 年第 3 期。

② 参见姚万勤：《用刑法规制高利贷行为的合理性质疑》，载《内蒙古社会科学》（汉文版）2016 年第 4 期。

的规定》的公布,对民间借贷的法律规制也逐渐明朗。许多学者认为,这一规定是建立在司法审判实践的基础上查缺补漏,解决了现实当中的许多"老大难"问题,但也有学者认为,此次《规定》的公布仅是粗浅的尝试,许多问题仍然滞留在原地。因此,2016 年的文献当中,在探讨有关民间借贷的司法实践问题时,不少学者都是建立在《规定》的具体内容之上进行讨论的。

1. 评析《规定》的具体内容

(1)以买卖合同作为民间借贷合同的担保

《规定》第 24 条规定:"当事人以签订买卖合同作为民间借贷合同的担保,借款到期后借款人不能还款,出借人请求履行买卖合同的,人民法院应当按照民间借贷法律关系审理,并向当事人释明变更诉讼请求。当事人拒绝变更的,人民法院裁定驳回起诉。按照民间借贷法律关系审理作出的判决生效后,借款人不履行生效判决确定的金钱债务,出借人可以申请拍卖买卖合同标的物,以偿还债务。就拍卖所得的价款与应偿还借款本息之间的差额,借款人或者出借人有权主张返还或补偿。"

董新辉(2016 年)[①]认为,《规定》第 24 条承认了买卖合同作为担保方式的效力,也即承认了当事人通过契约的方式设定后让与担保,从而形成一种受契约自由原则和担保之经济目的双重规定的债权担保关系。

庄加园(2016 年)[②]在此基础上提出,《规定》第 24 条第 1 款关于当事人以签订买卖合同作为民间借贷合同的担保,在出现纠纷时按照民间借贷法律关系进行审理的规定,显然是将该买卖合同定性为担保合同,但并未细化具体的担保方式,也有意识地回避了有限受偿权的问题。而其定性本身亦值得商榷,由于担保物的所有权并未发生转移而难以发挥担保债权的功能,当事人在订立担保约定时,既未设立担保物权,也未创设期待权,因此,实际上并没有发生所谓的担保,是否"名为买卖、实为担保"存在争议。

---

① 参见董新辉:《后让与担保的重新解读——以〈民间借贷司法解释〉第二十四条为中心》,载《学术交流》2016 年第 7 期。

② 参见庄加园:《"买卖型担保"与流押条款的效力——〈民间借贷规定〉第 24 条的解读》,载《清华法学》2016 年第 3 期。

张伟(2016 年)[①]亦认为,第 24 条存在模糊之处。一是该条中买卖合同的缔结具有创设担保功能的目的,但让与担保和后让与担保等非典型担保物权是学理上的概念,债的制度安排可以构建担保功能。因此,不应在以买卖合同担保民间借贷合同的审判实践中予以认定。二是第 24 条的适用是以存在真实有效的买卖合同关系为前提,并且买卖合同担保功能的实现或者说其与一般买卖合同的差异也必须以存在一个牵连的民间借贷合同为基础。三是在立法没有否定存在买卖合同关系的情况下,尽管《规定》表明应按照民间借贷法律关系审理,审判实践也难以对买卖合同置之不理,因而买卖合同是有效的且应当获得审理。

(2)从法定到市场化的利率

《规定》将借款合同认定为有偿合同——借款应当支付利息,并规范了民间贷款利率,以年利率 24% 及 36% 的固定利率作为限制依据。利率市场化改革不仅意味着可能不再存在诸如"基准利率"的行政规制,还应当体现为民间借贷的当事人在具体的利率约定方面拥有更高程度的"合同自由"。这一规定打破了以往以金融机构实行的存贷款利率为标准,来评价民间借贷利率的高低与合法与否的不客观、不公平的做法。何小勇[②](2016 年)认为,《规定》中设定这一区间,恰是对民间金融市场高利贷现象的认可,利率的本质虽然是资金的使用价格,但目前民间借贷实行的高利贷,显然不能归属于市场利率的范畴。虽然高利贷现象与我国金融市场的不完善相关,但不能成为其合法化的理由。

但是,就《规定》中的利率限制而言,刘勇[③](2016 年)认为,固定利率的"三区间"限制模式不仅会造成法律关系的不确定,而且并不符合利率市场化的改革方向,可能激励当事人的机会主义。因此,民间借贷的利率规制应当进行从法定利率到市场利率的思路转变,针对市场交易的典型情况区分集资型、放贷型和充分合意型借贷,并根据当事人身份、

① 参见张伟:《买卖合同担保民间借贷合同的解释论——以法释〔2015〕18 号第 24 条为中心》,载《法学评论》2016 年第 2 期。

② 参见何小勇:《我国金融体制改革视域下非法集资犯罪刑事规制的演变》,载《政治与法律》2016 年第 4 期。

③ 参见刘勇:《利率规制:从"法定"到"市场"——兼评最高人民法院司法解释的相关规定》,载《内蒙古社会科学》2016 年第 3 期。

缔约情节以及合同整体来综合判断限制利率的必要性和具体的实施路径。而赵菲[①](2016 年)认为,确定明确的利率上限忽视了社会现实的差异,除了规避法律风险增加社会的不安定因素和造成实质上的不公平外,实行全国统一的利率上限,对于金融市场发展程度参差不齐的中国来说,显然没有起到利率对于非正规金融市场的"筛选作用",并不符合公平的价值追求。要解决这一困境,可以先行解决利率上限规则的性质问题,统一规则适用的法律效力,改变利率上限规则的"结果公正"为"过程公正",并结合民间借贷的特性制定单行法规。

熊进光、王奕刚(2016 年)[②]则认为,《规定》中的利率区间是对我国民间金融长久以来民事习惯的一种尊重,而且创新性地引入不完全债权(自然债权)概念。关于最高利率限额制度的优化方向应有:第一,以价格指数为先导,实现民间借贷利率的市场化、差异化;第二,对接刑法,做好高利率的刑法打击;第三,完善司法,进一步加强金融审判能力。

(3)P2P 网贷平台的定位

何小勇(2016 年)[③]认为,虽然 P2P 网络借贷被定性为民间借贷,但其业务开展受中国银行业监督管理委员会监管,网络借贷平台被规定只能为投资方和融资方提供信息交互、撮合、资信评估等中介服务,不得提供增信服务,不得非法集资,借贷行为只能由借贷双方或具有资格的小额贷款机构进行。

关于"中介"的定性问题,赖丽华(2016 年)[④]认为,现行的行政政策和最高人民法院的司法解释,对 P2P 网络借贷平台的"信息中介"和"媒介服务机构"的定位,不符合法学规范的精准要求,单纯地将 P2P 网络借贷平台定位为"中介"或者"媒介",不但有失偏颇,还导致 P2P 网络借贷司法解释错误。网络借贷平台在民商法上是居间人,必须承担商事居间

---

① 参见赵菲:《民间借贷借款利率上限法律规则适用问题探讨》,载《西安财经学院学报》2016 年第 6 期。

② 参见熊进光、王奕刚:《我国民间借贷最高利率限额制度的变迁及优化路径》,载《甘肃社会科学》2016 年第 3 期。

③ 参见何小勇:《我国金融体制改革视域下非法集资犯罪刑事规制的演变》,载《政治与法律》2016 年第 4 期。

④ 参见赖丽华:《P2P 网络借贷平台的复合民事法律地位》,载《法学论坛》2016 年第 3 期。

人的义务和责任。同时,网络借贷民事活动的特殊性决定了网络借贷平台还兼具出借方代理人的身份。网络借贷平台不得以任何方式免除其代理人应尽的义务和责任。网络借贷平台违反代理人应尽的义务而造成出借人损失时,应承担民事赔偿责任。郭金良①(2016 年)认为,《规定》第 22 条的规定甚至没有解释清楚何为"媒介服务",如何解释这类技术性问题将给司法实践带来难点,产生 P2P 平台和投资者举证责任上的模糊。

2. 特定地区和群体的民间借贷问题

熊进光和王奕刚②(2016 年)在经过对我国金融结构的深入研究后提出,"二元金融体系结构"与中国特色的"城乡二元结构"结合,共同形成了我国特有的"双重二元金融结构"——其中,第一层二元对立结构是城市与农村金融体系的二元对立;第二层二元对立结构是正规金融体系和非正规金融体系的二元对立。在现有的双重二元金融结构中,一方面,正规金融机构受到法律的保护以及国家政策的支持,但其对民营中小企业的信贷歧视以及对农村等经济不发达地区的地域歧视使得相应主体的信贷需求得不到满足。另一方面,民间金融机构虽然能够在一定程度上满足中小企业及农户的信贷需求,但却不被法律保护甚至是被禁止,提高了其融资成本,并在一定程度上积累了风险,这种对立在我国农村地区则显得更加尖锐。

(1)农村民间借贷纠纷的解决

农村民间借贷由于依赖人情和信任,以互助性农村借贷较为常见,还有少量的以牟利为目的的职业放贷人。但由于操作不规范、手续不齐全,农村民间借贷往往会因为口头约定缺少借据、还款没有收据或没有收回借据、借款凭证书写不规范、催款时间失效、借款人逃跑等原因而产生纠纷。依据我国现行法律和具体国情,可采用以下四种方式解决双方之间的纠纷:第一,双方友好协商;第二,人民调解;第三,仲裁;第四,诉讼。但是,在农村地区的民间借贷,进行行政和司法程序来解决纠纷的

① 参见郭金良:《P2P 网络借贷中投资者保护法律机制研究》,载《中国社会科学院研究生院学报》2016 年第 2 期。

② 参见熊进光、王奕刚:《金融发展理论下民间金融的市场准入路径优化》,载《社会科学家》2016 年第 7 期。

较少,总体而言,农村民间借贷纠纷解决存在以下问题:第一,相关法律制度不完善;第二,法律解决机制尤其是执行机制不健全,暴力追债事件频发;第三,针对农村民间借贷的监管机制不到位;第四,诚信缺失;第五,农村居民投资风险意识与法律意识不强。

高小珺、孙长江、王卫波(2016年)[①]经过对农村民间借贷纠纷案由裁判文书的数据分析,发现农村民间借贷发生纠纷有借贷主体方面的原因,也有因为借贷合同形式和内容方面的缺陷导致。因此,在管理不规范、缺乏外部约束的情况下,极易引发社会风险,影响社会稳定。只有将其纳入法制化、规范化轨道,才能真正发挥其对经济发展的促进作用。

要构建农村民间借贷纠纷法律解决机制,张忠[②](2016年)认为,应当建立优势互补的多元化解决机制,包含调解、诉讼、仲裁三种方式,健全农村民间借贷法律体系,建立农村民间借贷监管机制,建立农村诚信体系并提高农村居民的投资风险与法律意识。

(2)经济发达地区民间借贷的发展与规制

对比中西部农村地区,东部沿海发达地区出现的民间借贷多属于营利性与投机性的生产投资,这类型的民间借贷往往具有较高的风险和不确定性,政府理应加强监管。胡志强、余冬梅[③](2016年)发现,经济发达地区的民间借贷发展具有复杂性和先行性,出现了更多的新特征,例如,民间融资主体复杂化、明显的营利性、民间融资纠纷解决难度加大等,产生了很多规避法律和监管的结构化创新。融资性民间借贷是现代民间借贷的常态,应当立足于商法和经济法的思维,坚持营业自由、过程性规制的理念,以信息披露、登记制度、利率和借贷担保为重点进行分类规制。而民间借贷禁止性行为目录、法律意见和律师认证等诸多制度同样能够极大程度地避免欺诈、虚假陈述和重大遗漏等行为,有效降低民间借贷中的各种风险,确保交易安全。

---

① 参见高小珺、孙长江、王卫波:《农村民间借贷纠纷探源——基于农村民间借贷纠纷案由裁判文书的数据分析》,载《农业经济》2016年第8期。

② 参见张忠:《论我国农村民间借贷纠纷及法律解决机制的研究》,载《农业经济》2016年第8期。

③ 参见胡智强、余冬梅:《论我国经济发达地区民间借贷的发展与规制——以江苏为实证分析样本》,载《审计与经济研究》2016年第4期。

(3)中小企业融资难的缓解

长期以来,资金短缺是制约我国中小企业发展的重要"瓶颈"。由于中小企业自有资产规模较小、资金实力不强的缺点,导致商业银行等正规金融机构对中小企业信贷存在严重的"惜贷"行为,严重影响中小企业的经营与发展。因此,通过民间借贷渠道融资是当前中小企业的主要资金筹集方式,企业间借贷行为十分普遍。①

刘箭(2016年)②认为,为了破解中小企业尤其是民营企业融资难的问题,立法部门应出台相关法律法规为中小民营企业的健康发展营造良好的法治环境,帮助它们解决融资难的现实问题,立法既要做到现实可操作性,又要具有前瞻性,同时可以借鉴域外先进的立法水平和实践经验,对它们的市场主体地位、信贷担保以及政府帮扶等方面进行详细的规定。

(4)大学生网贷风险的防控

近年来,大学生逐渐成为民间借贷,尤其是网络借贷的重要群体之一,突飞猛进的互联网技术以及"大众创业,万众创新"的时代背景变革了大学生创业融资和贷款的方式。但是,由于传统信贷资源分布不均、大学生贷款难度较大,针对大学生的网贷产品鱼龙混杂,蕴含较高的风险,在此基础上,由于信息不对称以及较为淡薄的风险意识,大学生往往难以准确地识别风险并进行防控。同样地,作为投资人,由于大学生尚未具备经济独立能力。因此,一旦大学生将款项用于其他用途,投资人无法有效回收资金,会同时给投资人和网贷平台带来风险。

针对这一问题,段炼、黄侨彬、郑坤③(2016年)认为,在完善大学生创业网络信贷风险规制方面,必须确立为创业大学生网络信贷松绑的理念,明确大学生创业网络信贷的监管者及其职责,并对大学生创业网络

① 参见鲁敏:《我国民间金融发展的法律规制研究》,载《改革与战略》2016年第3期。

② 参见刘箭:《解决我国民间借贷纠纷若干法律问题的研究》,载《武汉金融》2016年第11期。

③ 参见段炼、黄侨彬、郑坤:《大学生创业网络信贷风险规制法律问题研究》,载《福州大学学报》(哲学社会科学版)2016年第3期。

信贷的征信体系加以完善。梁鹏[①](2016年)则从监管具体制度的角度切入，认为要控制校园网贷风险，必须对网贷公司的准入进行规制，法律应当要求网贷公司取得特许经营资质，同时，网贷公司应对大学生贷款进行严格审核和责任承担，规范网贷公司的不当宣传行为，并对大学生贷款的利率进行法律规制。

(三)民间借贷的监管方向及趋势

民间借贷的主要监管方式有：第一，市场准入与退出；第二，运营监管；第三，民间金融中介机构的监管；第四，信息收集、披露及风险预警。而对民间借贷法律监管制度的完善，总结学者们的观点，一般有以下几个方面：第一，放宽民间借贷组织的准入监管；第二，放松商事性民间借贷利率的管制；第三，构建科学的法律责任分配机制；第四，强调对民间借贷消费者的保护。具体而言有以下几点：

1. 借助市场自治力量进行监管

目前的监管方式虽然体现了政府管制与市场自治的结合，但主要是政府管制，对市场自治力量的运用是不足的。李俊、彭丽明(2016年)[②]认为，在民间金融领域的金融风险监管方面，加强民间金融行业协会这种市场自治力量的作用是一种发展趋势。杨利华(2016年)[③]也主张，充分利用行业自律机制对民间金融进行监督约束作用，因其符合民间金融强调自由的价值取向，在实施差别化监管的同时加强行业自律，能够使外部约束力和内部约束力共同发挥作用，保证民间金融的健康、稳定发展。

2. 运用综合性的规制方法

在民间金融活动中，资金融通是自生自发式的，属于市场的内生变量，具有明显的市场化价值取向，注重效率。民间金融的非正规金融属性要求对其法律规制不是抑制自由，而是保护自由，不是严格监管而是

① 参见梁鹏：《大学生网贷风险的法律控制》，载《中国青年政治学院学报》2016年第5期。

② 参见李俊、彭丽明：《论商事性与民事性民间金融之区分及其政府监管》，载《商业经济研究》2016年第5期。

③ 参见杨利华：《论我国民间金融的法律规制》，载《兰州学刊》2016年第1期。

适度监管。杨利华(2016年)①认为,对民间金融的法律规制,一方面,要承认其合理性和正当性,确立其法律地位;另一方面,要对民间金融进行法制化,采取政策与法律的二元化模式,利用法律制度加以规范,使民间金融活动有法可依。

而岳彩申、车云霞(2016年)②认为,对民间借贷的法律监管应当从"金融管制"思维转向为对民间放贷权的协调引导思维,促进民间借贷的阳光化,而以供给侧改革的视角来看,政府应减少市场管制,优化法律监管制度供给以协调民间放贷权以及民间融资权的合理行使,形成法律监管在"放"与"管"之间的"金融协调"。何小勇(2016年)③通过总结民间借贷的发展经验得出结论,也认为对民间借贷进行规制,采用经济措施要优于法律规制。

胡志强、余冬梅(2016年)④则认为,早期市场微小、结构单一、市场主体力量均衡、信息失衡不明显,以民法手段进行统一的规制是行之有效的,如今的市场特点有了质的变化,对民间借贷的规制就需要兼采各种制度进行规制,就法律规范而言,应尽可能使用综合性的规制方法,使民法、商法和经济法手段构成有效衔接的立体规制格局。其中,民商法手段侧重微观市场主体的角度,更多时候要依赖经济法手段从宏观视角实现国家干预。对于民商法与经济法分类规制这一观点,杨利华亦表示赞同。

3.逐步建立投资者保护机制

健全与保护民间借贷投资者权益,需要多项制度加以配合,首先是民间借贷活动的信息披露机制的建立,其次是健全多样性的司法救济措施,最后是提高投资者的风险评估能力和风险预警能力。

---

① 参见杨利华:《论我国民间金融的法律规制》,载《兰州学刊》2016年第1期。

② 参见岳彩申、车云霞:《民间借贷法律监管的新进路》,载《河北法学》2016年第5期。

③ 参见何小勇:《民间借贷的衍变与法律规制得失探讨——以1978~2000年间的民间金融发展为视角》,载《甘肃政法学院学报》2016年第1期。

④ 参见胡智强、余冬梅:《论我国经济发达地区民间借贷的发展与规制——以江苏为实证分析样本》,载《审计与经济研究》2016年第4期。

以 P2P 网络借贷为例，郭金良（2016 年）[①]认为，与传统“民间借贷”类似的是，P2P 网络借贷这种“网络化民间借贷”也缺乏专业的借款人（投资者）保护法律机制，应当建立以明确投资者法律地位和 P2P 平台法制化为核心的保护机制，包括完善 P2P 网贷平台市场准入制度、平台民事义务与责任的法制化、建立 P2P 平台市场化的退出方式等。

秦泰美（2016 年）[②]研究美国民间借贷网络服务平台监管的探索实践发现，美国的 P2P 网贷平台发展过程中同样有对消费者权益保护的监管诉求，投资者保护应当包括投资者教育、投资者咨询与答复、投资者帮助、投资者纠纷解决途径安排等措施，借款人的良好信用应该是投资者保护的另一个重要措施。在监管制度的安排上，秦泰美则建议，我国将网贷平台的登记制改为审批制，筛选合格投资人，变革信息披露的内容并严惩高利贷的行为，以此来保护网络民间借贷消费者的权益，从而使 P2P 网络借贷朝着良性方向发展。

三、现有研究的不足与未来研究展望

对 2016 年的成果进行整理不难发现，法学界对民间借贷的研究更多地关注对民间借贷行为进行刑法规制，也产生了较多的学术成果，但现阶段的研究成果更多停留在是否应当通过刑法进行规制，给出肯定或否定的结论后，未能给出下一步的处理路径，例如，主张应当以刑法进行规制的，进而应继续思考如何进行规制，以何罪认定，抑或者是设立新罪名，怎样契合犯罪构成要件等，但这些问题都尚未得到解答。

民间借贷纠纷案件在司法实践中数量庞大，并且 2015 年最高人民法院出台了《最高人民法院关于审理民间借贷案件适用法律若干问题的规定》，这对于民间借贷理论与司法实践的研究起到有力的推动作用，纵观 2016 年的研究成果，可以发现：（1）实证研究比例较高，法院工作人员接触案件有天然的便利，其基于案件数据作出的研究成果具有一定实践意义；（2）研究成果中实体研究与程序研究并重，既能够为司法实践提

① 参见郭金良：《P2P 网络借贷中投资者保护法律机制研究》，载《中国社会科学院研究生院学报》2016 年第 2 期。

② 参见秦康美：《民间借贷网络服务平台监管：美国经验与中国路径》，载《江海学刊》2016 年第 5 期。

出建议，也能为制度设计建议；(3)不少学者就该规定的具体内容进行了评析，尤其是对买卖合同作为民间借贷合同担保、规定利率区间、P2P网络借贷、中小企业融资、农村民间借贷等内容表现出较高的关注。

而相较于2015年，在经过数据的统计和文献的阅读之后，2016年关于影子银行的研究成果有所减少，讨论影子银行的监管问题也较为浅薄，其落后于国外的研究水平。应当增加对影子银行监管路径和方法的探索，以弥补这方面的遗憾。

第三章 私募法律问题研究

一、数据统计与分析[①]

表 3－1 2012～2016 年以“私募”为主题的全国性会议论文

单位：篇

年份 数量	2012	2013	2014	2015	2016
学术会议论文	13	16	23	7	3

资料来源：中国知网（CNKI）会议论文数据库。

表 3－2 2016 年主题为“私募”的主要学术会议

序号	会议时间	会议名称	会议地点	主要观点
1	2016 年 3 月 18～20 日	第十届私募基金高峰论坛	广东深圳	1. 随着海内外各个机构纷纷涉足该领域，私募基金必然会迎来发展的黄金期 2. 监管转型行业登记备案等一系列针对私募市场顶层设计同步的出台，市场的重心从场内到场外的推进，从公募到私募的转化，中国私募市场处于在阳光的道路上迅速地壮大

① 数据检索截至 2016 年 12 月 31 日，数据访问截至 2017 年 3 月 20 日。

续表

序号	会议时间	会议名称	会议地点	主要观点
2	2016年3月23日	中国私募基金年会	北京	1. 私募基金行业迎来了爆发式增长,规模和数量双双暴增,私募行业洗牌和优胜劣汰是行业发展的必经之路 2. 不断加强的行业监管,为私募行业提供了更加广阔的发展平台; 3. 利用企业画像和对于企业全方位的评估可以帮助我们进行更好的资产管理
3	2016年8月25日	2016中国私募基金高峰论坛	广东深圳	1. 迎接私募规范发展新时代 2. 中国基金业协会先后出台了一系列办法和指引,对存在的一系列突出问题进行规范,使私募基金行业的发展有法可依、有规可循,为整个私募行业的健康发展奠定了制度基础
4	2016年11月6日	2016中国私募基金峰会	北京	1. 整合私募投资基金,尤其是母基金投资及相关领域资源,构建起良性的私募投资基金链条 2. 引导、协调和规范各项私募股权投资基金和私募证券投资基金的各项业务活动,促进私募投资基金管理行业自律和规范发展 3. 为广大私募母基金和基金管理机构提供一个优质、高效的信息服务平台、业务合作平台和沟通交流平台

续表

序号	会议时间	会议名称	会议地点	主要观点
5	2016年11月13日	第三届私募基金发展黄金十年高峰论坛	上海	1. 迎来最强监管年,严格的监管政策将对市场产生净化作用,为行业的未来路径指明方向 2. 随着各项监管政策法规的不断完善,私募基金行业正处于一个快速规范发展的黄金时期 3. 合规运营将是私募机构发展的新起点
6	2016年12月10日	第八届全球PE北京论坛	北京	1. 行业自律仍然是股权投资基金行业健康发展的关键基础 2. 监管政策趋于严格,行业内募资趋势、投资策略和退出渠道均发生结构性变化,向着更专业、成熟的阶段发展 3. 引导资金投入实体经济,承担越来越突出的"智慧资本"角色
7	2016年12月17日	2016第五届中国对冲基金年会	浙江杭州	1. 在严监管、防风险的总格调下,对广大私募机构的合规性提出了更高的要求 2.《私募投资基金管理暂行条例》的出台,对私募行业很可能具有非常深远的影响,甚至可引发私募行业的一轮洗牌 3. 商品期货巨变对冲基金遇阻

资料来源:根据互联网数据资料整理。

如表3-2所示,据不完全统计,以私募为主题的会议在2016年举办的较为频繁,但其中大部分仍为举办多年的会议。会议的内容更多聚焦在当前经济形势下私募基金的走向,自身体系的完善,风险管理,产品创新以及监管制度的影响。与往年区别最大之处在于上述会议对有关私募的法律问题,特别是监管层面的主题进行了更多的探讨,体现了行业对此方面的关注。

如表3－3所示，据不完全统计，2012～2016年关于私募的期刊发表的数量总体不是很多，2012～2014年关于私募的期刊总量基本持平，而经过2015私募的研究论文数量的下滑后，2016年的论文数量又回归了正常水平。在研究质量方面，没有保持住CSSCI期刊和核心期刊的发文数量自2012年以来稳步上升的态势，研究质量在总体上略有下滑。

表3－3　2012～2016关键词为“私募”的期刊论文发表情况统计

单位：篇

期刊＼年份	2012	2013	2014	2015	2016
全部期刊	10	10	12	8	11
CSSCI期刊（及占所有学科的比例）	2（20.00%）	2（20.00%）	4（33.33%）	3（37.50%）	2（18.18%）
中文核心期刊（及占所有学科的比例）	1（10.00%）	3（30.00%）	6（50.00%）	4（50.00%）	4（36.36%）

资料来源：根据中国知网（CNKI）期刊论文数据库。

从表3－4中可知，据不完全统计，法学学科关于私募发刊数量仍然相对较少，但2016年达到近年来最高值，体现了对私募法律问题关注的提升。另外，研究的质量持续保持较高的水准，几乎所有研究成果都被收录在CSSCI期刊或核心期刊中。

如表3－5所示，据不完全统计，2016年有关私募的学术著作与去年相比减至12本，这表明，学界对这一问题的研究处于低速稳健的研究状态。2016年国内对私募进行的研究继续承续去年的研究思路，既有对私募基本问题的总结性概括，也有对私募实务的继续关注。与国内学界就私募问题进行理论结合实际的研究方式相比较，2016年国外学者关注的重点则主要集中在PE基金的结构和募资，重点分析了法律和监管因素导致PE市场的国际差异。

表 3 – 4　2012 ~ 2016 法学学科中关键词为“私募”的期刊论文发表情况统计

单位：篇

期刊 \ 年份	2012	2013	2014	2015	2016
法学学科期刊发文数量	4	3	1	2	5
CSSCI 期刊发文数量(及占法学学科比例)	1 (25.00%)	1 (33.33%)	1 (100%)	2 (100%)	2 (40%)
北大核心发文数量(及占法学学科的比例)	1 (25.00%)	1 (33.33%)	1 (100%)	2 (100%)	4 (80%)

资料来源：根据中国知网(CNKI)期刊论文数据库整理。

表 3 – 5　2016 年有关“私募”的学术著作出版统计

序号	著作名称	作者	出版社	出版时间
1	私募股权投资对上市公司治理机制的影响及价值创造效应研究	徐子尧	经济科学出版社	2016 年 1 月
2	私募股权投资理论与应用	朱顺泉	清华大学出版社	2016 年 4 月
3	一本书读懂私募股权投资	卢明明	人民邮电出版社	2016 年 3 月
4	银行小企业融资创新指南——风投交易、众筹、私募股权投资和科技进步	[美]查尔斯·H. 格林(CharlesH. Green)；于东智译	中国金融出版社	2016 年 5 月
5	中国式有限合伙制 PE	北京市道可特律师事务所	中信出版社	2016 年 5 月
6	私募股权投资：基金类型、风险与收益以及监管	道格拉斯·卡明；孙春民、杨娜译	中国金融出版社	2016 年 5 月

续表

序号	著作名称	作者	出版社	出版时间
7	任势者与跟风者——私募机构股市投资盈利模式	赵哲	经济管理出版社	2016年6月
8	中国私募基金投资年度报告2016:私募新模式·德邦新观点·市场新趋势	德邦证券股份有限公司	江苏人民出版社	2016年6月
9	私募股权投资基金法律实务操作指引	郝红颖、青苗	中国民主法制出版社	2016年8月
10	2016年中国公募基金和私募基金研究报告	曹泉伟	经济科学出版社	2016年8月
11	基金从业资格考试教材2016:私募股权投资基金基础知识要点与法律法规汇编	中国证券投资基金业协会	中国金融出版社	2016年9月
12	私募基金管理人法律意见书制作:兼谈刑事责任和税务处理	林晗龙、倪洁云、吕晖	中国法制出版社	2016年12月

资料来源:根据读秀学术搜索(http://www.duxiu.com/)图书检索数据整理。

从表3－6可知,据不完全统计,2016年互联网上以“私募”为主题的研究报告数量不多,内容上也大多着重分析经济新常态下私募基金的走向,不仅总结分析了2015年的私募基金,而且对2016年的私募进行了展望,报告发布的主体均为一些商业性研究机构,法学界仍然鲜有关于私募的专业研究报告。

表3－6　2016年有关"私募"的研究报告统计

序号	报告名称	研究机构	报告的架构
1	2016中国PE母基金发展报告	清科集团	第一部分　私募股权母基金发展现状
			第二部分　中国私募股权市场人民币FOFs类型分析
			第三部分　私募股权母基金资产配置
			第四部分　全球私募股权市场PE FOFs募集情况
			第五部分　国内PE FOFs资产配置情况
			第六部分　私募股权母基金回报预期
			第七部分　私募股权母基金未来展望
2	2016年大中华区私募股权市场报告	贝恩咨询	第一部分　大中华区私募股权市场交易情况分析
			第二部分　2016年市场环境分析
			第三部分　2016年投资市场前景预测
3	2016年私募股权投资基金LP研究报告	投中信息	第一部分　中国LP调查统计分析
			第二部分　中国本土LP分类解析
			第三部分　海外机构LP分类解析
4	2016年全球私募股权投资报告(外文)	贝恩咨询	第一部分　2015年的私募市场:发生了什么
			第二部分　私募机构面临强制区分
			第三部分　壮大的成本;等待衰退

资料来源:根据互联网数据资料整理。

二、文献综述

（一）研究文献概览

表3－7　2012～2016年法学学科中关键词为“私募”的期刊论文占所有学科发文比例

单位：篇

期刊＼年份	2012	2013	2014	2015	2016
所有学科发文总数	10	10	12	8	11
法学学科发文数量	4	3	1	2	5
法学学科发文占比	40.00%	30.00%	8.33%	25.00%	45.45%

资料来源：根据中国知网（CNKI）期刊论文检索数据整理。

从表3－7可以看出，2016年我国所有学科共发表关键词为“私募”的学术论文上升到11篇，就发文量而言，回归往年的平均水平，学界对“私募”的研究热情有所回暖。就研究所涉及的内容而言，私募股权投资仍然是关注的重点。就学科分布而言，法学学科关于私募发刊数量仍然相对较少，但2016年达到近年来的最高值，体现了对私募法律问题关注的提升。

从表3－8可知，近年来以“私募”为关键词发表在核心期刊和CSSCI这两类高质量期刊上的论文发表数量略有起伏，但总体数量不多，虽然经济学等其他学科对私募关注的热度略有减少，但法学在高质量期刊的发文数中有所增加。值得一提的是，2016年法学对私募的研究成果几乎都被收录在CSSCI期刊或核心期刊中，体现了较高的研究质量。在学术著作和研究报告方面，2016年关于私募的学术著作数量有所减少，总共为13本，研究报告的数量单薄，只有4份，且仍然更多地集中于私募股权投资的实务指导层面，缺乏有代表性的研究成果，处于低速稳健的研究状态。

表3-8　2012~2016年中文核心和CSSCI中关键词为"私募"的期刊论文发表情况

单位:篇

学科年份/发文数量	2012		2013		2014		2015		2016	
	北大核心	CSSCI	北大核心	CSSCI	北大核心	CSSCI	北大核心	CSSCI	北大核心	CSSCI
所有学科	1	2	3	2	6	4	4	3	4	2
法学学科	1	1	1	1	1	1	2	2	4	2
法学学科发文占比	100%	50%	33.3%	50%	17%	25%	50%	67%	100%	100%

资料来源:根据中国知网(CNKI)期刊论文检索数据整理。

(二)研究重点和主要观点

1.国内研究重点和主要观点

(1)私募基本问题的研究

①私募的概念和分类。董国姝、田中俊①以私募金融产品设计为切入,指出私募金融产品进入互联网金融领域,一方面降低了投资门槛,解决了私募金融产品募集难题;另一方面也带来相应风险,形成金融监管难题。万魏②从股权众筹概念和现状入手,对各国的监管法规和监管模式进行了梳理和分析,提出区分"私募股权融资"和"公募股权众筹"的观点。

②私募的整体发展现状。郭雳、孙天驰③认为,随着互联网金融的发展,区域性股权市场也开始尝试与互联网平台合作销售私募债。他们以互联网平台销售区域性股权市场私募债被中国证券监督管理委员会

① 参见董国姝、田中俊:《互联网金融发展与私募金融产品设计》,载《上海经济研究》2016年第7期。

② 参见万魏:《国外股权众筹监管发展及监管模式对我国的启示》,载《西南金融》2016年第7期。

③ 参见郭雳、孙天驰:《互联网平台拆分销售私募债问题探析》,载《证券市场导报》2016年第5期。

叫停为入口,复盘互联网平台拆分销售私募债的交易模式,并分析其背后的法律争议,探讨立法者如何在金融创新与中小投资者保护之间寻找平衡。李贺①通过总结国外私募股权转让平台发展的外部环境以及内部建设经验,对我国私募股权转让平台建设提出了相关建议:在改善外部环境方面,需要把握私募股权投资行业发展规律、吸引优质资产挂牌,培育专业化的资产受让方与中介机构;在平台建设方面,需要完善私募股权发行及转让制度、保证市场信息私密性、配套相适应的金融产品设计并提高私募股权登记效率。许林、邱梦圆②指出,中国对冲基金在运作过程中表现出业绩持续性不稳定、选股择时能力不佳等问题。张涛、王雯婧、周平③则针对矿产勘查资金不足的问题,提出应积极推动风险勘查领域私募股权基金发展的对策。齐岳、杨玉晨、张经纬④基于私募违规频发的现实背景,从公司治理的视角出发,对 2011 ~ 2015 年已公布的私募违规事件进行了系统的归纳梳理。在定性定量研究、横纵向对比分析的基础上强调,要加强私募基金的信息披露管理、推动私募基金公司治理制度建构以及强化外部监管治理的必要性。

(2)私募股权投资的效应及其风险防范

①私募股权投资对企业绩效的影响。余劲松、罗雪祝⑤从微观视角考察私募股权投资对创业板上市公司成长的影响,发现尽管总体来看私募股权投资对企业成长没有显著的促进作用,但国营基金和外资独营基金与企业的成长能力显著呈正相关,而民营基金对企业成长能力的提高相对较低。李九斤、叶雨晴、王福胜⑥选取 2009 ~ 2014 年深交所中小板上市公司经验数据,从会计信息披露评级、盈余质量和会计违规三个维

① 参见李贺:《私募股权转让平台建设研究》,载《上海金融》2016 年第 10 期。

② 参见许林、邱梦圆:《中国对冲基金评价体系构建及实证研究》,载《北京理工大学学报》(社会科学版)2016 年第 3 期。

③ 参见张涛等:《私募股权基金在国内风险勘查融资领域的应用研究》,载《中国矿业》2016 年第 1 期。

④ 参见齐岳、杨玉晨、张经纬:《治理现代化下的股票市场私募违规分析和“十三五”下的治理展望》,载《现代管理科学》2016 年第 12 期。

⑤ 参见余劲松、罗雪祝:《私募股权投资与企业成长性——基于中国 2009 ~ 2013 年创业板上市公司数据的实证研究》,载《贵州财经大学学报》2016 年第 1 期。

⑥ 参见李九斤、叶雨晴、王福胜:《会计信息质量、私募股权投资与企业价值——基于 2009 ~ 2014 年中小板上市公司经验数据的研究》,载《上海金融》2016 年第 1 期。

度衡量会计信息质量，利用光标记交换（Optical Label Switch，OLS）回归模型研究其与企业价值之间的关系以及私募股权投资介入的影响。研究发现，会计信息披露评级越高、盈余质量越好、会计违规现象越少，企业价值表现越好，而私募股权投资的引入，可有效提升企业盈余质量，并强化了盈余质量与企业价值间的正相关关系。李磊①则以创业板公司为研究对象，分析了私募股权投资与盈余管理方式选择的关系以及通过私募股权对首次公开募股（Initial Public Offerings，IPO）抑价产生的影响。他指出我国私募股权行业存在不成熟的一面，金融活动的各方都会争取让自身利益最大化，私募机构为了达到这个目的采用 Pre-IPO 的方式投资即将上市的公司，但并没有使企业朝着利好的方向发展，反而因为提前预支收益，导致风险提高，降低了利润空间，严重影响了创业板新股与资本市场的兼容效率。冯慧群②发现，有私募股权投资介入的公司两类代理成本均较低，委托代理问题不突出，而且存在外资背景和进行联合投资的私募股权投资，能够进一步降低两类代理成本，缓和代理矛盾。秦珞涵、郑建明③选取了中国 406 家创业板上市公司作为样本，实证研究了私募股权投资（Private Equity，PE）入股、背景、声誉、减持等变量对应计盈余管理与真实盈余管理的影响。指出在 IPO 前，PE 入股会增加企业的真实盈余管理额度，对应计盈余管理却没有显著影响。同样地，长期 PE 及 PE 声誉变量对抑制企业真实盈余管理有显著作用，但这一作用在应计盈余管理上未能体现；IPO 后，PE 入股对企业盈余管理的影响不再显著，但长期 PE 与 PE 声誉变量仍然发挥了一定的治理作用。徐子尧、张雪兰、赵绍阳④在对我国上市公司的相关研究中发现：由于契约短期性等限制，私募股权的参与并未发挥公司治理优化效应，反而加

① 参见李磊：《私募股权、盈余管理与 IPO 抑价相关性分析》，载《财会通讯》2016 年第 15 期。

② 参见冯慧群：《私募股权投资能缓和委托代理矛盾吗》，载《财会月刊》2016 年第 5 期。

③ 参见秦珞涵、郑建明：《PE 入股与 IPO 前后盈余管理行为——来自创业板上市公司的证据》，载《经济与管理研究》2016 年第 3 期。

④ 参见徐子尧、张雪兰、赵绍阳：《私募股权投资下的应计盈余管理与真实盈余管理——基于 PIPE 投资的经验研究》，载《四川大学学报》（哲学社会科学版）2016 年第 5 期。

剧了正向盈余管理;私募股权参与的上市公司盈余管理的方式更隐蔽,应计盈余管理及真实盈余管理兼而有之,且真实盈余管理的程度要高于应计盈余管理的程度;声誉是否联合投资等私募股权特征显著影响上市公司盈余管理。肖欣荣、田存志[①]指出,对基金管理人激励契约的安排是组织形式演进的内因;规模收益递减的客观规律是组织形式演进的外因;表现最好的私募基金将演进为私人基金。

②私募股权投资的风险研究。姜爱克、李学伟、赵峰[②]指出,可构建私募股权投资风险的备选指标体系和支持向量机模型,该模型表明,私募股权投资风险随着投资周期的增加而提高,相应的投资风险也因各种不确定因素的增加而呈现上升趋势;支持向量机(Support Vector Machine,SVM)方法对私募股权投资风险能够进行有效预测,将为私募股权投资风险的预测提供理论指导和方法借鉴。彭咏[③]对企业并购中引入私募股权投资的作用和风险控制方面进行阐述,分析了私募股权投资所发挥的提供低成本的资金、分散投资风险、带来专业的管理经验和优秀的管理团队等作用。

③私募股权基金发展路径。冯照桢、曹婷、温军[④]提出,应大力发展我国风险投资或私募股权行业,鼓励风险投资进行长期投资;遏制短期风险投资的投机行为,建立健全风险投资声誉市场;鼓励联合持股等政策建议。王颢[⑤]着眼保险基金,探讨了保险资金参与股权投资的动因、现实可行性,对保险股权投资的发展模式、创新路径进行了分析。

(3)合格投资者制度的探索

闫夏秋[⑥]认为,制定合格投资者制度的立法理念应当是金融效率优

---

① 参见肖欣荣、田存志:《激励契约、规模报酬递减与组织形式演进:以公募基金和私募基金为例》,载《南开经济研究》2016年第4期。

② 参见姜爱克、李学伟、赵峰:《基于支持向量机的私募股权投资风险预测》,载《北京交通大学学报》(社会科学版)2016年第3期。

③ 参见彭咏:《私募股权投资对企业并购的作用及风险防范研究分析》,载《中国总会计师》2016年第8期。

④ 参见冯照桢、曹婷、温军:《异质性风险投资、联合持股与IPO抑价》,载《中南财经政法大学学报》2016年第2期。

⑤ 参见王颢:《保险资金私募股权投资研究》,载《国际经贸探索》2016年第9期。

⑥ 参见闫夏秋:《股权众筹合格投资者制度立法理念矫正与法律进路》,载《现代经济探讨》2016年第4期。

先,兼顾金融安全。在此理念下,可通过差异化准入制度、投资限额和冷静期制度来衡平股权众筹市场的效率与安全,实现“制度均衡”。

邓寰乐①梳理美国证券法下合格投资者规则体系,系统地介绍并回顾了美国私募市场与合格投资者的由来,阐述了私募监管逻辑,详细分析了调整合格投资者制度的影响,提出了调整合格投资者标准的建议。马凯亮②从界定股权众筹的“私募性”入手,从投资者介入融资的阶段、投资规模以及投资人的性质3个角度对我国股权众筹合格投资者标准进行了分析,并且提出了相应的完善措施。

(4)对赌协议的研究

刘燕③以海富案之对赌协议作为参照观察美国PE/VC的法律实践,发现克服初始投资作价不确定性的安排并非公司现金补偿,而是分期融资机制与股权比例调整;PE投资者的优先股被赎回则须受制于资本维持原则以及清偿能力的双重限制。进一步提出,对赌协议的裁判核心不在于交易类型的合法性判断,而是合同履行的可能性,后者需要基于公司财务状况来具体分析。即使PE与公司进行现金对赌,也可能因未损及公司资本与清偿能力而具有正当性。刘峰涛、赵袁军、刘玮④利用博弈论分析工具,全面解析在不同的合谋情况下,融资企业、首轮投资方与再融资投资方(第三方)的决策行为,探讨对赌目标的严格程度与企业的努力水平对企业预期收益的影响。潘修平、朱宇轩、崔盛楠⑤通过对近年来典型的对赌案例进行梳理,就对赌协议中各要素进行分析,认为对赌协议是合法、有效的。另外,为了控制对赌协议的法律风险,对赌双方对目标企业的业绩预期要合理,不能设置过高的业绩增长目标。投资方可以采取重复博弈模式,第一轮少量投资,对企业的盈利能力及

---

① 参见邓寰乐:《合格投资者制度和私募监管逻辑》,载《银行家》2016年第5期。

② 参见马凯亮:《私募股权众筹合格投资者标准的法律规制》,载《财会学习》2016年第10期。

③ 参见刘燕:《对赌协议与公司法资本管制:美国实践及其启示》,载《环球法律评论》2016年第3期。

④ 参见刘峰涛、赵袁军、刘玮:《对赌协议机制下企业再融资阶段三方博弈》,载《系统管理学报》2016年第2期。

⑤ 参见潘修平、朱宇轩、崔盛楠:《对赌协议的效力及法律风险控制》,载《北京邮电大学学报》(社会科学版)2016年第5期。

前景有了更为准确的了解之后，再决定是否进行下一轮投资。朱友干[①]结合政府和社会资本合作（Public-Private Partnership，PPP）项目类型探讨该融资模式中对赌条款的运用，指出其有利于降低项目参与各方的投融资风险。

（5）私募股权基金的监管

许可、肖宇[②]认为，基于我国私募投资基金监管的历史、理论与实践，"适度监管"可视为我国从金融抑制向金融约束变迁中的一个缩影，一种协同监管和简约监管的监管结构，一套由"基金业协会为主、证监会为辅""非强制措施为主、强制性措施为辅""固有风险为主管理风险为辅"构成的规范体系。王瑜、曹晓路[③]指出，目前我国尚缺一部正式的《私募股权投资基金法》来监管私募股权投资基金，且现行监管法律体系混乱、监管部门权责不清、缺乏行业自律。刘铭卿[④]提出，现阶段私募股权投资治理体系、投资者保护、退出机制、信用秩序等面临的诸多法律环境制约，亟须从治理思路、配套体系以及立法、执法、司法等方面抓紧完善，以促进私募股权投资健康持续发展。

（6）私募债券的影响研究

①投资退出的影响。朱元甲、刘坤、祝玉坤[⑤]指出企业成长期的权益资本融资更加容易，但是，也面临股权被更大程度稀释，控制权旁落的风险，所以，企业家更愿意采取债务融资，例如，中小企业私募债的方式。

②投资者权益保护机制的影响。李伟[⑥]从我国小企业私募债券存在的风险入手，分析投资者利益保护过程中存在的问题，并借鉴国外投

---

① 参见朱友干：《PPP 项目融资模式中对赌协议的运用》，载《财会月刊》2016 年第 28 期。

② 参见许可、肖宇：《私募投资基金的适度监管体制探析》，载《西南民族大学学报》（人文社科版）2016 年第 8 期。

③ 参见王瑜、曹晓路：《私募股权投资基金的法律监管》，载《社会科学家》2016 年第 2 期。

④ 参见刘铭卿：《刍论我国私募股权投资法律环境的完善》，载《理论导刊》2016 年第 1 期。

⑤ 参见朱元甲、刘坤、祝玉坤：《私募股权资本退出的新途径》，载《银行家》2016 年第 4 期。

⑥ 参见李伟：《小企业私募债投资者权益保护机制探讨》，载《河北企业》2016 年第 2 期。

资者权益保护的相关措施,提出合格投资者限定、信息披露具体要求、征信体系建设、投资者冷静期设立等完善措施。

③新三板的影响。何君光、王军礼[①]认为,尽快发布中小企业新三板私募债实施细则,降低创新层新三板私募债审核标准,可有效解决中小企业融资所面临的资信状况不佳、缺乏足够抵押物、缺乏退出通道等问题。

2. 国外研究重点和主要观点

(1)私募基金的运行

Huang R.、Ritter J. R.、Zhang D.[②]通过分析1992~2011年公司在IPO后发售债券的行为,指出其并没有反映私募股权(PE)公司倾向于蚕食标的公司其他股东股份这一观点。另外,他们发现由PE支持的公司提供债券的收益率平均低70个百分点,与非PE支持的公司相比,PE支持的公司在债券发行后有更保守的投资和股利政策。这些结果表明,私募股权公司对声誉的关注支配着他们的融资激励措施,也影响着标的公司降低债务成本的行为。Dias、Ricardo dos Santos、Macedo、Marcelo Alvaro da Silva[③]调查了PE/VC基金的需求与供应的决定因素,这些因素包括经济活动、股票市场发展、公司治理、社会和环境发展、创业和税收。Shin GH[④]使用来自中介机构的专有数据来调查二级市场中私募股权交易成本的规模和决定因素。大多数交易以净资产价值折价,他们认为,交易成本的横向模式和卖家与买家的身份表明,市场的特点是相对灵活的买家通过向希望退出的投资者提供流动资产来赚取回报。

(2)私募的基本问题

①PE与购买和构建策略。Lahmann A D F、Stranz W、Velamuri V

---

① 参见何君光、王军礼:《发展新三板私募债券,解决中小企业融资难》,载《人民论坛》2016年第17期。

② Huang R. et al.,"Private Equity Firms' Reputational Concerns and the Costs of Debt Financing",*Journal of Financial and Quantitative Analysis* 51,2016,pp. 29-54.

③ Dias R. S.,Macedo M. A. S.,"Private Equity and Venture Capital Funds: What Drives the Demand and Supply?",*BAR-Brazilian Administration Review* 13,2016,pp. 1-22.

④ Shin G. H.,"Is Signaling By Lock-Up and Discount Rates in Private Equity Offerings Costly? Evidence From Korea",*International Journal of Business,Accounting,& Finance* 10,2016,pp. 126-143.

K[①]介绍了私募基金如何通过所谓的"购买和构建"策略积极开发其投资组合公司,并利用其投资组合公司作为进行附加收购的平台。

②PE 的退出机制。Rigamonti Damiana、Elena Cefis、Michele Meoli、Silvio Vismara[②]调查了私募股权公司的行业内专业化和阶段专业化如何影响通过贸易销售、首次公开发行(IPO)或次级收购(Subordinated Buy-Outs,SBO)退出投资的可能性。指出私募股权的行业和阶段专业化增加了通过 IPO 退出的可能性,而只有行业专业化积极影响了通过贸易出售的剥离。最后,SBO 更多为非专业投资者所选。

(3)PE 的效应分析

①PE 与公司治理。Jarrod Shobe[③]研究了私募基金所有权和控制权分离而产生独特的代理成本,指出管理人员的报酬通常被认为是使投资者和管理者利益一致的最有力工具,但这一工具往往并不高效,其效力还取决于若干变量,包括薪酬类型、结构以及基金的表现。Peter Clarkson、Shams Pathan、Andrew John Tellam[④]调查了澳大利亚私募股权目标公司的独特公司治理结构,认为私募股权目标公司通常拥有更大的董事会、更多的董事会会议和更强的内部控制权。同样,他们认为,企业获得投资的概率随着董事会规模、内部董事比例、董事会会议和首席执行官(Chief Executive Officer,CEO)所有权的增加而增加。

②PE 与企业营运。Gompers P.、Kaplan S. N.、Mukharlyamov V.[⑤]对比了 79 家私募股权投资者,指出这些机构主要依赖内部收益率和倍数来评估投资。有限合伙人更多地关注绝对业绩,而不是风险调整回报。资本结构的选择同样基于最佳权衡点和市场时机来进行决策。私

---

① Lahmann A. D. F., Stranz W., Velamuri V. K., "Value creation in SME private equity buy-outs", *Qualitative Research in Financial Markets* 9, 2017, pp. 2 - 33.

② Rigamonti Damiana et al., "The Effects of the Specialization of Private Equity Firms on Their Exit Strategy", *Journal of Business Finance & Accounting* 43, 2016, pp. 1420 - 1443.

③ Shobe Jarrod, "Misaligned Interests in Private Equity", *Brigham Young University Law Review* 4, 2016, pp. 16 - 25.

④ Clarkson P. et al., "Do Private Equity Target Firms Exhibit Less Effectual Governance Structures?." *Australian Journal of Management* 41, 2016, pp. 244 - 270.

⑤ Gompers P. et al., "What do private equity firms say they do?", *Journal of Financial Economics* 121, 2016, pp. 449 - 476.

募投资者更多地关注增长，而不是降低成本。Cooper I.、Priestley R.①考察了私人与公共企业间的区别，指出"特征描述"在对企业的回报进行表达时并无过多区别。另外，引入了"共同因素模型"对两种公司的回报进行分析，表明共同因素集中在聚合风险因素中。Alexander Ljungqvist、Lars Persson、Joacim Tåg②通过政治经济退市模型，分析了美国股市的萎缩，研究在这种趋势下更广泛的经济后果。他们指出，退市公司减少了民间资本的获利机会，从而破坏了商业友好型政策，在无意中强加了负外部性。通过促进公司离开股票市场，私人股本公司可以引发一系列事件，这可能导致总投资，生产力和就业的长期减少。

③PE与技术援助。Uddin M. A.、Jamil S. A.、Khan K.③讨论了发展中经济体中小企业私募股权融资的制约因素，从技术援助作为切入，认为技术援助与私募股权合作时，可以取得投资者更多的承诺，大大提高了新兴市场中小企业筹集私募股权资本的能力。技术援助提供的资金，也允许私募股权基金将其范围扩大到小公司。同样，技术援助可以为被投资公司有针对性的运营改进提供资金，在一定程度上减轻风险，提高成功投资的概率。

④PE与税务。Marian、Omri Y.④详细讨论了PE公司所获得的附带收益的税收问题，提出了支持私募基金管理人应该享受优惠税率的多项理由以及针对防止私募基金控制的跨国企业避税的政策建议。

⑤PE与信息公开。Robinson D. T.、Sensoy B. A.⑤的调查显示，投

---

① Cooper I, Priestley R., "The expected returns and valuations of private and public firms", *Journal of Financial Economics* 120, 2016, pp. 41－57.

② Ljungqvist A. et al., "Private Equity's Unintended Dark Side: On the Economic Consequences of Excessive Delistings", *Social Science Electronic Publishing*, *European Corporate Governance Institute*(*ECGI*)458, 2016.

③ Uddin M. A. et al., "Private Equity and its Role in the Development of the Indian Manufacturing Sector", *International Journal of Economics and Financial Issues* 6, 2016, pp. 361－364.

④ Marian, Omri Y., "The Other Eighty Percent: Private Investment Funds, International Tax Avoidance, and Tax-Exempt Investors", *Brigham Young University Law Review* 2016. Accessed March 20, 2017. https://ssrn.com/abstract=2890345.

⑤ Robinson D. T., Sensoy B. A., "Cyclicality, Performance Measurement, and Cash Flow Liquidity in Private Equity", *Journal of Financial Economics* 122, 2016, pp. 521－543.

资的规模与未实现收益和随后的实现收益之间的差异有系统性的相关。另外，私募股权基金的报告频率越高，有限合伙人收到夸大的绩效报告的趋势越低。Brown G. W.、Gredil O. R.、Kaplan S. N. ①认为，私募股权基金持有难以估值的资产。如果投资者使用这些估值来决定对同一公司后续资金的承诺，管理人员就有可能产生扭曲报告估值的动机。有证据表明，一些绩效不佳的基金管理人在筹款期间会提高报告中的回报率。相较之下，表现最佳的基金可能低估其估值。

⑥PE 发展趋势。William Clayton② 指出，在传统上，私募股权经理通过"合并资金"筹集了几乎所有的资本，许多投资者的资本被聚合成一个整体，但近年来，出现了所谓的"机构型投资"，即个人投资者通过存在于合并基金之外的"独立账户"和"共同投资"的投资方式。许多大型投资者也开始使用这些个性化方法来获得集体基金投资者通常无法获得的显着优势。Braun R.、Jenkinson T.、Stoff I. ③认为，私募股权基金的持续性收益已经大幅下降，因为私募股权行业已经成熟并且更具竞争力。而具有这些特征的其他资产类别过去绩效模式也表明对未来的预期应是悲观的。

⑦PE 基金管理能力。Daniel R. Cavagnaro、Berk A. Sensoy、Yingdi Wang、Michael S Weisbach④ 对投资者的能力与回报进行了对比，提出高水平的基金管理人在实际业务中对绩效的增量效应。他们的调查结果表明，技能标准差 1 个百分点的增加会导致回报增加约 3 个百分点，体现了投资机构技能的区别是他们回报差异的重要因素。

---

① Brown G. W. et al., "Do Private Equity Funds Manipulate Reported Returns?", *Social Science Electronic Publishing* August1, 2016. Accessed March 20, 2017. https://ssrn.com/abstract=2271690.

② Clayton W., "Preferential Treatment and the Rise of Individualized Investing in Private Equity", *Virginia Law & Business Review, Forthcoming* 249, 2016. Accessed March 20, 2017. https://ssrn.com/abstract=2746725.

③ Braun R. et al., "How persistent is private equity performance? Evidence from deal-level data", *Journal of Financial Economics* 123, 2016, pp. 273－291.

④ Daniel R. Cavagnaro et al., "Measuring Institutional Investors' Skill from Their Investments in Private Equity", *Social Science Electronic Publishing* 2016. Accessed March 20, 2017. http://www.nber.org/papers/w22547.pdf.

三、现有研究的不足及未来研究展望

通过对上述数据的统计与分析以及对重点文献的综述可知,2016年学界对私募研究进入了较低速的稳健发展阶段,以私募为主题的学术会议数量虽然不多,但多为召开多届的私募主题会议;相关研究成果的数量与上一年相比稍有回升,但相关研究成果质量略显下滑;就研究内容而言,国内外学者对私募股权基金的性质、税收、收益以及监管等展开了全方位的研究,国内学者除了围绕中国证券监督管理委员会发布的《私募投资基金监督管理暂行办法》对私募股权投资进行探讨,也对处于热点的合格投资人以及对赌协议等问题进行了积极的研究。有关私募的研究,注重联系经济新常态的时代背景,研究私募基金的基本走向,对私募法律问题的研究不再局限于私募制度本身,而是涉及私募与其他成文法的关系以及其在企业运行中可能发挥的作用。

(一)现有研究之不足

1. 就学界关注度而言,私募法律问题的关注仍显不足。经过2015年私募研究论文数量的下滑后,2016年的论文数量仅回归了正常水平。

2. 就学科分布而言,法学学科对私募法律问题的研究仍待加强。目前,无论是学术会议、著作期刊还是研究报告方面,经济学对私募的研究热情较高,法学界对私募问题始终缺乏研究的热度。

(二)未来研究展望

1. 就学科分布而言,经济学依然会保持对私募问题的关注,法学学科应加强对私募法律问题的研究。通过近年来对私募的相关研究成果、会议、报告的分析可知,经济学对私募的研究热度依旧不减,特别是在大数据时代的背景下,数据更加容易产生和获得,也会更加可靠,经济学界运用实证研究和定量分析对私募问题研究得更加透彻。而对比法学学科,也会对这一背景加以利用,从长远的角度考察,法学对于私募的研究应处于一个低速稳健的状态。

2. 就研究内容而言,经济新常态下私募的基本走向及其发展变化渐渐成为今后研究的重点。在研究领域上,仍然会集中在私募股权投资领域,其中,对中小型企业领域私募股权投资的研究会成为主要趋势。同时,对于中小型企业私募债券的关注也会进一步提高。在研究侧重点上,关于私募的研究将更多地结合信托、互联网金融等多类型融资手段和理念,呈现进一步交叉化研究态势。

第四章　股权投资法律问题研究

一、数据统计与分析①

表 4－1　2012～2016 年以“股权投资”为主题的全国性会议论文

单位：篇

年份 / 数量	2012	2013	2014	2015	2016
学术会议论文	12	11	18	7	6

资料来源：中国知网（CNKI）会议论文数据库。

2016 年，有关股权投资的学术交流较多、学术研究则不相匹配。如表 4－2 所示，据不完全统计，2016 年我国共召开多次主题为“股权投资”的学术会议，会议主题也与往年类似，围绕在 VC/PE 的法制建设、“互联网＋”项目、如何利用资本助力实现企业腾飞以及经济形势新常态下的投资之道等方面进行深入探讨。研讨中也充分结合了地方特色，注重私募的规范化和专业化转换，强调了创新模式的重要性。然而，值得注意的是，法学界对该领域的关注度仍然有待提高。

从表 4－3 可知，据不完全统计，近年来，关于股权投资的研究保持相对稳定，研究论文总数稳中有升。就文章的质量而言，2015 年的颓势在 2016 年有所转变，总计有 5 篇 CSSCI 期刊，中文核心期刊的发刊数量与 2015 年相较也大大提高。由此可以推论出，2016 年关键词为“股权投资”的文章数量总体上升，质量方面则是中规中矩，回到了正常水平。

---

① 数据检索截至 2016 年 12 月 31 日，数据访问截至 2017 年 3 月 20 日。

表 4－2　2016 年主题为“股权投资”的主要学术会议

序号	会议时间	会议名称	会议地点	主要观点
1	2016 年 5 月 27 日	2016 中国股权投资论坛	浙江宁波	1. VC/PE 行业 15 年增长 100 倍的时代也已经一去不返 2. 适度扩大总需求的同时集聚资源、推动创新，着力加强供给侧结构性改革 3. 需要商业模式创新，要依靠技术进步，用互联网产品和渠道帮助经济增长 4. 行业由小变大、由外变内正在进入战国时代
2	2016 年 6 月 7 日	2016（第十八届）中国风险投资论坛	广东深圳	1. 中国的私募股权市场已进入快速成长的状态 2. VC/PE 转型升级的步伐非常快； 3. 市场跟私募股权基金行业不仅是一个简单的单向环节，不仅提供渠道，两者已经开始实现多层次、多阶段的对接
3	2016 年 6 月 16 日	第十届中国有限合伙人峰会	北京	1. 财富管理已进入全面的资产配置时代，同时寻求基金投资策略差异化 2. 基金可以适时整合，强强联合，创业成功的热潮正在到来。前瞻性和审慎要结合起来，推行多策略，选择优秀基金管理人
4	2016 年 7 月 28 日	2016 中国股权投资论坛	广东佛山	1. 智能制造和“互联网＋”项目与资本实现无缝对接 2. 金融 · 科技 · 产业融合创新发展的成熟条件，将为 VC、PE 等私募股权机构和创新创业团队提供巨大的市场机会和良好的成长环境

续表

序号	会议时间	会议名称	会议地点	主要观点
5	2016年8月25日	首届中国(东北)创新创业投资峰会暨股权投资基金论坛	吉林长春	1. 挣快钱、挣短钱的时代已经过去,创业投资正在经历价值回归 2. 坚持走专业化投资道路,更加重视投后管理服务,在抢项目的同时更要严控风险 3. 投资方向正在转到以技术驱动为导向的创新模式
6	2016年10月26日	2016中国(杭州)股权投资高峰论坛	浙江杭州	1. 中国创业投资和股权投资市场,呈现出多元的变化和全新的发展趋势 2. 中国宏观经济变局与投资机遇
7	2016年10月29日	2016全球资产配置之私募股权投资高峰论坛	北京	1. 探索未来20年高增长高回报之路 2. 私募股权创业投资直接支持了实体经济
8	2016年11月17~18日	2016中国投资年会	北京	1. 上市公司、VC/PE、创新企业三方各有诉求,在并购交易中交错折叠 2. VC/PE哺育创新公司的同时,有针对性地探索与之相对应的高效退出渠道 3. 市场理性趋势下,资本偏好表现明显呈现多元化
9	2016年12月1日	2016中国天使投资峰会	北京	智能和大数据逐渐成为投资市场未来的方向
10	2016年12月6~8日	第十六届中国股权投资年度论坛	北京	1. 迎接智能互联网时代科技产业投资新机遇 2. 在未来庞大的后台建设下,优秀的PE基金将会在市场中独占鳌头

资料来源:根据互联网数据资料整理。

表4－3　2012～2016年所有学科中关键词为"股权投资"的期刊论文发表情况统计

单位:篇

期刊＼年份	2012	2013	2014	2015	2016
全部期刊	21	27	34	36	44
CSSCI期刊(及占所有学科的比例)	1 (4.76%)	7 (25.93%)	8 (23.53%)	1 (2.78%)	6 (13.64%)
中文核心期刊(及占所有学科的比例)	5 (23.81%)	12 (44.44%)	14 (41.18%)	5 (13.89%)	17 (38.64%)

资料来源:根据中国知网(CNKI)期刊论文数据库整理。

从表4－4中可知,据不完全统计,法学学科对股权投资的关注较少,表现为近年以来法学学科研究成果数量鲜少,2016年法学学科中关键词为"股权投资"的论文与去年相同,仅有3篇,研究质量也参差不齐。如2014年法学学科CSSCI期刊和中文核心期刊中,其占比高达100%,而2012年和2015年CSSCI期刊和中文核心期刊中关键词为"股权投资"的论文数量为0,只在2016年有所好转,法学界对该领域的关注亟待提升。

表4－4　2012～2016年法学学科中关键词为"股权投资"的期刊论文发表情况统计

单位:篇

期刊＼年份	2012	2013	2014	2015	2016
法学学科期刊发文数量	1	6	3	3	3
CSSCI期刊发文数量(及占法学学科的比例)	0 (0%)	2 (33.33%)	3 (100%)	0 (0%)	0 (0%)
北大核心发文数量(及占法学学科的比例)	0 (0%)	3 (50%)	3 (100%)	0 (0%)	2 (66.66%)

资料来源:根据中国知网(CNKI)期刊论文数据库整理。

如表4－5所示，2016年国内学界以“股权投资”为主题的学术著作数量较之上一年稍有回升，但仍然没有出现权威性著作，其研究切入点也多是风险投资的系统性介绍。值得注意的是，部分学者灵活转变研究思路，从实践出发，总结提炼了农业科技创新风险投资概念、特征，对我国农业科技创新风险投资发展的微观基础、中介服务机构设立与运作模式、制度建设等方面的问题进行了系统性研究。

表4－5　2016年有关“股权投资”的学术著作出版情况统计

序号	著作名称	作者	出版社	出版时间
1	2015年度北京地区股权投资行业报告	北京股权投资基金协会	首都经济贸易大学出版社	2016年5月
2	股权投资管理战略视角	祝波	北京大学出版社	2016年6月
3	创新创业融资：天使、风投与众筹	罗国锋、张超卓、吴兴海	经济管理出版社	2016年6月
4	农业科技创新风险投资：运行与制度创新	王秀芳、王建忠、王斌	中国财政经济出版社	201年6月
5	开放的力量：股权创新才是企业的终极共创	方永飞	广东经济出版社	2016年7月
6	风险投资与创业企业融资研究/暨南经济文丛	尹福生	暨南大学出版社	2016年7月
7	风险投资空间行为研究：基于金融地理学的视角	袁新敏、张海燕	企业管理出版社	2016年8月
8	中国创业风险投资发展报告（2016）	胡志坚、张晓原、张志宽等	经济管理出版社	2016年10月

资料来源：根据读秀学术搜索图书检索数据整理。

从表4－6可知，据不完全统计，2016年以股权投资为主题的研究报告依旧沿袭惯例，由专业从事股权投资的商业机构适时发布，内容基本涉及对2015年我国股权投资发展情况的介绍，以及对未来几年股权投资发展趋势的预测，比较全面地展示近几年来我国股权投资发展的整个历程。

表4－6　2016年有关“股权投资”的研究报告统计

序号	研究报告名称	研究机构	报告的架构
1	2016年中国股权投资回报专题研究报告	宜信财富	第一部分：全球股权投资基金市场概览及收益分析；第二部分：中国股权投资基金（天使/VC/PE）投资回报趋势分析；第三部分：股权投资回报行业分类分析；第四部分：股权投资回报预测分析
2	中国股权投资市场2016回顾与展望	清科集团	第一部分：中国股权投资行业发展概述；第二部分：2016年中国早期投资市场发展回顾；第三部分：2016年中国创业投资市场发展回顾；第四部分：2016年中国私募股权市场发展回顾；第五部分：2016年中国企业并购市场发展回顾；第六部分：2016年中国企业上市市场发展回顾；第七部分：2016年中国新三板市场发展回顾；第八部分：清科观点与市场趋势和展望
3	2016～2020年股权投资行业深度分析及“十三五”发展规划指导报告	中研普华	第一部分：行业运行环境；第二部分：行业深度分析；第三部分：行业竞争策略；第四部分：投资前景展望；第五部分：投资规划指导

资料来源：根据互联网数据资料整理。

二、文献综述

(一)研究文献概览

表4-7 2012~2016年法学学科中关键词为“股权投资”的期刊论文发表情况统计

期刊 \ 年份	2012	2013	2014	2015	2016
所有学科发文总数(篇)	21	27	34	36	44
法学学科发文数量(篇)	1	6	3	3	3
法学学科发文占比(%)	4.76	22.22	8.82	8.33	6.82

资料来源:根据中国知网(CNKI)期刊论文检索数据整理。

从表4-7可知,据不完全统计,近年来所有学科以关键词为“股权投资”的论文发文数量保持稳中略有上升的趋势,2016年发刊数量与上一年相比有所增加。就研究所涉及的内容而言,股权投资会计核算、投贷联动以及长期股权投资是学界关注的重点。就学科分布而言,目前有关股权投资的理论研究成果主要分布在经济学、管理学中,法学在该领域的研究兴趣始终不够浓厚,研究成果也相对零散。2011年和2012年法学界鲜少关注该领域,2013年法学界逐渐开始关注该领域,2014年关注度开始下降,2015年与2016年法学界对该领域的关注度也维持在较低水平。

从表4-8可知,据不完全统计,以“股权投资”为关键词发表在北大核心和CSSCI这两类高质量期刊上的论文总量不多,法学学科更少,2013年和2014年股权投资的研究才逐渐进入法学学科的视野。2015年在股权投资领域只有一篇以“股权投资”为关键词发表在CSSCI的期刊论文,而2016年情况有所好转,分别有17篇和5篇论文发表在北大核心和CSSCI期刊上。但总体上,包括法学在内的所有学科在该领域的研究数量和研究质量仍有待提高和深入。

表 4-8　2012～2016 年关键词为“股权投资”的期刊论文发表情况

学科年份 / 发文数量	2012		2013		2014		2015		2016	
	北大核心	CSSCI	北大核心	CSSCI	北大核心	CSSCI	北大核心	CSSCI	北大核心	CSSCI
所有学科(篇)	5	1	12	7	14	8	5	1	17	6
法学学科(篇)	0	0	3	2	3	3	0	0	2	0
法学学科发文占比(%)	0	0	25.00	28.58	21.43	37.50	0	0	11.76	0

资料来源：根据中国知网(CNKI)期刊论文检索数据整理。

2016 年以股权投资为主题的学术著作和研究报告分别为 8 本和 3 部，较上一年有所增长。就现有研究而言，经济学对股权投资研究深度和广度远大于法学，2016 年仍然没有出现权威性著作，其研究切入点也多是风险投资的系统性介绍。

(二)研究重点和主要观点①

国内研究重点和主要观点：

1. 股权投资概述研究

(1)股权投资的新领域。相德伟，李志英②认为，政府股权投资引导基金快速发展。总体来看，我国政府股权投资引导基金尚处于探索起步阶段，实践领域还没有一套公认的成熟运作管理模式，研究领域对一些问题还存在不同的认识。

(2)股权投资的会计、审计。骆剑华③认为，有限合伙制创投企业法人合伙人作为有限合伙人，其对创投企业的投资业务按照可供出售金融资产进行核算，其从创投企业分配的投资收益属于税后性质。根据《国家税务总局关于有限合伙制创业投资企业法人合伙人企业所得税有关

① 由于 PE 的内容在私募部分已有所论述，在本部分内容中不再赘述，为了结构的完整性仅作简单定义，其他有关 PE 的观点请参见私募部分。

② 参见相德伟、李志英：《政府股权投资引导基金：问题、分析与建议》，载《经济研究参考》2016 年第 19 期。

③ 参见骆剑华：《法人合伙人投资创投企业的会计与税务处理——基于国家税务总局公告 2015 年第 81 号》，载《财会月刊》2016 年第 13 期。

问题的公告》的规定，该所得应分别按投资期是否满2年进行划分，以此判断是否可以享受优惠政策，从而进行企业所得税处理。

(3)股权投资的效应。刘斌、袁利华①以地方政府招商引资中的税收争夺为切入点，实证分析了企业从地方政府手中获取土地资源引发企业股权投资增加的内在机制，以及由此导致的过度投资这一经济后果。谭小芳②从我国农业上市公司投资于金融机构与非金融机构两个方面出发，对基于股权投资的产融结合表现形式与效应进行分析，并以我国沪深上市的农业公司为样本，从收益效应、融资结构效应和财务成本效应三个角度，对股权投资的产融结合效应进行经验研究。

2. 投贷联动研究

投贷联动是中小企业融资新模式，有助于解决中小企业融资难的问题，支持中小企业做优做强。郑超③指出，现阶段我国商业银行尚未建立完善的投贷联动业务机制，产品开发能力不足，现有的信贷评价体系、定价方法及服务模式不适用于投贷联动业务，风险控制措施也有待完善。为推动投贷联动业务发展，我国商业银行可采用与第三方投资机构紧密合作和通过子公司进行投资两种运作模式，优化业务联动机制，整合业务流程，选择合适的目标企业，对产品进行合理定价，并且摆脱传统的信贷风险控制文化束缚，优化投贷联动风险控制体系。廖岷、王鑫泽④通过修订斯蒂格利茨的一个模型，证明科技创新领域的高风险造成股权投资缺口，使市场配置偏离帕累托最优状态。以投贷联动模式增加股权投资，可以改善配置效率，符合社会利益，从而解释了监管制度变迁的动力。

---

① 参见刘斌、袁利华：《土地资源获取、股权投资增加与企业投资过度》，载《南开管理评论》2016年第2期。

② 参见谭小芳：《基于股权投资的产融结合效应研究——以农业上市公司为例》，载《财经问题研究》2016年第6期。

③ 参见郑超：《我国商业银行投贷联动的运作模式及发展策略》，载《南方金融》2016年第6期。

④ 参见廖岷、王鑫泽：《商业银行投贷联动机制创新与监管研究》，载《国际金融研究》2016年第11期。

3. 股权投资会计处理

刘胜强、孙芳城[①]结合案例，分析了长期股权投资初始计量中的同一控制下控股合并形成的长期股权投资与非同一控制下控股合并形成的长期股权投资间相互转换的会计处理。莫冬燕[②]通过对会计准则国际趋同背景的研究，梳理了我国会计准则相关规定的演变。莫彩华[③]指出《企业会计准则第 18 号——所得税》对长期股权投资下权益法递延所得税费用存在的“例外”条款，赋予了企业合规避免确认递延所得税费用的空间。魏朱宝[④]就《企业会计准则第 2 号——长期股权投资》中第 16 条对持有待售权益性投资的会计计量和披露的规定进行分析。

4. 多元股权投资研究

（1）多元化股权投资主体。卢文华[⑤]提出，保险机构对推进国有企业混合所有制改革、构建现代企业制度和提高法人治理能力等具有重要作用。应推动保险机构在国企改革中发挥积极机构投资者作用，赋予保险机构股权投资更大的政策空间，建立健全投资者回报机制。郝瑾[⑥]通过企业集团产融结合的价值链分析，归纳了开展产融结合的动因，指出实现路径及主要模式，最后提出了企业集团在产融结合实践中应注意的问题。

（2）多元股权投资与产业引导。王朝才、龙艳萍、赵全厚、龙小燕[⑦]梳理了重庆市产业引导股权投资基金的基本情况和运作模式，分析了基金设立和运营的优势和意义，并提出产业引导基金贵在坚持市场化运作。要把“有为政府”与“有效市场”有机结合起来，进一步丰富投入方

---

① 参见刘胜强、孙芳城：《控股合并形成的长期股权投资内部转换会计处理》，载《财务与会计》2016 年第 100 期。

② 参见莫冬燕：《对股权投资会计准则的思考》，载《财务与会计》2016 年第 6 期。

③ 参见莫彩华：《长期股权投资权益法下递延所得税确认探讨》，载《财务与会计》2016 年第 12 期。

④ 参见魏朱宝：《关于待售长期股权投资会计处理准则的分析》，载《财务与会计》2016 年第 7 期。

⑤ 参见卢文华：《保险机构深度参与国有企业改革研究——基于积极机构投资者视角》，载《改革与战略》2016 年第 5 期。

⑥ 参见郝瑾：《企业集团产融结合的路径及模式分析》，载《企业管理》2016 年第 9 期。

⑦ 参见财政部中国财政科学研究院调研组：《产业引导基金贵在市场化运作——对重庆市产业引导股权投资基金的调研与思考》，载《经济研究参考》2016 年第 14 期。

式，建立风险补偿机制等政策建议。陈端[①]在对2015～2016年中国传媒发展与传媒投资内在逻辑系统梳理的基础上，对2015年以来我国文化传媒领域的投融资模式创新进行了归纳和总结，并着重对各类型投融资创新所潜藏的风险及评估防范措施作出了探讨。

5. 境外股权投资研究

彭刚、张璐[②]通过国外IIF、YOZMA以及EIF等引导基金运行经验，并根据江西省具体省情在管理制度、人才和市场化运行三个方面提出了可能的经验借鉴。陈进、刘曦子[③]对我国战略性新兴产业发展现状进行分析，提出并总结了开发性金融支持战略性新兴产业发展及国际化的主要模式，同时，指出开发性金融利用政策性金融的示范作用、风险控制、充足资金和信用增进等优势对战略性新兴产业发展及国际化起到积极推动作用。

6. 互联网股权投资研究

(1)股权众筹的属性。万国华、王才伟[④]认为，股权众筹对我国现有法律的概念框架造成冲击，我国《证券法》应引入"证券"的一般概念，采用定义以及列举的方式界定《证券法》的调整范围，将投资性合同囊括在内，由此肯定股权众筹投资合同的证券法属性，从而确定证券法规制股权众筹投资合同的逻辑起点。万国华、张崇胜、孙婷[⑤]指出股权众筹投资协议构成证券，股权众筹构成证券公开发行。为了降低股权众筹的法律风险，拓展其发展的制度空间，降低中小企业融资成本，提高监管效率，推动多层次资本市场建设，建议尽快构建我国股权众筹豁免制度。

---

① 参见陈端：《2015～2016中国传媒投融资领域模式创新与风险剖析》，载《中国出版》2016年第14期。

② 参见彭刚、张璐：《国外股权投资引导基金运行及对江西省启示》，载《金融与经济》2016年第3期。

③ 参见陈进、刘曦子：《开发性金融支持战略性新兴产业发展及国际化研究》，载《现代管理科学》2016年第12期。

④ 参见万国华、王才伟：《论我国股权众筹的证券法属性》，载《理论月刊》2016年第1期。

⑤ 参见万国华、张崇胜、孙婷：《论我国股权众筹豁免法律制度的构建》，载《南方金融》2016年第11期。

（2）股权众筹的监管。韩国栋、麦志英[①]根据资本市场产品分布与投资者结构，分析了股权众筹融资的监管逻辑，结合美国 Jobs 法案的创新理念，提出了我国股权众筹融资健康发展的对策建议。傅穹、杨硕[②]认为，信息披露制度应成为我国股权众筹制度中保护投资者的首要选择，监管思路不妨弱化高标准信息披露保护投资者的事先路径，选择强化中介责任及制定合理投资额上限，并确立由法院根据"投资决策标准"认定是否构成欺诈的救济方式来构成投资者保护路径体系。

国外研究重点和主要观点：

1. 风险投资协议研究

Anita、Lovas and Pereczes、János and Raba、Viktoria[③] 通过对股权投资合同中相关企业管理权控制、可转换债权的应用、现金流权利、投票权以及附加权利规定的讨论，提供了解决严重的信息不对称、降低投资风险以及促进退出的出路。

Burchardt、Jens and Hommel、Ulrich and Kamuriwo、Dzidziso Samuel and Billitteri、Carolina[④] 对风险投资合同文本进行了全面的理论以及实证文献综述，概述了在理论上与实践中关于合同设计的差异，涉及证券选择不同而产生的逆向选择问题、如何吸引不同的创业公司以及对现金流、控制权条款的影响。

Green、Joseph M. and Coyle、John F[⑤] 对众筹中的未来股权简单协议（the Simple Agreement for Future Equity，SAFE）进行分析。他们认为，早期的市场参与者对该协议过度的应用对众筹市场有潜在的破坏力，会挫伤成功融资企业分享的积极性。

---

① 参见韩国栋、麦志英：《股权众筹融资的监管逻辑及国际经验》，载《宁夏社会科学》2016 年第 1 期。

② 参见傅穹、杨硕：《股权众筹信息披露制度悖论下的投资者保护路径构建》，载《社会科学研究》2016 年第 2 期。

③ Anita Lovas et al.，"Incentives and Restrictions in Venture Capital Contracts"，*Financial and Economic Review* 14，2016，pp. 106 – 121.

④ Jens Burchardt，et al.，"Venture Capital Contracting in Theory and Practice：Implications for Entrepreneurship Research"，*Entrepreneurship Theory and Practice*，40，2016，pp. 25 – 48.

⑤ Green，Joseph M.，Coyle，John F.，"Crowdfunding and the Not-So-Safe SAFE"，*Virginia Law Review* 102，2016，pp. 168 – 182.

2. 风险投资的基本理论

Gompers、Paul A、Gornall、Will、Kaplan、Steven N、and Strebulaev、Ilya A① 对超过600家的风投机构在关于协议采购、投资决策、估值、交易结构、投资后增值、退出、公司内部组织、与有限合伙人的关系这八个方面的决策进行调研,并且与其他机构的报告作出比较分析。McCahery, Joseph A. and Vermeulen, Erik P. M② 指出,在近期,传统形式的融资和风险资本提供者的替代者已经出现,他们更注重合作和共享以期建立长期、友好的合作关系而赢得相互间信任,有投资者将这一过程称为"风险投资2.0"。Ewens、Michael and Rhodes-Kropf、Matthew and Strebulaev、Ilya A③ 认为,分期投资对融资风险资本支持型公司的投资者和企业家都有价值,但其中存在一个潜在的成本即延迟。而金融中介公司正是凭借内部资讯,在信息不对称以及强有力的控制环境下运作。而在这些机构中,会因为只愿意投资先前收到回报的公司以及投资保守而阻碍一部分企业创新。

3. 风险投资的效应研究

(1)风险投资与经济危机。Cabral-Cardoso C、Cortez M C④ 将标准设定在金融危机中。通过实证分析,研究了风险投资对流动性供给冲击的回应,认为风险投资机构加速了对处于核心范畴的新兴公司的每轮融资,增加了自身的份额,体现了经验丰富的风投机构更关注核心市场的信息处理。

---

① Gompers, Paul A. et al., "How Do Venture Capitalists Make Decisions?", *European Corporate Governance Institute (ECGI) -Finance Working Paper* 477, 2016. Accessed March 20, 2017. https://ssrn.com/abstract=2801385.

② Mccahery J. A., Vermeulen E. P. M., "Venture Capital 2.0: From Venturing to Partnering", *Social Science Electronic Publishing* 1, 2016, pp. 95-173.

③ Michael Ewens et al., "Insider Financing and Venture Capital Returns", *Stanford University Graduate School of Business Research Paper* 16, 2016, pp. 16-45.

④ Cabral-Cardoso C. et al., "Venture capital and the financial crisis in Portugal: the VC managers' viewpoint", *Journal of Small Business and Enterprise Development* 23, 2016, pp. 1032-1056.

（2）风险投资与银行。Cumming、Douglas J. and Murtinu、Samuele[①]研究了银行附属的风险投资机构的运作，认为此类机构运行规模较大，更易组成联合体，并且趋向在有较低盈余激进度和市值的市场中投资。

（3）风险投资与众筹。Sorenson O、Assenova V[②]对股权众筹的影响进行了分析。作者指出历史上创新资金大多来自风险投资（Venture Capital，VC），但风险投资公司资助的企业家往往反映投资者的教育、社会和专业特征，最终集中在少数地区。因此，政策制定者会推崇平台，希望他们能扩大创业融资渠道，包括妇女和少数民族创业者，以刺激经济增长。Ibrahim，Darian M[③]认为，众筹应对“运用集体智慧”这一理念重新审视，他认为同其他成功的创业金融形式一样，众筹同样需要专家学者的参与。D' Ambrosio M、Gianfrate G[④]研究了众筹的地理和时间序列及其替代程度是否能增强风险资本的运作。他们的发现支持了这样的观点，即众筹是传统 VC 对种子资本的替代，但它补充了 VC 后续融资的活动。相同地，他们还发现众筹与风险资本融资集中在相同的热点，但认为众筹更有利于风险投资基金把握市场走向。

（4）风险投资与股市。Lin Lin[⑤]指出，一个活跃的股权投资市场对股票市场的影响。当风险投资业务繁荣时，投资者可从容地通过 IPO 退出投资组合公司，而繁荣的股票市场也会便利 IPO 项目。另外，他指出强有力的、持续的法律改革和旨在改善股票市场的制度结构和监管环境

---

① Cumming，Douglas J.，Murtinu，Samuele，“On the Efficiency of Bank-Affiliated Venture Capital”，*Ssrn Electronic Journal*，2016. Accessed March 20，2017. https://papers.ssrn.com/sol3/papers.cfm?abstract_id=2716611.

② Sorenson O. et al.，“Expand innovation finance via crowdfunding”，*Science* 354，2016，pp. 1526－1528.

③ Ibrahim，Darian M.，“Crowdfunding Without the Crowd”，*William & Mary Law School Research Paper* 09－347，2016. Accessed March 20，2017. Ibrahim，Darian M.，Crowdfunding Without the Crowd（October 18，2016）. North Carolina Law Review，Forthcoming. Available at SSRN：https://ssrn.com/abstract=2854347.

④ D' Ambrosio M.，Gianfrate G.，“Crowdfunding and Venture Capital：Substitutes or Complements?”，*The Journal of Private Equity* 20，2016，pp. 7－20.

⑤ Lin L.，“Venture Capital Exits and the Structure of Stock Markets：Lessons from China”，*NUS Law Working Paper*，2016. Accessed March 20，2017. https://ssrn.com/abstract=2802457.

的政府政策可以促进风险资本的退出。Guo Di、Jiang Kun、Mai Xiaoting① 认为,在中国市场首次公开发行后,企业层面的数据分析表明,风险投资有利于创业公司在 IPO 之后的长期业绩及其增长。同时,他们观察到企业的公司治理与风险投资之间存在积极的联系。然而,他们并不认为风险投资公司的经验或专业化对在中国市场首次公开发行后的创业公司的业绩增长有显著的关系。

(5)风险投资与创新。Benson DF、Ziedonis RH② 认为,企业通过创业投资相关活动获得的信息可以提高成熟企业的内部研发生产力,另外,持续从事风险融资的公司相比较于其他零星地进行投资的机构在投资创业公司后会获得更大的回报。Colombo MG、D' Adda D、Pirelli LH③ 分析了政府和非营利组织激励创新的途径,特别从风险投资这一角度分析如何提高主体在激励基本创新方面的效率,以及政府资助的风险资本家在促进创新方面的影响。

4. 风险投资的发展趋势

Wadhwa A、Phelps C、Kotha S④ 指出企业风险资本的投资组合会对企业投资者创新产生深远影响。公司通过投资关系为年轻企业提供多样化的知识资源,企业在投资组合中可获得知识的多样性对企业创新具有倒 U 形效应。公司合作伙伴的技术和社会资本反映了其可用的知识深度,都使得企业合作伙伴的技术、社会资本对投资组合多样性以及企业创新关系产生积极影响。

三、现有研究的不足及未来研究展望

通过对上述数据的统计与分析以及对重点文献的综述可知,2016

---

① Guo, Di et al., "Venture Capital Investment and the Post-IPO Performance of Entrepreneurial Firms: Evidence from the People's Republic of China", *Asian Development Review* 32, 2016, pp. 375 – 395.

② Benson D. F., Ziedonis R. H., "Corporate Venture Capital as a Window on New Technologies: Implications for the Performance of Corporate Investors When Acquiring Startups", *Organization Science* 20, 2016, pp. 329 – 351.

③ Colombo M. G. et al., "The participation of new technology-based firms in EU-funded R&D partnerships: The role of venture capital", *Research Policy* 45, 2016, pp. 361 – 375.

④ Wadhwa A. et al., "Corporate Venture Capital Portfolios and Firm Innovation", *Journal of Business Venturing* 31, 2016, pp. 95 – 112.

年学界对股权投资的研究热情有所回升,以股权投资为主题的学术会议数量基本持平;相关研究成果的数量有所增加,另外,2016 年以“股权投资”为关键词的高质量期刊数量相较于上一年有明显的提升。就研究内容而言,国内学者主要围绕长期股权投资会计核算、审计方面以及多元化股权投资展开全面探讨,国外学者则专注于风险投资协议与风险投资效应的研究。有关股权投资的研究报告,内容仍旧更多的是关注在经济新常态以及互联网背景下如何创新思维,创新投资策略。

(一)现有研究之不足

1. 就学界总体研究而言,股权投资法律问题研究成果的质量仍有提升空间。据不完全统计,近 5 年来以关键词为“股权投资”的论文发文数量保持稳中略有上升的趋势,2015 年所有发刊数量略有减少,研究成果的质量显著下降,2016 年扭转了 2015 年的颓势,但仍有进步的空间。

2. 就学科分布而言,法学学科对股权投资法律问题的关注仍然维持在低值。目前有关股权投资的理论研究成果主要分布在经济学(包括金融学)中,法学在该领域的研究兴趣始终不够浓厚,研究成果也相对零散,所占比例也略有反复。以期刊论文的发表情况为例,近年来法学学科发文占比很难超过 10% 。在 2016 年以“股权投资”为关键词的 41 篇期刊论文中,法学学科与 2015 年相同仅有 3 篇。

(二)未来研究展望

1. 就学科分布而言,经济学依然会保持对股权投资问题的全面关注,法学学科应加强对股权投资法律问题的研究。通过对 6 年以来有关股权投资的统计数据分析,我们不难发现法学在学术会议、期刊论文、学术著作、研究报告等方面对股权投资的研究均远远落后于经济学,而且经济学对于股权投资的研究始终保持稳中上升的发展趋势,法学对股权投资的兴趣却在不断消退,这与“法治中国”的战略目标还有一定差距。

2. 就研究内容而言,股权投资与信托、私募等领域之间的交叉,股权投资在经济新常态的创新发展及其与互联网的相互融合可能成为今后研究的重点。如何适应新常态,乃至引领新常态是股权投资研究所无法回避的重要领域。此外,互联网的蓬勃发展为股权投资的发展带来了新的生机,怎样抓住互联网时代所带来的发展机遇,获取竞争优势,或将成为股权投资研究的又一重点区域。

3. 就研究方法而言，股权投资研究应当更加注重理论结合实践的实证研究方法。股权投资的研究极具开放性，对于股权投资的研究远远不会局限于其概念、特征、审计等基本问题的研究，学界往往更加关注多元股权投资与 PPP 的相互影响等股权投资的实际效应方面的内容。同时，对于实践效应的研究离不开对股权投资法律制度以及相关规定等基本问题的研究，所以，理论联系实践或许将成为股权投资今后的一种研究趋势。

第五章 信托法律问题研究

一、数据统计与分析①

从表 5－1 可以看出,2016 年以“信托”为主题的会议论文数量极少,仅有 2 篇,与 2014 年的 30 篇会议论文形成鲜明对比。对表 5－1 中每一年的会议论文进行研究发现,近 5 年信托的会议论文多数关注家族信托及互联网与信托的结合。从表 5－2 可见,2016 年我国共举办以“信托”为主题的全国性会议 4 次,虽然数量较少,但与 2015 年相比有所增加,除了信托行业协会每年都会召开的行业峰会以外,还有业界召开的信托业高峰论坛及学术会议,由此反映出 2016 年学界对信托的关注略有提升,但仍较为有限。

表 5－1　2012～2016 年以“信托”为主题的全国性会议论文

单位:篇

年份／数量	2012	2013	2014	2015	2016
学术会议论文	6	5	30	14	2

资料来源:中国知网(CNKI)会议论文数据库。

① 数据检索截至 2016 年 12 月 31 日,数据访问截至 2017 年 3 月 20 日。

表5-2 2016年我国以“信托”为主题的全国性研讨会情况

序号	时间	研讨会名称	主办方	会议地点
1	2016年7月15日	2016中国信托业发展高峰论坛	证券时报	上海
2	2016年8月20日	决策论坛——管理决策模式应用与分析学术研讨会	中国武汉决策信息研究开发中心、决策与信息杂志社、北京大学经济管理学院	北京
3	2016年9月23日	决策论坛——公共政策的创新与分析学术研讨会	《科技与企业》编辑部	北京
4	2016年12月26日	2016年中国信托业年会	中国信托业协会	上海

资料来源：根据互联网资料整理。

从表5-3可见，2016年所有期刊共发表以“信托”为关键词的期刊论文71篇，其中，CSSCI期刊发表14篇，占总量的19.72%，北大核心期刊发表20篇，占总量的28.17%。可以看出，在以“信托”为关键词的所有学科论文数量中，2012~2015年的论文数量总体持平，但到了2016年

表5-3 2012~2016年所有学科关键词为“信托”的期刊论文发表情况统计

单位：篇

年份 数量	2012	2013	2014	2015	2016
所有期刊	88	88	81	85	71
CSSCI期刊论文数量及占比	13（14.77%）	17（19.32%）	11（13.58%）	12（14.12%）	14（19.72%）
北大核心期刊论文数量	18（20.45%）	24（27.27%）	22（27.16%）	18（21.18%）	20（28.17%）

资料来源：中国知网（CNKI）期刊论文数据库。

数量有所减少。CSSCI 和北大核心期刊论文数量也在 2012 ~ 2014 年为高峰,2015 年有所降低,2016 年再次回升。近 5 年来金融学、经济学以及法学等学科的学者对信托的关注度整体稳定。从 CSSCI 和北大核心期刊论文数量在所有期刊中的占比分析,关于信托较高质量的论文数量较为稳定,相较 2015 年来说关注度回归至前几年的正常水平。

从表 5 – 4 的统计数据来看,2016 年法学期刊共发表关键词为"信托"的期刊论文 41 篇,其中,CSSCI 期刊发表 13 篇,占总量的 31.71%,北大核心期刊发表 14 篇,占总量的 34.15%。可以看出,2013 年和 2015 年以"信托"为关键词的发文数量为近 5 年最高,2014 年回落较为明显,2015 年回升至较高水平,2016 年又有所下降但仍然维持在较高数量,说明法学学科对信托的关注度并未减弱。从 CSSCI 和北大核心期刊的占比来看,在 2016 年以"信托"为关键词的学术论文中,CSSCI 和北大中文核心采纳这些文章的数量是近 5 年来最高,占比也是最高,可见,虽然论文总体数量较少,但优秀的研究成果数量一直在稳步提升。

表 5 – 4　2012 ~ 2016 年法学学科关键词为"信托"的期刊论文发表情况统计

单位:篇

数量 \ 年份	2012	2013	2014	2015	2016
法学期刊论文数量	36	42	28	51	41
CSSCI 期刊论文数量	8 (22.22%)	11 (26.19%)	7 (25.00%)	10 (19.61%)	13 (31.71%)
北大核心期刊论文数量	10 (27.78%)	8 (19.05%)	7 (25.00%)	14 (27.45%)	14 (34.15%)

资料来源:中国知网(CNKI)期刊论文数据库。

从表 5 – 5 可知,2016 年我国出版的以"信托"为主题的学术著作 13 本,内容比较丰富且分散。除了以往受到关注的家族信托、信托风险控制、信托实务、信托改革研究等内容形成了多样化的研究成果外,2016 年有不少学者致力于研究不动产投资信托公司(Real Estate Investment Trust,REITs),表明我国对信托的专题研究已经比较深入,并且在某些领域有所突破。

表 5 -5　2016 年我国出版的以“信托”为主题的学术著作

序号	著作名称	作者	出版社	出版时间	核心观点
1	信托评论	赵暖、李荻	上海人民出版社	2016 年 1 月	该书通过将信托业务理论与实践密切结合,从我国信托业宏观环境、信托公司核心能力建设、房地产信托、私募股权投资信托、信托与证券市场、信托营销与财富管理等多个方面,对当年信托业、信托业务及信托公司发展面临的问题等方面进行深入的分析与研究。在行业展望方面,该书认为“互联网 +”是中国信托业突围的最后良机,在利率市场化下信托业应当谋求转型
2	信托多棱镜	熊宇翔	中国金融出版社	2016 年 1 月	本书分为文学名著中的信托、社会生活中的信托、法理溯源中的信托 3 篇。其致力于从各个视角反映、折射、探究、挖掘中国传统社会生活中所固有的、朴素的、自发的信托观念(如真诚托付、信守诺言、风险隔离、宣言信托);致力于从古今中外的历史文化现象(包括文学作品)和典型案例中搜寻关于“信托”的痕迹与发展道路,进而对信托概念的内涵与外延、信托理念的特质本性进行阐述和说明,使读者对信托的本质、信托机理的社会功能与经济效用的实现、信托的法律关系及其在中国实践的命运有一个接近于更真实、更全面、更深刻的认识和理解

续表

序号	著作名称	作者	出版社	出版时间	核心观点
3	残疾人信托之理论与实务	陈敦、官朝永、张大为	法律出版社	2016年3月	本书在比较借鉴美国、日本及我国台湾地区残疾人信托制度之有益经验的基础上，从民法监护制度与残疾人财产信托制度着手，参酌《信托法》《物权法》及《继承法》，辅以《残疾人保障法》《老年人权益保障法》之配套建议，深入探讨目前残疾人信托之理论与实务上所面临的问题及解决方式，构建我国残疾人信托制度的理论，并对其实务发展予以规划，最终为实现残疾人权益保障的目的提供借鉴
4	心有梦想不觉寒：信托展望与回眸	陈赤	中国金融出版社	2016年3月	全书共分上下两篇：上篇为信托热点时论；下篇为信托创新回顾。其中，上篇主要收录了近年来作者发表的一些文章，具有一定的时效性。下篇为作者的博士学位论文，研究的主要贡献在于，一是建立了研究信托创新比较完整的分析框架，较系统地研究了2002～2007年我国信托创新活动和信托创新成果；二是将信托创新和信托功能回归相联系，并与经济发展阶段相结合，提出信托功能回归是信托创新的基础和源头活水，信托创新是信托功能在各层面、各领域创造性的运用；三是较好地解释了信托创新的动因和作用，对信托创新进行了合理的分类；四是细致地梳理并实证分

续表

序号	著作名称	作者	出版社	出版时间	核心观点
					析了信托产品创新的大量案例;五是明确提出信托制度创新是未来信托创新的主要方向,认为信托将在未来的资产证券化、房地产投资信托(REITs)以及私募股权投资(PE)等重大金融创新活动中扮演重要角色
5	家族信托:全球视野下的构建与运用	谢玲丽	广东人民出版社	2016 年 3 月	在全球视野下探讨家族信托的理论与实践运用,把握家族信托运用与限制的基本矛盾,将家族信托去功利化、去神秘化。主张尊重家族信托相关法律制度和内在规律,强调信托技术价值与制度尊重的平衡,信托利益相关人理性与欲望的平衡。注重信托功能实现与危机应变的统一,信托内外部保护、救济手段的结合。通过深入研究、详细分析大量真实的国内外立法和判例,归纳出家族信托构建与运用的规律与逻辑,并以此来指引家族信托构建与运用的实践

续表

序号	著作名称	作者	出版社	出版时间	核心观点
6	中小企业信托融资模式：理论与实践	邹高峰、熊熊、张小涛	科学出版社	2016 年 3 月	中小企业在国民经济中占有重要的地位，融资难已经成为制约中小企业发展的重要问题。由于特殊且灵活的制度安排和结构设计，信托已经逐渐成为解决中小企业融资难的新渠道。信托融资是一个可以横跨货币、资本和实业市场的金融工具，可以在风险可控的前提下为不同的中小企业提供个性化的融资解决方案，满足中小企业多样化的融资需求
7	廉租房投资信托（REITs）——“瓶颈”与出路：以法律制度构建为视角	李智	上海大学出版社	2016 年 3 月	本书的研究价值在于：其一是从美国等国家与地区保障性住房 REITs 的成功经验入手，联系我国实际，丰富我国关于廉租房 REITs 的相关理论，为完善我国 REITs 的法律体系提出建议；其二从设立、运行、风险规避 3 个方面入手，寻求符合国情的廉租房 REITs 制度设计方案，试图凭 REITs 之优，排中低收入群体住房之难，解政府和房地产企业之急，为立法部门和司法部门提供建议，以化解社会矛盾，维护社会稳定

续表

序号	著作名称	作者	出版社	出版时间	核心观点
8	信托法案例评析	何宝玉	中国法制出版社	2016年3月	本书涉及委托理财与信托、事实信托关系、信托的成立与生效、信托纠纷和管辖、民事信托、营业信托、资金信托与贷款信托等。通过选择我国近年来一些有关信托法的案件，根据信托法理论有针对性地进行评论
9	信托业务风险管理与案例分析	张同庆	中国法制出版社	2016年4月	本书从法律风险管理与案例分析的角度，讲解了资本市场投资信托业务、房地产信托业务、资产证券化信托业务、股权质押信托业务、工商企业与矿产能源信托业务、基础设施信托业务、股权投资与并购信托业务、影子银行与事务管理类信托业务等信托业务的操作实务和风险控制措施
10	信托涅槃：中国金融改革的信托之路	朱德光、乔海曙等	经济管理出版社	2016年8月	随着经济增速放缓、金融改革加快、行业竞争加剧以及“互联网+金融”的兴起，我国信托业发展呈现与经济周期、改革周期共振的显著特征。承接新的发展形势与发展机遇，信托业亟须挣脱“窠臼”、力驱“旧疾”，以信托精神和本源为支撑，实现行业突围。本书从信托的本源入手，立足国际化视野，深入探讨了信托业发展历史长河中各阶段功能与特征的演变。重点围绕中国信托业转型发展的时代热点与难点，结合国内与国际金融发展现状，充分借鉴国际经验，多方位、多维度展开理论分析与实践探索

续表

序号	著作名称	作者	出版社	出版时间	核心观点
11	美国自然资源公共信托制度研究	王灵波	中国政法大学出版社	2016年8月	本书基于罗马法律中发展出来的“公共信托的法律理论”，研究“美国自然资源公共信托制度”，全面梳理公共信托制度的基本结构及其在美国司法实践中的适用，力图从理论上对公共信托制度予以系统深入的阐释，以求就此获得较为理性、全面的认识，并以此为基础，进一步探讨公共信托制度对我国的启示
12	房地产投资信托基金（REITs）研究	姚延中	浙江大学出版社	2016年9月	REITs作为房地产投资基金在美国发源、成长，并在世界各地被引入，在我国开始关注。本书主要包括：REITs概述、REITs在全球的发展现状、我国REITs状况、REITs运作模式、REITs委托代理、REITs投资管理、REITs资金配置、REITs融资、REITs募集和营销以及REITs登记结算等

续表

序号	著作名称	作者	出版社	出版时间	核心观点
13	商业信托法律制度研究	陈杰	厦门大学出版社	2016年9月	由于信托制度属于“舶来品”，我国理论界和实务界对其性质和运作的认识还不够深入；加之我国处于社会转型升级时期，不断变革的制度环境也使得商业信托在我国的法律“本土化”之路并非一帆风顺，我国商业信托运行当中还存在诸多需要克服的难题。因此，揭示商业信托的法律本质、借鉴他国成功的发展经验以及寻找适合自身的发展道路，还需要给予深入的研究。本书在深入剖析商业信托的属性和法律关系以及比较研究多国现行制度的基础上，提出对于我国商业信托制度改革完善的独到见解

资料来源：读秀学术搜索数据库。

从表5－6可知，2016年共发布7份以“信托”为主题的研究报告，发布主体仍然沿袭惯例，由专业从事信托研究的机构适时发布，内容主要是对过去一年我国信托业发展情况及存在的问题给予揭示，呈现我国信托业的发展现状。

表 5-6　2016 年我国以“信托”为主题发布出版的研究报告情况

序号	研究报告（著者/发布者）	研究报告框架
1	2015～2016 年度中国信托业市场报告（用益信托工作室）	报告分为 3 个部分：第一部分为 2015～2016 年中国信托业市场发展状况，分为以下几节：(1)信托市场面临更加复杂严峻的外部环境；(2)信托资产规模的“大”与“小”；(3)盈利模式的“取”与“舍”；(4)信托功能的“正”与“反”；(5)信托风险的“形”与“实”。第二部分对信托行业进行分析研究，包括信托业整体运行指标分析、信托业面临的挑战及对策、信托业未来发展趋势分析三块内容。第三部分对信托公司进行分析研究，主要对 2014 年国内 68 家信托公司运行状况进行分析
2	2016 年中国信托公司经营蓝皮书（中国人民大学信托与基金研究所）	报告对 2015 年信托公司经营进行分析研究，共分为 10 个章节。第一章为行业纵览；第二章对主要财务指标进行分析；第三章对信托资产的分布与运用进行分析；第四章对信托资产的盈利能力进行分析；第五章对自营资产分布与运用进行分析；第六章为公司收入结构分析；第七章为风控与资产质量分析；第八章为人力资源分析；第九章对信托公司非财务信息进行分析；第十章为信托公司业务创新分析
3	2016 年中国信托业发展报告（中国人民大学信托与基金研究所）	报告分为 6 个部分：第一部分对 2015 年中国信托业进行回顾和展望，包括宏观经济形势、金融货币政策、宏观金融政策、我国信托业现状与特征等内容进行分析。第二部分从细化的指标上对信托机构进行分析，如对机构数量、名称、地域的变化，资本与股权结构变化，创新资质动向，经营、人力资源等进行分析。第三部分对集合资金信托产品进行分析研究，包括房地产信托产品、工商企业信托产品、基础设施类产品、证券投资信托和信托创新业务。第四部分对泛资本管理市场进行研究，包括对市场政策的解读、该背景下信托业市场环境的分析和发展趋势判断。第五部分对 2015 年信托业法律法规进行总结和评述。第六部分则将焦点集中于探讨“互联网 + 信托”的发展

续表

序号	研究报告（著者/发布者）	研究报告框架
4	中国信托行业研究报告（2016）（中建投信托研究中心）	本报告分为2篇。第一篇为年度发展篇，对信托公司2015年的竞争力评价、股权结构、固有业务、风险管理、人力资源发展、费用管理和信息技术管理等内容进行研究。第二篇为专题研究篇，主要包括：（1）信托公司参与跨境业务研究；（2）信托公司参与光伏产业投资研究；（3）信托公司参与租赁资产证券化研究；（4）信托公司信息综合运用研究；（5）房地产信托产品风险评级模型研究；（6）光伏产业用地相关法律问题研究；（7）信托受益权相关法律问题研究；（8）信托公司培训管理研究；（9）信托公司内部审计研究
5	信托研究与年报分析（2016）（百瑞信托博士后科研工作站）	第一部分为2015年信托公司的年报分析，包括行业概括篇、信托业务篇、自营业务篇、人力资源篇、客户服务篇、创新业务篇等。第二部分对信托的热点问题进行研究：第一节：信托受益权资产证券化探析；第二节：FOF基金运作模式与投资策略；第三节：契约型基金的法律适用与运作模式；第四节：中概股私有化及套利策略设计；第五节：政府创业投资引导基金发展：现实、困境与趋向
6	2016～2020年中国信托行业市场供需分析及供需格局预测报告（博思数据研究中心）	本报告共十章：第一章：中国信托行业发展综述；第二章：2015年中国信托行业市场环境分析；第三章：2015年中国信托行业运营情况分析；第四章：中国信托行业细分产品分析（按资金来源）；第五章：中国信托行业细分产品分析（按投向划分）；第六章：中国信托行业特色业务及其他产品分析；第七章：中国信托行业重点区域发展潜力分析；第八章：中国信托公司竞争对手经营个案分析；第九章：2016～2020年中国信托行业趋势预测分析；第十章：2016～2020年中国信托行业战略转型策略

续表

序号	研究报告（著者/发布者）	研究报告框架
7	2016 ~ 2020年中国信托行业全景调研与发展战略研究咨询报告（中研普华）	报告分为6个部分。第一部分是对产业环境的透视，包括信托行业发展综述、对信托行业市场环境及影响分析、对国际信托行业发展进行分析和经验借鉴。第二部分是对信托行业的深度分析，包括对信托行业运行现状、行业整体运行指标、信托市场供需形势进行深入的分析。第三部分是市场的全景调研，包括对我国信托细分产品市场的分析及预测以及对我国信托行业营销渠道及策略进行分析。第四部分是信托市场的竞争格局分析，包括中国信托行业区域市场分析、竞争形势及策略、领先企业经营分析。第五部分是发展前景展望，报告对2016 ~ 2020年信托行业的前景及趋势进行预测，并探讨这段期间信托行业的投资机会与风险，进行投资价值评估分析。第六部分是发展战略研究，主要着眼于信托行业面临的困境及对策，结合信托行业的具体案例加以研究，并探讨其发展战略

资料来源：根据互联网资料整理。

表5 – 7可以看出，相比起2015年，2016年以“信托”为主题或与信托相关的项目成功申请国家级别的科研项目立项，省部级科研项目立项中也有与信托相关的项目，共计5个立项。从互联网搜集的数据来看，2016年国内学者以“信托”为主题立项的科研项目主要涉及信托风险治理、遗产信托和土地承包经营权信托，以及在泛资产管理和互联网大背景下信托行业的发展及路径选择，表明在2016年学者开始对信托进行深入的研究，但数量仍然较为有限。

表5-7　2016年我国以信托为主题的省部级以上科研项目

序号	科研项目级别	科研项目名称	学科类别
1	2016年国家社科基金一般项目	土地承包经营权信托法律制度研究	法学
2	2016年国家社科基金一般项目	融资类信托系统性风险法律治理研究	法学
3	中国法学会2016年度部级法学研究课题自选课题	泛资产管理视域下的信托普惠化法律研究	法学
4	司法部2016年度国家法治与法学理论研究项目	遗嘱信托法律构造的困境及其出路	法学
5	司法部2016年度国家法治与法学理论研究项目	我国信托法制的完善:路径与建议	法学

资料整理:根据互联网资料整理。

二、文献综述

(一)研究文献概览

从前述数据统计可以看出,“信托”这一主题在2016年依然与之前一样,并非学者们研究的热点问题,期刊论文数量不多。相较而言,信托的学术著作成果较为丰富。

表5-8　2014~2016年以“信托”为关键词的期刊论文发表情况统计

年份 期刊	2014	2015	2016
所有学科发文总数(篇)	81	85	71
法学学科发文数量(篇)	28	51	41
法学学科发文占比(%)	34.57	60.00	57.75

资料来源:中国知网(CNKI)期刊论文数据库。

从表 5－8 可以看出，在以"信托"为关键词的研究成果数量上，2015 年法学学科发文数量达到近几年最高峰，占比达 60.71%，2016 年稍有下滑但仍较为稳定，说明法学学者较其他学科学者更加关注信托问题的研究，并且有较为持续的关注度。从表 5－9 可以看出，所有学科中以"信托"为关键词发表在 CSSCI 的论文数量较为稳定，但发表在北大核心期刊的论文数量在近 3 年呈现下降后再上升的态势。从法学学科论文数量在所有学科数量占比来看，以"信托"为关键词的核心期刊发文比例一直较高，特别是 2016 年的 CSSCI 期刊，法学学科论文在所有学科中占比高达 92.86%，也印证了表 5－7 的结论，即法学学者更加关注信托问题的研究。

表 5－9　2014～2016 年以"信托"为关键词的核心期刊论文发表情况

单位：篇

年份 / 期刊	2014		2015		2016	
	北大核心	CSSCI	北大核心	CSSCI	北大核心	CSSCI
所有学科发文数量	22	11	18	12	20	14
法学学科发文数量（及占比）	7（31.82%）	7（63.64%）	14（77.78%）	10（83.33%）	14（70%）	13（92.86%）

资料来源：中国知网（CNKI）期刊论文数据库。

从表 5－10 可以看出，2016 年学术著作成果相较 2015 年更为丰富，数量达到 13 部，分布在法学、金融学、管理学等学科，更多地关注与信托的具体实务问题。研究报告则与往年一致，均为各机构和研究公司每年定期发布的行业报告，主要呈现本年度国内信托行业、市场的现状和存在的风险、问题。

表 5－10　2016 年以“信托”为主题的学术著作与研究报告出版发布情况

类别	出版(发布)数量(篇)
以“信托”为主题的学术著作	13
以“信托”为主题的研究报告	7

资料来源:根据互联网资料整理。

(二)研究重点和主要观点

1. 信托制度与其他法律制度的联系、创新和发展

近年来,民法典的制定一直是法学界关注的热点问题,关于信托制度与民法典的关系,刘仲平①(2016 年)认为,由于信托在现实生活中有着极为广阔的存在空间,是私法领域的普遍性规则,具有普适性。信托制度与民法的性质、理念和基本原则等基本范畴高度一致,是一项不同于其他现有法律制度的独立财产管理制度。从民法典编撰的一般理论来看,将信托制度纳入民法典是有必要的,就信托在民法典中的地位而言,则宜放在总则性规定中,这样既符合民法典的逻辑体系,又便于处理与特别法的关系,而且便于人们理解和接受。

朱垭梁②(2016 年)主张,实现监护和信托的制度融合,认为我国《民法通则》与《民法总则(草案)》中所规定的监护制度均具有概括性和持续性代理的特征,这种监护制度将人身照顾与财产保护两大职责全部并持续性地赋予了监护人,但这一制度存在固有的代理风险和代理人不能问题。将财产事务从监护事务中分离出来,从制度上实现信托与监护制度的对接,既可以通过借助信托的监督机制解决代理风险的问题,又能弥补监护人负责财产事务时的能力欠缺和不足问题。

张笑滔③(2016 年)立足实际案例,认为可以尝试通过信托制度为物权制度“解绑”。不管是收益权信托还是让与担保,非典型物权因没有

① 参见刘仲平:《论信托与我国民法典之关系及其模式选择》,载《中南民族大学学报》(人文社会科学版)2016 年第 4 期。

② 参见朱垭梁:《〈民法总则(草案)〉第 17～22 条评析——监护与信托的功能耦合与制度融合》,载《安徽大学学报》(哲学社会科学版)2016 年第 6 期。

③ 参见张笑滔:《非典型物权类型松绑的功能分析——以昆山纯高案为例》,载《政法论坛》2016 年第 6 期。

立法承认的公示方法跟上，交易过程存在的实际情况与法律形式不一致，物权的种类标准化具有节约成本的优势，但其标准化意味着对现实其他权利样态的封闭化。在《物权法》第5条规定类型和内容都必须法定的前提下，信托可能是适合缓和物权类型僵化的解释工具。运用该工具，可以综合物权和债权的效力，合成在标准化物权类型之外的意定物权。

而陈雪萍①(2016年)认为，物权制度保护的重心应从保护单纯的归属转向保护更有价值的使用和收益，我国立法应将信托的价值部分进行有效配置，将之归属于受益人，使受益人享有受益所有权，并与受托人之法定所有权并列，创建"双重所有权"，而不是将信托建立在债法的基础之上，否则所建立的信托将会不伦不类，信托当事人的权利尤其是受益人的权利无法得以保障。

欧阳天健②(2016年)在研究遗嘱信托中的遗产税规避问题后认为，遗嘱信托作为规避遗产税的重要手段，在长期的反避税措施之下演化出多种态势，出现这一博弈态势的根源在于信托的灵活性和税法的滞后性之间的矛盾，而信托理论中的导管理论与税法上的实质课税原则的契合则为解决这一矛盾提供了思路。这就要求立法者制定完备的法律制度，并通过指导性案例制度的引入来查漏补缺，同时秉持税法的谦益性，正视法律制度背后所付出的制度成本，实现遗产税税收效应和民事信托行业发展的和谐共处。

Carla Spivack③(2016年)在研究了朝代信托(Dynasty Trusts)、浪费信托(Spendthrift Trusts)等新形式的资产保护信托之后认为，某些出于商业目的或者特殊形式的私人信托，这些信托的形式本身难以被民事法律制度所接纳，尤其是考虑到基础法律文件所表述出来的社会政策及法律哲学，应当对这些新型信托持以谨慎态度。

---

① 参见陈雪萍：《信托财产双重所有权之观念与继受》，载《中南民族大学学报》(人文社会科学版)2016年第4期。

② 参见欧阳天健：《遗嘱信托中的遗产税规避法律问题研究——兼论我国未来遗嘱信托税收法律体系的构建》，载《税务与经济》2016年第3期。

③ Spivack, Carla, "Beware the Asset Protection Trust", *European Property Law Journal* 5, 2016, pp. 105 – 130.

2. 信托法律实务研究

李宇[①](2016年)考虑到商业信托的组织性、合乎法人本质以及应然层面上具备法人的条件,同时实然层面早已以独立主体身份进行民事活动,主张承认商业信托的法人资格。此举将澄清理论争议,化解移植或运用信托制度的观念障碍,也有助于破除立法上的模糊与学说上的误区,而在实务层面上,还可以解决:第一,可省略信托登记制度,解决信托"登记难"问题;第二,降低商业信托运作成本;第三,优化商业信托治理机制。在承认商业信托主体资格后,还可进而确立受益人派生诉讼制度,既可抑制受益人滥诉,又为受益人适当介入商业信托管理提供管道。但赵廉慧(2016年)[②]对此观点持反对态度,她认为,目前信托法不应规定所有的信托都享有法人格,否则,信托和公司制度同质化,制度之间的差别和比较优势就无法体现,最终会限制当事人可选择的制度菜单。

关于信托财产独立性问题,楼建波[③](2016年)认为,信托财产与受托人固有财产的分离是信托财产独立性中最具挑战性的问题。在中国法律的背景下,要实现信托财产的独立性和信托财产分别管理,应当进行制度的解构和重建,做出更加具体的规定。

葛伟军[④](2016年)认为,《公司法司法解释(三)》第24条存在一个困境,即投资权益与股权分别归属实际出资人与名义股东而导致的股权代持性质与双方法律地位,无法通过我国现有的法律框架来解释。可以通过借鉴英国法解决该困境,这一借鉴主要有3个优点:一是确定了代持的性质是假定的归复信托;二是厘清了名义股东作为受托人对实际出资人负有的受信义务;三是明确了实际出资人作为受益人的责任。

由于信托的固有属性以及我国现行立法的某些疏漏,比如,信托财

---

① 参见李宇:《论作为法人的商业信托》,载《法学》2016年第8期。

② 参见赵廉慧:《信托受托人对第三人责任机理研究》,载《广东社会科学》2016年第4期。

③ 参见楼建波:《信托财产分别管理与信托财产独立性的关系——兼论〈信托法〉第29条的理解和适用》,载《广东社会科学》2016年第4期。

④ 参见葛伟军:《有限责任公司股权代持的法律性质——兼评我国〈公司法司法解释(三)〉第24条》,载《法律科学》2016年第5期。

产的独立性与其他优先权的关系以及信托登记制度的缺失等，对于人民法院究竟如何查询、冻结、划拨被执行人名下的信托财产造成一定困扰。基于此，温衡[①](2016年)认为，应当建立健全相关的配套制度或措施，包括完善执行司法查控系统、建立统一信托登记平台以及强化对信托受益权的执行等，以保证人民法院执行工作的顺利开展，保障权利人的相关权益。

3. 信托业务的监管与规制

刘燕(2016年)[②]认为，在现行金融分业监管格局下，造成了中国银行监督管理委员会取得对信托专管权的既成事实，结果本应作为一种通用资产管理工具的信托及信托关系，在我国却成为中国银行监督管理委员会管辖下信托公司的专属业务和工具。而监管关于特定投融资工具法律属性整齐划一的界定，无疑进一步强化了对特定投融资工具做法律定性的困难。这些呈现的与监管预期完全不同的法律特征成为信托监管及信托本身发展的问题。

章晟、李士岩[③](2016年)认为，目前资产管理业务在发展过程中呈现监管标准不一致、监管套利隐患以及资产管理案件审理困难等一系列问题，产生这些问题的本质原因在于资产管理业务涉及的基础法律关系不统一。解决问题的根本途径是通过法律制度建设清晰界定各类资产管理业务的法律属性，进而实现对资产管理业务统一监管。剖析信托的本质属性，对各类资产管理业务的基础法律关系进行分析，可以得出资产管理业务具有信托法律属性的判断。从法律制度层面解决现阶段资产管理业务困境的主要途径包括明确信托信号、完善信托法律以及建立信托登记制度。

钱诚[④](2016年)在研究自贸区信托登记中心建设过程中遇到种种

---

① 参见温衡:《与信托有关的强制执行困境及疏解》,载《理论与改革》2016年第6期。

② 参见刘燕、楼建波:《企业并购中的资管计划——以SPV为中心的法律分析框架》,载《清华法学》2016年第6期。

③ 参见章晟、李士岩:《资产管理业务信托属性分析及其法律监管制度研究》,载《江汉论坛》2016年第3期。

④ 参见钱诚:《自贸区信托登记中心建设之困境与路径探索——基于我国信托法制现状观察的分析》,载《上海金融》2016年第2期。

问题。他发现中国信托业目前缺少类似股票、基金交易的证券交易所的合法、规范且专业的信托产品交易平台。一个全国性的信托登记平台可使行业整体受益。其中,对监管部门而言,通过对信托产品全方位、动态化登记,可以获得统一格式的行业大数据,进而做好风险预警。目前尚无法实现信托财产登记公示制度,但不妨先探索信托产品的登记制度,促进自贸区信托登记中心建设为统一的信托产品登记平台,实现信托产品信息的统一登记,以促进信托产品的流转,完善信托行业体制的构建。

4. 公益信托的发展趋势

许冬琳[①](2016年)认为,通过建立环境公益信托制度,能够补充政府环境保护职能,促进环保事业的发展,同时,有效保障环境资源可持续开发和利用。而该制度的构建路径具体包括:环境公益信托委托人为国家,作为委托人可享有信托财产和受托人指定权、信托财产经营管理的监控权和剩余信托财产的归复权。并设立公益信托管理机构、监察人等,规定环境公益信托的设立、变更、终止等具体制度来完善制度框架。

三、现有研究的不足及未来研究展望

(一)现有研究的不足

信托一直未成为国内学界研究的重点,尽管每年均有一定数量的研究成果产生,但关注度较为有限,高质量的研究成果较少。信托是"舶来品",受限于国内信托行业发展年限较短、实践不足的情况,目前的研究成果更多的是借鉴外国的先进方法和路径,试图为中国现有的信托行业发展提供建议,或是在前人经验的基础上总结我国信托业的发展和问题,提倡完善信托法律制度,多数流于表面,更多从宏观角度论述制度构建,缺少从细节入手去深入论述信托制度的设计。

(二)未来研究展望

尽管学界关注度不高,但信托也伴随互联网技术的日新月异而蓬勃发展。互联网金融领域呈现"遍地黄金"的景象,信托也快速在互联网金融当中占据一席之地,通过互联网技术对信托业务的各个环节进行改革和创新,促进信托行业的转型和升级。期待未来学界能够对"互联

---

① 参见许冬琳:《环境公益信托制度的构建》,载《人民论坛》2016年第14期。

网+”背景下信托行业的制度设计、发展前景等方面倾以更多的关注和研究。

在信托创新业务方面，根据上文数据统计，已有不少学者开始关注到家族信托、慈善信托业务。例如，环境信托等业务亦开始有学者进行研讨，但囿于上述创新业务在我国较为稀少甚至尚未出现，现有文献集中于介绍国外制度。在未来信托创新业务逐渐走进中国市场后，希望学界的研究能够对这些新生事物引起重视。

第六章　互联网法律问题研究

一、数据统计与分析①

表 6-1　2012～2016 年以“互联网金融”为关键词的全国性会议论文

年份 数量	2012	2013	2014	2015	2016
学术会议论文（篇）	0	4	12	17	25

资料来源：根据中国知网（CNKI）会议论文数据库整理。

表 6-2　2016 年有关“互联网金融”为主题的全国性会议

序号	会议时间	会议名称	主办方	会议地点
1	2016 年 1 月 8 日	山东省互联网金融发展报告	山东省金融工作办公室、山东省人民政府法制办公室	山东
2	2016 年 1 月 8 日	中国（杭州）“互联网+”金融大会	蚂蚁金服和浙商银行	杭州
3	2016 年 2 月 2 日	2016 年第一期“P2P 网络借贷风险防范与区块链技术发展”研讨会	中国人民银行金融研究所互联网金融研究中心	北京

① 数据检索截至 2016 年 12 月 31 日，数据访问截至 2017 年 3 月 20 日。

续表

序号	会议时间	会议名称	主办方	会议地点
4	2016年4月20~21日	第三届互联网金融全球峰会北大论坛	北京大学金融创新与发展研究中心等	北京
5	2016年5月19~20日	2016中国互联网金融创新峰会	博蔚会议策划集团	上海
6	2016年8月18日	2016第二届中国(上海)互联网金融峰会	新华网、中国经济信息社等	上海
7	2016年12月	2016金融科技创新峰会	北京金融城	北京
8	2016年8月	2016年中国国际“互联网+”金融大会暨第二届中国国际“互联网+”金融高峰论坛	中国国际展览中心集团公司	北京
9	2016年7月9~10日	2016中国“一带一路”互联网金融战略发展峰会	拓湃会议策划集团	上海
10	2016年8月11~12日	全球互联网金融创新峰会2016	Banyan Wisdom、海尔消费金融	上海

资料来源:根据互联网资料整理。

虽然2016年以“互联网金融”为主题的全国性会议数量相比2015年减少了近一半,但仍然可见国内各界对互联网金融有足够的重视。各个会议的主题大多都认为互联网金融应当走向“规范”发展,在创新与规范之间寻找平衡点。会议也大多分析了当前国家针对互联网金融的政策环境,总结了往年互联网金融的问题,并对互联网金融的发展趋势以及未来进行预测。

以“互联网金融”为关键词的期刊论文发表数量有了一定幅度的增长,质量也有了很大提升,具体如表6-3、6-4、6-5、6-6所示。

表 6－3　所有学科 2014～2016 年以“互联网金融”为关键词期刊论文发表数量占比

单位：篇

数量＼年份	2014	2015	2016
所有期刊论文数量	1146	1835	2101
CSSCI 期刊论文数量（占所有学科的比例）	132（11.52%）	197（10.74%）	179（8.52%）
北大核心期刊论文数量（占所有学科的比例）	230（20.07%）	323（17.60%）	276（13.14%）

资料来源：根据中国知网（CNKI）期刊论文数据库检索整理。

表 6－4　2014～2016 年关键词为“网络借贷”的期刊论文发表情况统计

单位：篇

数量＼年份	2014	2015	2016
所有期刊论文数量	61	73	116
CSSCI 期刊论文数量（占所有学科的比例）	5（8.20%）	9（12.33%）	23（19.83%）
北大核心期刊论文数量（占所有学科的比例）	10（16.40%）	13（17.81%）	28（24.14%）

资料来源：根据中国知网（CNKI）期刊论文数据库检索整理。

表 6－5　2014～2016 年关键词为“众筹”的期刊论文发表情况统计

单位：篇

数量＼年份	2014	2015	2016
所有期刊论文数量	64	181	233
CSSCI 期刊论文数量（占所有学科的比例）	20（32.81%）	27（16.11%）	54（23.18%）
北大核心期刊论文数量（占所有学科的比例）	27（42.19%）	40（22.10%）	67（28.76%）

资料来源：根据中国知网（CNKI）期刊论文数据库检索整理。

表 6－6　2014～2016 年关键词为“第三方支付”的期刊论文发表情况统计

单位：篇

年份 数量	2014	2015	2016
所有期刊论文数量	2058	2090	2042
CSSCI 期刊论文数量（占所有学科的比例）	110 （5.34%）	124 （5.93%）	78 （3.82%）
北大核心期刊论文数量（占所有学科的比例）	221 （10.74%）	235 （11.24%）	188 （9.21%）

资料来源：根据中国知网（CNKI）期刊论文数据库检索整理。

可以看出，2016 年以“互联网金融”为关键词的期刊论文发表数量达到 2101 篇，相比 2015 年增长 14.50%，2015 年的增长率达到60.12%。我国近 3 年来在互联网金融的研究上持续升温，而从当前扶持互联网金融发展的国家政策以及市场中互联网金融的持续发展态势来看，未来学界有望持续研究热潮。

对于互联网金融的具体形态领域，可以看出，学界对网络借贷与众筹领域的研究还处于上升成长期，而第三方支付领域的研究已经趋向成熟。

其中，2016 年我国所有学科在网络借贷的研究上共达到 116 篇，相比于 2015 年增长了 58.90%，而 2015 年的增长率为 19.67%。我国在网络借贷的研究一直处于缓慢增长势态，而 2016 年的增长明显，可以预测在不久以后，网络借贷领域将会迎来其研究热潮的高峰。

在众筹领域，2016 年所有学科共发表了期刊论文 233 篇，相比 2015 年增长 28.73%，而 2015 年的研究数量相较于 2014 年翻了近两倍。其众筹领域在 2014～2016 年以来，有井喷发展之势。众筹领域虽不及网络借贷领域被学界研究得早，但其发展迅速，在短短几年之间，其研究数量就已超越网络借贷领域。

第三方支付领域在互联网金融领域中被学界研究得最早。第三方支付领域在 2014 年、2015 年就已达到研究高峰，到 2016 年，其研究走向平稳发展。这点从以上数据中可以看出，2016 年所有学科在第三方支付领域的研究数量达2042篇，相比 2015 年下降了 2.30%。其研究数量稍有下降，并不能说明学界对第三方支付领域的研究热情消退，而是因为对第三方支付领域研究日趋成熟的必然结果。

表 6－7　2014～2016 年法学学科关键词为“互联网金融”的期刊论文发表情况

单位：篇

数量＼年份	2014	2015	2016
法学学科期刊发文数量	63	115	129
CSSCI 期刊论文数量（占法学学科的比例）	16（25.40%）	23（20.00%）	31（24.03%）
北大核心期刊论文数量（占法学学科的比例）	23（36.50%）	29（25.22%）	37（28.68%）

资料来源：根据中国知网（CNKI）期刊论文数据库检索整理。

2016 年法学学科以“互联网金融”为关键词发表的期刊论文数量共 129 篇，相比 2015 年增长了 12.17%，2015 年增长 82.54%。2014～2016 年以来，法学学科在“互联网金融”领域的研究热情持续高涨。同时，2016 年北大核心期刊和 CSSCI 期刊发表的法学学科范围内以“互联网金融”为关键词的论文数量占比分别为 24.03% 和 28.68%，较 2015 年有所提高，且高于所有学科中以“互联网金融”为关键词的期刊论文数量占比（8.52%，13.14%），可见，核心期刊对法学学科以“互联网金融”为关键词的论文的采纳比例较高。

法学学科以互联网金融具体形态之一的“网络借贷”为关键词的论文发表共有 37 篇，法学学科在“网络借贷”领域的研究成果一直处于缓慢增长之中，特别是 2016 年的增长数量、增长速度较大。另外，在北大核心期刊和 CSSCI 期刊上，以“网络借贷”为关键词的法学学科论文比起 2015 年、2014 年都有较大增长，但法学学科在网络借贷领域的研究成果仍旧不多，希望学界在未来能够投入更多的研究热情。

表6－8　2014～2016年法学学科关键词为“网络借贷”的期刊论文发表情况

单位：篇

年份 数量	2014	2015	2016
法学学科期刊发文数量	11	12	37
CSSCI期刊论文数量（占法学学科的比例）	1 （9.09%）	1 （8.33%）	3 （8.11%）
北大核心期刊论文数量（占法学学科的比例）	1 （9.09%）	1 （8.33%）	6 （16.22%）

资料来源：根据中国知网（CNKI）期刊论文数据库检索整理。

表6－9　2014～2016年法学学科关键词为“众筹”的期刊论文发表情况

单位：篇

年份 数量	2014	2015	2016
法学学科期刊发文数量	10	18	18
CSSCI期刊论文数量（占法学学科的比例）	2 （20.00%）	2 （11.11%）	2 （11.11%）
北大核心期刊论文数量（占法学学科的比例）	5 （50.00%）	2 （11.11%）	3 （16.67%）

资料来源：根据中国知网（CNKI）期刊论文数据库检索整理。

2016年以“众筹”为关键词的法学学科论文数量相比2015年、2014年都基本持平。2016年在北大核心期刊和CSSCI期刊发表的期刊论文数量相比较于2015年基本持平，而在法学学科期刊论文总量中的占比略有提高。不管是从近2年众筹领域的研究数量来看，还是从研究成果的增长速度来看，都无疑表明法学界在“众筹”领域的研究潜力巨大，发展空间充足，尚待法学界学者大力发掘。

表 6－10　2014～2016 年法学学科关键词为“第三方支付”的期刊论文发表情况

单位：篇

年份 数量	2014	2015	2016
法学学科期刊发文数量	112	166	132
CSSCI 期刊论文数量（占法学学科的比例）	16 （13.51%）	16 （9.64%）	12 （9.09%）
北大核心期刊论文数量（占法学学科的比例）	22 （19.82%）	23 （13.86%）	16 （12.12%）

资料来源：根据中国知网（CNKI）期刊论文数据库检索整理。

从表 6－10 可以看出，2016 年法学界在“第三方支付”领域共发表期刊论文 132 篇，相比于 2015 年降低了 20.48%，在北大核心期刊和 CSSCI 期刊发表的论文总量相比 2015 年也相应减少。但是，“第三方支付”领域与“互联网金融”其他具体形态，如众筹领域、网络借贷领域，其研究成果数量是众筹领域、网络借贷领域的四倍到十倍。法学学科在“第三方支付”领域的研究成果、研究质量都是值得肯定的。当然，其中部分原因不仅在于法学界在“第三方支付”领域研究起步早，还在于法学界对该领域的研究热情持续不减。而到了 2016 年，“第三方支付”领域研究成果发展趋向平稳，学术理论日渐成熟。

表 6－11　2016 年有关“互联网金融”的主要学术著作出版情况

序号	著作名称	作者	出版社 出版时间
1	互联网金融创新与变革	贾扶栋	中国财政经济出版社 2016 年 1 月
2	颠覆银行：互联网金融的下一站	［美］丹·斯科特；何正云、张晓雷　译	中信出版社 2016 年 1 月

续表

序号	著作名称	作者	出版社 出版时间
3	蔓延式创新一位互联网金融创业者的行业启示录	吴文雅、何晓冬	机械工业出版社 2016年1月
4	一本书搞懂互联网金融图解版	宁小军	化学工业出版社 2016年1月
5	互联网金融大格局　金融跨界　传统变革　实战剖析	崔荣光	人民邮电出版社 2016年1月
6	互联网＋从互联网金融到个人投资理财	肖壹	中国华侨出版社 2016年2月
7	互联网＋金融理财新玩法	程侠义、魏艳	化学工业出版社 2016年2月
8	互联网＋大金融：新常态下的互联网金融革命	纪海	当代世界出版社 2016年2月
9	互联网金融重塑金融生态	清科研究中心	机械工业出版社 2016年2月
10	资本——009：互联网金融	何小锋、黄嵩	中国发展出版社 2016年3月
11	互联网金融模式与监管	刘斐	中国经济出版社 2016年3月
12	透视互联网金融	何珊、陈光磊、谌泽昊	浙江大学出版社 2016年3月
13	互联网金融报告——2016：传统金融的互联网化：Interne	BR互联网金融研究院	中国经济出版社 2016年3月
14	互联网金融概论	许伟、王明明李倩	中国人民大学出版社 2016年3月

续表

序号	著作名称	作者	出版社 出版时间
15	互联网金融红利：移动互联网时代你该这么活	付峥嵘、倪维立	人民邮电出版社 2016 年 3 月
16	互联网金融法律评论（2016 年第 1 辑. 总第 4 辑）	许多奇	法律出版社 2016 年 3 月
17	一本书读懂互联网金融	李天阳	北方文艺出版社 2016 年 4 月
18	互联网金融逻辑	何晓宇	中国铁道出版社 2016 年 5 月
19	互联网金融概论	赵永新、陈晓华	人民邮电出版社 2016 年 4 月
20	互联网金融与大数据分析	庞引明	电子工业出版社 2016 年 4 月
21	互联网金融营销原理与实践	刘凤军	中国人民大学出版社 2016 年 5 月
22	身边的互联网金融	陈飞	浙江工商大学出版社 2016 年 5 月
23	互联网金融监管研究	张健华	科学出版社 2016 年 5 月
24	互联网金融消费者权益保护法律实务	刘建刚、董琳	中国财富出版社 2016 年 5 月
25	互联网金融生态：互联、竞合与共生	欧阳日辉	经济科学出版社 2016 年 5 月
26	互联网金融发展对传统金融业的影响研究	王亮亮	中国金融出版社 2016 年 6 月

续表

序号	著作名称	作者	出版社 出版时间
27	互联网金融法律评论 (2016年第2辑.总第5辑)	许多奇	法律出版社 2016年6月
28	互联网金融法律风险防范与监管	刘飞宇	中国人民大学出版社 2016年6月
29	互联网金融3.0玩转股权融资	元明、徐宁	中华工商联合出版社 2016年5月
30	互联网金融法律风险与防控策略	左胜高	法律出版社 2016年7月
31	互联网金融风险与应对策略研究报告	董希淼	中国金融出版社 2016年8月
32	互联网金融创新与发展	孟雷	中国金融出版社 2016年7月
33	互联网金融理论与实务	王秀峰	中国金融出版社 2016年6月
34	互联网金融	帅青红	东北财经大学出版社 2016年7月
35	互联网金融理论与实务	冯科、宋敏	清华大学出版社 2016年8月
36	一本书读懂互联网金融理财	海天理财	清华大学出版社 2016年8月
37	互联网金融实务	陈雄	厦门大学出版社 2016年8月

续表

序号	著作名称	作者	出版社 出版时间
38	互联网金融12讲	黄益平、王海明、沈艳、黄卓	中国人民大学出版社 2016年8月
39	互联网金融理论与应用	周雷	人民邮电出版社 2016年8月
40	互联网金融理论与实务	冯科、宋敏	清华大学出版社 2016年8月
41	互联网金融	范小云、刘澜飚、袁梦怡	人民邮电出版社 2016年8月
42	互联网金融	赵紫剑	重庆大学出版社 2016年9月
43	区块链技术驱动金融	[美]阿尔文德·纳拉亚南、约什·贝努(Joseph Bonn);林华、王勇 译	中信出版社 2016年8月
44	互联网金融监管基础理论研究	武长海、涂晟	中国政法大学出版社 2016年9月
45	2016互联网金融年鉴	宋玲	经济管理出版社 2016年9月
46	互联网金融的神话与现实	付佳	电子工业出版社 2016年9月
47	互联网金融支付	史浩	中国金融出版社 2016年9月
48	宏微观视角下的互联网金融模式创新与监管	帅青红	西南财经大学出版社 2016年9月

续表

序号	著作名称	作者	出版社 出版时间
49	互联网金融犯罪问题研究	万志尧	黑龙江人民出版社 2016 年 10 月
50	P2P 与股权众筹	邱勋	中国金融出版社 2016 年 10 月
51	互联网金融风险控制	曹国岭、陈晓华	人民邮电出版社 2016 年 10 月
52	投消者致富——互联网金融的引领、操控和革新	赵春林	中华工商联合出版社 2016 年 11 月
53	互联网金融的新常态	曹汉平	清华大学出版社 2016 年 11 月

资料来源：根据互联网资料统计整理。

2016 年国内以“互联网金融”为主题的学术著作数量增多，并且涉及众筹、支付、网贷等多种类型以及模式、监管等多个层面。不仅有对互联网金融知识性的说明，展望互联网金融广阔的发展前景，还逐步着眼法律层面，理论结合实践经验，分析互联网金融领域的法律风险，探讨互联网金融的监管及犯罪问题。对安全问题的重视，正是互联网金融发展的关键。

表 6－12　2016 年有关“互联网金融”的研究报告发布情况

序号	研究报告名称 （著者/发布者）	研究报告框架
1	2015～2016 年黑龙江省金融形势分析与预测（2016） （曾博）	报告分为总报告、特别报告、行业篇、综合篇、国家篇、专题篇六大部分

续表

序号	研究报告名称 (著者/发布者)	研究报告框架
2	浦东互联网金融融资新模式和效应分析——以上海融道网金融信息服务有限公司为例 (徐美芳、郑海阳、许晓敏)	报告分为总报告、双自联动篇、改革创新篇、案例篇4部分
3	"互联网+"大潮下的中国黄金业务发展(2011~2014年) (孙连城)	全书分为4部分,分别是总报告、综合篇、市场篇及专题篇。 1. 总报告对2015年国内黄金市场做了分析,并从需求角度介绍了中国黄金产业发展的历史,对全球黄金产业的发展动向做了预测 2. 综合篇从不同的角度阐述了黄金业务的发展热点:一是经济新常态下的黄金市场发展;二是互联网趋势下的黄金业务发展 3. 市场篇对黄金市场2014年和2015年的走势做了详细分析,对商业银行黄金交易做了梳理,并对两个重要领域做了专门分析,上海黄金交易所国际板代表了中国黄金在世界的声音,而首饰市场代表了中国特色 4. 专题篇探讨了商业银行黄金交易模式、黄金储备以及未来黄金产业基金等领域

续表

序号	研究报告名称（著者/发布者）	研究报告框架
4	2014年北京金融机构发展研究（2016）（王璟怡、孟洁）	报告由总报告、北京金融发展篇、天津金融发展篇、河北金融发展篇和专题报告篇5个部分组成。总报告为“京津冀金融协同发展与展望”，对京津冀金融发展的重要意义、金融运行情况、金融协同发展现状等问题展开深入分析，并对京津冀金融发展进行展望，提出了促进京津冀金融协同发展的政策建议。北京金融发展篇、天津金融发展篇和河北金融发展篇分别从金融机构、金融市场和金融改革创新等多个角度详细介绍了2014年北京、天津、河北地区金融运行情况。专题报告对京津冀金融发展中的重点领域进行了深层次的研究，包括“京津冀协同发展中的金融支持与金融合作研究”“京津冀金融协同发展建设金融创新运营示范区”和“天津自贸区建设服务京津冀协同发展研究”3个报告，旨在为推动京津冀金融协同发展、服务京津冀协同发展战略提供更多参考和借鉴
5	2014年河北金融机构发展研究（2016）（何楠、杨鹤）	由总报告、北京金融发展篇、天津金融发展篇、河北金融发展篇和专题报告篇5个部分组成。总报告为“京津冀金融协同发展与展望”，金融运行情况。北京金融发展篇、天津金融发展篇和河北金融发展篇分别从金融机构、金融市场和金融改革创新等多个角度详细介绍了2014年北京、天津、河北地区金融运行情况。专题报告对京津冀金融发展中的重点领域进行了深层次的研究

续表

序号	研究报告名称 （著者/发布者）	研究报告框架
6	农村土地市场互联网金融发展报告 （贾英姿）	全书分为总报告、制度篇、市场篇和创新篇4个部分。总报告从两个方面总结了农村土地市场的发展；制度篇从历史和现状两个维度梳理中国农村土地市场的发展脉络；市场篇从农地确权、流转、抵押、农地信托以及经营主体五个方面分析刻画农村土地市场的发展现状及特征；创新篇基于实地调研对市场实践进行考察，从"农村土地市场+互联网"和"农村金融+互联网"两个方面分析农村土地市场和农村土地投融资与互联网结合的发展情况和经验
7	"互联网+"催生服务新业态 （李蓓）	本报告共有文章13篇，总体结构如下：第一部分为总报告；第二部分为基础设施篇；第三部分为产业融合篇；第四部分为服务创新篇；第五部分为网络空间安全与治理篇；第六部分为专题研究篇
8	2015年互联网金融发展回顾与2016年展望 （庄乾志，唐国舜，孙梓桐）	总报告总结阐述了智慧互联产业的内涵、构成、特征，分析了技术因素，对其创新和发展模式、应用形势和特点等进行了较为全面的概括并对2016年进行预测。本书分报告分为技术篇、投资篇、保障篇：技术篇围绕移动互联网、物联网、大数据、云计算、人工智能等技术展开论述；投资篇就智慧互联产业的各类产业形态进行了分门别类的研究分析；保障篇包括信息技术行业关键基础设施、信息安全技术、产业发展与投资预测等方面内容

续表

序号	研究报告名称 (著者/发布者)	研究报告框架
9	互联网业品牌报告(2016) (聂庆璞)	共收录1篇总报告,30篇年度品牌报告,10篇年度分类报告。30个在各门类具有引领意义的文化品牌,它们包括:电影故事片、电影院线、电视剧、电视频道、广播影视集团、数字电视、出版企业、报业集团、期刊、广告公司、数字出版、综合门户网站等。各年度分类报告,这些业态包括:电影业、电视业、互联网业、报业、图书出版业、广告业、演艺业、动漫业、会展业、文化旅游业等
10	托管:银行托管业务与时俱进券商PB业务如火如荼 (孟杨、牛中强)	报告分为总报告、资管机构篇、投资篇、投资热点篇、渠道客户篇、基础设施篇
11	基于地方财税视角的互联网金融发展探析 (广州市越秀区地方税务局课题组)	本书由总报告、经济发展篇、转型升级篇、产业发展篇、财政税收篇、贸易消费篇、附录7个部分组成
12	推进广州互联网金融创新发展及风险监管的对策研究 (胥东明、庄德栋、刘晓晗)	由七大部分组成,分别为总报告、战略篇、专题篇、行业篇、区域篇、大事记、附录。本年度报告重点突出探讨在内外贸一体化发展、国家“一路一带”战略,以及广州“三中心一体系”建设背景下,广州商贸业发展的战略思路和对策建议,并展现其发展的亮点

续表

序号	研究报告名称（著者/发布者）	研究报告框架
13	2015年中国互联网金融发展现状及趋势（洪勇）	分为四大部分，包括总报告、产业分析、产业要素分析、专题分析。总报告阐述了“十三五”期间我国流通业将面临的“五大变革”和“四大趋势”。产业分析部分对我国的商品交易市场、分销市场、零售格局、百货业、餐饮业以及电子商务发展进行了专门的分析和研究。产业要素分析部分对零售物流、电商物流和互联网金融业进行了专门且深入的研究。在专题分析部分，重点研究了百货业、大卖场及超市、便利店、奢侈品市场、出口电商、进口电商、零售业并购、城市商业和主要城市商圈等商业重点和热点问题
14	加快互联网金融发展　提高山西居民消费能力（崔海燕，徐文轲）	由总报告、专题报告、试点研究和附录4部分构成。总报告阐述以加快推进创新转型为主线结构性改革的大思路。专题报告一聚焦创新理念，专题报告二聚焦科技创新，专题报告三聚焦产业转型，专题报告四聚焦城乡统筹，专题报告五聚焦标准契合

资料来源：根据互联网资料统计整理。

2016年国内以“互联网金融”为主题的研究报告，内容主要是对过去一段时间互联网金融行业发展的总结与反思，剖析当下互联网金融发展的主要问题和困境，并提出未来发展的趋势与方向。报告主要是学者、互联网企业与商业性研究机构发布，针对互联网金融行业的参与者，同2015年一样，依然缺乏法学领域对互联网金融的研究报告。但从报告中内容可以看出，研究者已经注意到对互联网金融行业进行监管的必要性和紧迫性，以及对风控安全性的重视。

表 6-13　2016 年有关“互联网金融”的部级以上科研项目情况统计

序号	科研项目级别/时间(年)	科研项目名称	学科类别
1	国家社会科学基金一般项目立项(2016 年)	互联网金融伦理的理论与实践问题研究	哲学
2	国家社会科学基金一般项目立项(2016 年)	互联网金融的理论、政策与前景研究	应用经济学
3	国家社会科学基金一般项目立项(2016 年)	互联网金融引致我国系统性金融风险的演化机理及综合管控研究	应用经济学
4	国家社会科学基金一般项目立项(2016 年)	互联网金融风险测度方法与监管机制研究	统计学
5	国家社会科学基金一般项目立项(2016 年)	我国互联网金融市场准入与监管法制重大理论与实践问题研究	法学
6	国家社会科学基金一般项目立项(2016 年)	大数据时代中国金融供给侧结构性改革理论与对策研究	应用经济
7	国家社会科学基金青年项目立项(2016 年)	“互联网 +”背景下我国城市出租车市场的管理创新研究	法学
8	国家社会科学基金青年项目立项(2016 年)	普惠金融体系构建与农村反贫困战略协同研究	法学
9	国家社会科学基金青年项目立项(2016 年)	中国 P2P 网络借贷行业的有效竞争及实现路径研究	法学
10	国家社会科学基金青年项目立项(2016 年)	PPP 模式运行中的法律问题与对策研究	法学
11	国家社会科学基金青年项目立项(2016 年)	股权众筹投资者保护理论与制度研究	法学
12	国家社会科学基金青年项目立项(2016 年)	互联网背景下众筹扶贫模式及保障机制研究	法学

续表

序号	科研项目级别/时间	科研项目名称	学科类别
13	国家社会科学基金青年项目立项(2016年)	我国网络借贷的地方治理模式研究	法学
14	中国法学会2016年度部级法学研究课题立项项目(自选课题)	互联网金融失范现象及其刑法规制研究	法学
15	中国法学会2016年度部级法学研究课题立项项目(自选课题)	网络借贷平台法律规制研究	法学
16	中国法学会2016年度部级法学研究课题立项项目(自选课题)	“互联网+、大数据”背景下金融消费者信息权益保护研究	法学
17	2016年度教育部人文社会科学研究规划基金项目	区域科技金融统筹下的非公开股权融资平台(P2P)风险规制研究	法学
18	2016年度教育部人文社会科学研究青年基金项目	互联网金融与“新常态”时期的货币政策转型	经济学
19	2016年度教育部人文社会科学研究青年基金项目	“互联网+”背景下城乡互动的众筹扶贫模式研究	管理学
20	2016年度教育部人文社会科学研究青年基金项目	互联网金融监管的法律建构研究	法学
21	2016年度教育部人文社会科学研究青年基金项目	网络借贷信用风险评估的结构化方法及应用研究	交叉学科

资料来源:根据互联网资料统计整理。

2016年有关“互联网金融”的部级以上科研项目数量有所回落,尤其是国家自然科学基金的立项项目明显减少,但国家社会科学基金的立项项目增加较多,表明学界对互联网金融行业的关注度还有待提高。交叉学科的立项项目也有所减少，学界对利用各自的学科优势共同探究互联网金融发展问题的关注度有待提高。

二、文献综述

（一）研究文献概览

从上述数据统计中可以看出，2016 年国内各界对互联网金融仍旧表现出浓厚的兴趣，开展了大量的研究工作，并提交了数量众多的研究成果。

表 6－14　2014～2016 年以“互联网金融”为关键词的期刊论文发表情况统计

单位：篇

发文数量＼年份	2014	2015	2016
所有学科发文总数	1146	1835	2101
法学学科发文数量（占所有学科发文数量的比例）	63（5.50%）	115（6.27%）	129（6.14%）

资料来源：根据中国知网（CNKI）数据库。

从表 6－14 可看出，在 2016 年以“互联网金融”为关键词的研究成果数量上，法学学科发文数量只有小幅度增长。相比于其他学科，法学学科的发文数量占所有学科以“互联网金融”为关键词发文数量的比例有所回落，数量增加不如其他学科。

表 6－15　2014～2016 年以“互联网金融”为关键词的核心期刊论文发表情况

单位：篇

发文数量＼年份	2014		2015		2016	
	北大核心	CSSCI	北大核心	CSSCI	北大核心	CSSCI
所有学科	230	132	323	197	276	179
法学学科及占比	23（10.00%）	16（12.12%）	29（8.98%）	23（11.68%）	37（13.41%）	31（17.32%）

资料来源：根据中国知网（CNKI）数据库整理。

从表6－15可知，2014～2016年，所有学科以“互联网金融”为关键词发表在北大核心期刊、CSSCI期刊上的论文数量从较大增长到有所回落，法学学科以“互联网金融”为关键词在北大核心期刊、CSSCI期刊上的论文数量及其在所有学科中的占比亦如此。但结合法学学科发文总量及其在所有学科发文总量的占比来看，“法学学科在北大核心期刊和CCSCI期刊的发文数量于所有学科的占比”比“法学学科于所有学科发文总量的占比”都要高，可以看出，法学学科以“互联网金融”为关键词发表的文章质量较高，在所有学科中水平相对较高。并且，法学学科相比其他学科而言，对互联网金融行业的研究更为深入、精辟。

表6－16　2016年以“互联网金融”为主题的学术著作与研究报告出版发布情况

单位：篇

类别	出版（发布）数量
以互联网金融为主题的学术著作	54
以互联网金融为主题的研究报告	42

资料来源：根据互联网数据整理。

在学术著作和研究报告方面，从表6－16可知，2016年以“互联网金融”为主题的学术著作和研究报告数量较多，尤其是学术著作的数量有了一定的增长，说明互联网金融仍然是当前学术界和实务界的研究热点。

（二）研究重点和主要观点

1. 国内研究重点和主要观点：

（1）有关互联网金融一般问题的研究。对于互联网金融的综合研究，目前学界主要围绕以下几个方面展开：

①关于互联网金融发展前景的研究。张秀广、李政道（2016年）[①]认为，金融领域将逐步向以区块链为征信基础和核心内容的新金融形态过渡，互联网金融凭借去中心化、可靠数据库与征信系统的特质，实现对金

① 参见张秀广、李政道：《“区块链＋互联网”在金融领域的前景分析与挑战》，载《财政金融》2016年第6期。

融领域的颠覆和重塑。周应恒、巩世广(2016年)①等人从宏观和微观视角比较中国与欧美主要发达国家互联网金融发展的现状及差异,进而基于金融市场供需原理,分析发展中国家互联网金融的后发优势机制,探究影响互联网金融发展的两大基本要素。欧美发达国家的传统金融具有先发优势,但其互联网金融具有先发劣势;中国的传统金融具有后发劣势,但其互联网金融具有后发优势。互联网金融发展的两个基本要素是"经济增长"和"金融抑制"。互联网金融后发优势的内在机理是金融市场的供需原理。

②关于互联网金融运行问题的研究。周明、王满仓(2016年)②等提出互联网服务商与金融产品提供方之间存在信息不一致的问题。他们得出,最优激励机制设计在于无论哪一方处于主导地位,当互联网服务商为风险中性者时,宜采用固定租赁制;当互联网服务商为风险厌恶者时,宜采用分成制的结论。何飞、张兵(2016年)③等人在我国互联网金融发展"中国特色"分析的基础上,提出了互联网金融发展模式的演变过程。提出中国的互联网金融发展模式将按照由点及线、由线及面的路径演变,进一步驱动这一模式演变的核心动力是大数据。大数据驱动的互联网金融发展模式演变,既具有内在逻辑,又具有外在基础。最后,其指出通过构建细分的大数据系统可以解决互联网金融发展模式演变中的具体应用问题。另外,张成虎、金虎斌(2016年)④等人运用复杂系统理论、平台经济学和制度变迁理论为互联网金融的产生与发展寻求理论依据,制度改革、技术进步、市场变化和组织变革是促进互联网金融发展的"四力"驱动机制,从而集成数据层、规则层和应用层的"三层联动"创新机制。最终其提出可以用生态竞争理论来刻画互联网金融各种业态之间的演化路径。

---

① 参见周应恒、巩世广:《互联网金融的后发优势:国际经验与引申》,载《改革》2016年第2期。

② 参见周明、王满仓:《互联网服务商与金融产品提供方的博弈分析》,载《南方金融》2016年第475期。

③ 参见何飞、张兵:《互联网金融的发展:大数据驱动与模式衍变》,载《财经科学》2016年第6期。

④ 参见张成虎、金虎斌:《互联网金融驱动创新机制研究》,载《财经论丛》2016年第2期。

③关于互联网金融理论问题的研究。高惺惟(2016年)[①]认为互联网金融的理论基础可以概括为信息经济学、产业组织理论、互联网金融中介理论、金融功能理论四个方面。而互联网金融兴起的内在逻辑在于诱致性制度变迁、金融体系效率提升以及结合中国现实等方面。

④关于互联网金融的风险与监管的研究,是近几年互联网金融研究的热点。针对互联网金融的特殊风险而言,李彩凤(2016年)[②]认为互联网金融的风险主要为操作风险、信用风险、运营风险、网络技术安全风险和法律及声誉风险,并且各种风险之间具有相对明显的叠加性。尹一军(2016年)[③]针对互联网消费金融市场存在的问题,提出了深化互联网消费金融理念普及、完善风险管理制度、构建多元化征信体系和加强互联网消费金融产品服务创新等建议。王艳丽(2016年)[④]提出了从互联网金融经营者市场准入制度入手防范风险。巴曙松等(2016年)[⑤]认为大数据风控有效性不足既有数据质量的障碍,也有大数据风控的理论性障碍,还有数据保护的制度障碍。李灏来、李越冬(2016年)[⑥]提出了我国国家审计监控互联网金融风险的基本路径和扩展路径,基本路径包括建立国家审计互联网金融法规,成立互联网金融审计小组;扩展路径包括通过与其他金融监管机构合作而实现的路径,包括建立互联网金融风险预警模型等方式。

对于互联网金融的监管问题,许多学者[⑦]普遍认为应当制衡创新驱动与风险防范。另外,一些学者也提出了监管措施,如提出“内部风险管

---

① 参见高惺惟:《互联网金融理论与中国实践》,载《理论视野》2016年第7期。

② 参见李彩凤、梁静溪:《互联网金融风险的实证评价及优化对策》,载《金融理论与实践》2016年第5期。

③ 参见尹一军:《互联网消费金融的创新发展研究》,载《技术经济与管理研究》2016年第6期。

④ 参见王艳丽:《我国互联网金融经营者市场准入制度探析》,载《理论与改革》2016年第2期。

⑤ 参见巴曙松、侯畅、唐时达:《大数据风控的现状、问题及优化路径》,载《金融理论与实践》2016年第2期。

⑥ 参见李灏来、李越冬:《国家审计“管理”互联网金融风险的路径研究》,载《会计之友》2016年第3期。

⑦ 参见张曜:《互联网金融创新行政规制的原则、思路与路径》,载《上海金融》2016年第6期。

控→市场约束→政府监管”的创新监管路线(卜亚、张敏,2016 年)[①];完善立法、搭建监管平台、更新监管方式和手段、支持行业自律、加强国际协作、宣传安全知识(阳晓伟、魏家富、房汉国,2016 年)[②]等。另外,何剑锋(2016 年)[③]指出互联网金融创新了金融服务模式,也带来发展过程中的风险,法律监管及其路径选择问题尤为重要。当前,我国互联网金融存在监管空白、不到位和法律监管制度供给不足等问题。而借鉴金融危机之后主要发达国家的监管理念与方法,就可以提出互联网金融监管的法律路径,即以目标监管模式为最终监管模式,中期的功能监管、协调监管、金融消费者保护三位一体和现阶段的法律法规的修订与完善。张红伟、徐镱菲(2016 年)[④]指出,金融监管机构对快速发展的互联网金融的复杂程度的认知是循序渐进的,因此,适度的动态监管方可为互联网金融的健康发展保驾护航。在互联网金融监管与发展的动态“博弈”关系中,参与者都表现出“有限理性”。基于动态博弈模型,互联网金融中的博弈参与方一般都不满足现代主流博弈论的“完全理性”的前提假设,而基本遵循“探索、学习、成熟”的监管和动态调整等行为逻辑。适度处理好互联网金融的监管与创新之间的平衡关系,对互联网金融发展至关重要。

⑤关于互联网金融对传统金融体系(主要是商业银行)影响的研究。李关政、傅勇提出商业银行在互联网金融的冲击之下,根本出路是顺应“工业 4.0”的潮流进行转型。而陈炜、葛梦瑶(2016 年)[⑤]提出了在利率市场化背景下商业银行可推出直销银行的发展模式。

---

① 参见卜亚、张敏:《互联网金融创新监管机制构建——基于激励相容的视角》,载《技术经济与管理研究》2016 年第 1 期。

② 参见阳晓伟、魏家富、房汉国:《互联网金融的风险管理研究》,载《现代管理科学》2016 年第 4 期。

③ 参见何剑锋:《论我国互联网金融监管的法律路径》,载《暨南学报》(哲学社会科学版)2016 年第 1 期。

④ 参见张红伟、徐镱菲:《基于动态博弈模型透视互联网金融监管的适度性》,载《金融经济学研究》2016 年第 5 期。

⑤ 参见陈炜、葛梦瑶:《利率市场化背景下直销银行业务创新和发展策略》,载《南方金融》2016 年第 6 期。

何恩良(2016年)[1]等认为应加强传统银行与互联网金融机构的合作。王腊梅(2016年)[2]认为互联网金融与商业银行具有先天的共生融合关系,且属于互惠共生和连续共生模式。但为更好地实现该关系,需要法治的优化设计。

李宁(2016年)[3]等人认为互联网金融有助于商业银行拓展长尾市场。其指出商业银行经营遵循"二八定律",且由于固定成本、交易成本和转换成本较高,信息不对称和信息技术支持不足等因素,其对小微企业、中低收入人群构成的长尾市场服务不足。然而,在互联网金融快速发展的背景下,长尾市场有望成为金融市场的"蓝海"。互联网金融契合长尾市场的金融服务需求特征;具有低成本优势,可实现规模经济;具有开放性优势,可拓展交易集合边界;运用大数据技术,可降低信息不对称程度。在"互联网+"背景下拓展长尾市场,商业银行应扬长补短,构建"服务+平台+社区+场景"服务模式,以差异化服务培育竞争优势,搭建开放式金融生态平台,打造"移动+社区"金融营销平台,构建多元化的金融服务场景。

⑥关于互联网金融消费者权益保护的研究。李勇坚(2016年)[4]提出互联网金融消费者保护存在消费者认定难,互联网高链接性带来利益集团化,适当性原则适用特殊,信息安全及数据所有权、隐私保护等问题凸显,以及传播快速带来的纠错成本高等特殊性,并应基于问题提出解决方案。邵燕(2016年)[5]提出互联网金融作为一种金融创新,在实现普惠金融的同时也会因为网络技术漏洞、法律不健全、监管政策和体制缺失等原因产生比传统金融更大的风险,金融消费者的利益更容易受到侵

---

① 参见何恩良、舒春浪、叶飞:《互联网金融对传统银行的影响及对策》,载《金融与经济》2016年第12期。

② 参见王腊梅:《互联网金融与商业银行的共生融合》,载《学术探索》2016年第12期。

③ 参见李宁、韦颜秋、王梦楠:《"互联网+"背景下商业银行拓展长尾市场的探讨》,载《南方金融》2016年第12期。

④ 参见李勇坚:《互联网金融视野下的金融消费者权益保护》,载《经济与管理研究》2016年第9期。

⑤ 参见邵燕:《互联网金融交易中的消费者风险及对策》,载《现代经济探讨》2016年第4期。

害。互联网金融要想真正实现健康可持续发展，必须以金融消费者为中心。可以通过健全专门的法律、加强金融监管、完善信用体系、建立金融消费多元纠纷解决机制等方式逐渐规范互联网金融市场，充分保障金融消费者的合法权益。而蓝寿荣等（2016 年）①单独提出了个人金融信息的保护问题。

⑦关于互联网金融的刑法保护问题。商玉玺（2016 年）、②皮勇、张启飞（2016 年）③等提出刑法介入互联网金融应秉持"宽和"的刑事政策，把正当经营互联网金融业务的风险行为"出罪化"。且坚持立法"立罪至后"原则、司法"二次违法性"原则，刑事责任的追究以行政、经济、民事等法律做出违法性认定为前提。刘宪权（2016 年）④总结了互联网金融平台可能衍生的法律风险，以互联网金融之名行资金自融之实的"伪"平台；提出应依据资金用途限制非法吸收公众存款罪的适用；对于违规提供担保的平台，应给予行政处罚并令其承担连带保证责任等。王良顺、杨成⑤（2016 年）指出 P2P 网贷和股权众筹容易滋生诸如非法吸收公众存款罪、集资诈骗罪、洗钱罪和擅自发行股票罪等大量犯罪行为，对该类犯罪的规制应采用行政法规为主、刑法为辅的原则。

⑧结合具体行业、领域展开互联网金融研究。各学者分别从农业、林业、科学技术等角度对互联网金融进行解读，剖析了互联网金融在上述领域中的作用，并分析了其发展前景。例如，杨继瑞等人（2016 年）⑥提出了互联网金融对农业发展的影响，能有效破解传统农业经营的投融

---

① 参见蓝寿荣、黄申：《网络环境下个人金融信息的安全问题与法律对策》，载《企业经济》2016 年第 3 期。

② 参见商玉玺：《互联网金融的刑法规制政策及原则——金融抑制视角》，载《大连理工大学学报》（社会科学版）2016 年第 2 期。

③ 皮勇、张启飞：《论我国互联网金融发展的刑法保障》，载《吉首大学学报》（社会科学版）2016 年第 2 期。

④ 参见刘宪权：《互联网金融平台的刑事风险及责任边界》，载《环球法律评论》2016 年第 5 期。

⑤ 参见王良顺、杨成：《互联网金融下融资犯罪与法律规制——以 P2P 网贷和众筹为视角》，载《山东警察学院学报》2016 年第 4 期。

⑥ 参见杨继瑞、薛晓、汪锐：《"互联网 + 现代农业"的经营思维与创新路径》，载《经济纵横》2016 年第 1 期。

资困境,扩宽农业流通渠道,突破传统农业经营服务模式的局限。任杰[①](2016年)指出我国的林业金融发展遇到了一些问题和困难,需要探索新的发展思路。互联网金融是互联网与金融的结合,指借助互联网和移动通信技术,依靠大量数据的积累以及强大的数据处理能力,通过互联网平台提供支付、投资与融资服务。互联网金融具有包容性增长效应,而互联网金融与林业金融的结合,通过创新解决林业金融发展中的问题,促进了林业金融体系在微观、中观和宏观三个层面上的包容性增长。

(2)以互联网金融的具体形态——网络借贷为主题展开研究

2016年我国的网络借贷行业规模保持稳步增长,行业风险也持续不断地出现,因此,学者们的研究大多还是集中在网络借贷的风险及其监管措施上。

①就网络借贷的发展现状、发展趋势进行的分析。魏鹏飞(2016年)[②]指出,我国P2P网络借贷行业在经过市场导入期、快速扩张期后,进入了分化整合期,行业利率逐渐回归理性,平台地理分布相对集中,民营系平台占据很大比重,平台业务同质化发展明显,行业市场集中开始显现,在平台角色、资产获取渠道、风险分担机制等方面多样化发展和探索。而未来我国P2P网络借贷行业的发展速度将放缓,收益率持续下降;P2P网络借贷平台将回归信息中介,并逐步打破刚性兑付;P2P网络借贷平台之间的竞争进一步加剧,并实现分化整合;P2P网络借贷平台的资金端将回归线上,资产端更趋于多元。符林、谭莹(2016年)[③]指出监管新规颁布背景下网络借贷行业发展将呈现出“行业监管力度不断加大,行业合规程度逐步提升”“市场规模增速放缓,行业集中度上升”“告别粗放型增长模式,渐与传统金融有机融合”等新趋势,并认为网络借贷平台顺应监管要求寻求转型发展的关键在于严守信息中介定位、严格落

① 参见任杰:《互联网金融对林业金融的包容性增长效应分析》,载《林业经济》2016年第11期。

② 参见魏鹏飞:《监管新规下我国P2P网络借贷行业的发展趋势》,载《中国流通经济》2016年第7期。

③ 参见符林、谭莹:《从监管新规视角看网络借贷行业转型与发展》,载《银行家》2016年第12期。

实资金由银行存管、获得电信业务经营资质、探索新的利润增长点等。

②就网络借贷的主体行为、运作模式等进行的分析。申益美[①]（2016年）通过46个P2P网络借贷平台的面板数据构建计量模型进行研究。研究表明，平台的综合利率、运行时间、平均借款期限、标的类型是投资者投资决策的主要影响因素，并且进一步研究发现，投资者更加倾向有完善保障机制的P2P网络借贷平台。郭艳红等（2016年）[②]提出了投资者构成分析方法即通过分析贷款的众多投资者信息遴选出最有价值的投资，辅助投资者进行投资决策。首先，从投资者的历史投资收益率、风险偏好以及投资经验三个维度构建投资者档案。其次，基于投资者档案构建投资者构成分析模型。最后，通过美国最大的在线网络借贷网站Prosper的数据，对该构想及模型进行了实证研究。实验结果表明此方法具有良好的预测能力，能够有效地筛选出有价值的投资。叶青等[③]（2016年）研究了从鱼龙混杂的P2P平台中识别、规避问题平台的方法。即通过对问题平台的基本特征进行初步概括，并从平台实力、标的特征、风控能力、治理水平等方面构建变量和模型，以提炼能够甄别问题平台的风险因素。最后发现，利率奇高是识别问题平台的最重要变量。同时，实力薄弱、标的类型单一、风控能力欠缺，亦是问题平台的前兆。这些风险因素不但能预测新平台出问题的概率，而且对资深平台是否会出问题也有良好识别能力。在控制上述变量的条件下，其他变量（如保障模式、资金托管等）不再有预测力。王修华、孟路、欧阳辉[④]（2016年）也研究了此问题，其基于222家P2P网络借贷平台的经营数据，在假设命题的基础上实证分析了问题平台不同于正常平台的显著特征，并进一步研究了投资者对于平台特征的识别。结果表明：平台背景、注册资本等特征变量并不能显著反映出正常平台与问题平台之间的区别，而管理

---

① 参见申益美：《投资者选择P2P网络借贷平台影响因素的实证分析》，载《求索》2016年第8期。

② 参见郭艳红、刘苇、雒春雨：《在线网络借贷投资决策模型及实证研究》，载《运筹与管理》2016年第2期。

③ 参见叶青、李增泉、徐伟航：《P2P网络借贷平台的风险识别研究》，载《会计研究》2016年第6期。

④ 参见王修华、孟路、欧阳辉：《P2P网络借贷问题平台特征分析及投资者识别——来自222家平台的证据》，载《财贸经济》2016年第12期。

层信息无披露、年化收益率高及没有第三方资金存管则是问题平台的显著特征。研究还发现,我国网贷市场中的投资者风险识别能力较低,他们偏好注册资本高、收益率低的平台,而忽视了管理层信息披露、资金存管等信息。谭袁月(2016年)①研究了投资者关注的核心问题,即如何在P2P网络借贷中实现收益和风险的最优化组合。其将投资者的投资组合最优化决策转化为在一定预期收益率下的风险最小化问题,回归刻画历史贷款与新贷款的相似度,以相似度为基础构建实例模型,支持投资者进行投资组合的最优化决策。进而以在线网络借贷平台"人人贷"2015年散标交易数据为样本,对使用实例模型的可行性进行实证研究,结果表明,实例模型表现出良好的预测能力,有助于P2P借贷平台的投资者进行投资组合的最优化决策。

③对我国网络借贷的风险防范进行了分析。尹钧惠、熊冉冉②(2016年)采用因子分析法,构建一个适合我国P2P网络借贷平台的内部风险评价指标体系,并对我国50家网络借贷平台的内部风险进行排名,并将其评估结果作为投资者选择平台的参考。李琪、工振(2016年)③将P2P网贷平台风险和标的风险加以区分,指出P2P网贷平台风险主要包括战略风险、操作风险、信息科技风险、声誉风险、市场竞争风险和法律风险。P2P网贷标的风险主要包括信用风险、利率风险、流动性风险和集中度风险。秦琴(2016年)④认为,我国传统命令控制型风险防控模式、英美完全以市场为主体的风险防控模式皆不适合我国目前的网络借贷风险防控。我国网络借贷风险防控必须以交易安全与效率均衡为目的,借鉴负面清单管理方式,明确行为界限,同时采用激励性规制方式推动网络借贷主体的市场化选择。

④对我国网络借贷的监管,学界进行了较多地探讨。韩景倜、陈群

---

① 参见谭袁月:《实例模型在投资组合最优化中的应用——基于人人贷平台的实证研究》,载《商业研究》2016年第12期。

② 参见尹钧惠、熊冉冉:《基于因子分析的P2P网络借贷平台内部风险评估》,载《财会月刊》2016年第33期。

③ 参见李琪、王振:《P2P网络平台风险和标的风险辨析》,载《上海金融》2016年第10期。

④ 参见秦琴:《解构与续造:我国网络借贷风险防控的路径简论》,载《河北法学》2016年第11期。

(2016年)[①]基于演化博弈的思想，在P2P网贷平台与政府监管双方收益大小不完全确定的情况下，建立了不完全信息P2P网络借贷行业中平台与政府两大群体非对称演化博弈的动态复制系统。得出了在不同的参数取值条件下，随着对方行为策略的不断调整，系统将趋向于不同的均衡状态或周期振荡状态的结论。马强、王军(2016年)[②]利用横向比较的方法，借鉴美国的监管经验，指出网络借贷监管应从加强监管、完善征信体系、强化行业自律等方面入手。赖丽华(2016年)[③]指出当前的网络借贷监管制度存在3个方面重大缺陷，根据缺陷提出了应当实行实缴制的最低注册资本制度，严格禁止有重大不良记录人员成为控股股东和实际控制人，实行企业高管的任职资格准入制度；网络借贷利息与网络借贷中介机构收费总和不得超过高利贷的标准，并对违法企业实行严厉罚款和吊销营业执照处罚；建立动态的第三方担保机构信息披露制度等三大措施。

⑤对网络借贷的消费者权益保护问题的研究。黄勇、徐会志(2016年)[④]认为当前我国P2P网贷消费者保护立法缺失，行业存在监管套利，金融消费者纠纷解决机制不畅。我国应当确立金融消费者倾斜、适度保护的基本原则，制定针对P2P网络借贷的专门监管立法，制定专门的《金融消费者权益保护法》。郭金良(2016年)[⑤]指出应强化P2P网络借贷中投资者保护的必要性，并指出应该建立以明确投资者法律地位和P2P平台法制化为核心的保护机制，包括明确P2P网贷投资者的法律地位、完善P2P网贷平台市场准入制度、P2P网贷平台民事义务与责任的法制化、建立P2P平台市场化的退出方式等建设。郑联盛、由新伟(2016

---

① 参见韩景倜、陈群：《不确定条件下P2P网贷平台运营与政府监管演化博弈稳定性分析》，载《商业研究》2016年第3期。

② 参见马强、王军：《我国P2P网络借贷行业的现状、困境和未来》，载《财经科学》2016年第8期。

③ 参见赖丽华：《我国网络借贷监管制度的缺陷、危害及其完善路径》，载《南昌大学学报》(人文社会科学版)2016年第6期。

④ 参见黄勇、徐会志：《论P2P网络借贷金融消费者权益保护》，载《河北法学》2016年第9期。

⑤ 参见郭金良：《P2P网络借贷中投资者保护法律机制研究》，载《中国社会科学院研究生院学报》2016年第2期。

年)[①]指出目前网络借贷行业存在“洗白”“自融”和“欺诈”3种风险模式,且风险爆发呈现加速态势,给投资者权益保护带来极大的挑战。由于监管体系不完善、网贷平台追求利益和投资者自身风险意识淡薄等原因,国内网络借贷投资者保护机制存在较大的改善空间。未来应该从网贷监管体系建设、平台微观审慎监管和投资者风险教育等领域强化网贷投资者保护机制建设。

(3)以互联网金融的具体形态——众筹为主题展开研究

2016年学界对众筹的研究主要集中在以下几个方面:

①就众筹在中国的发展现状、发展趋势进行分析。易辉、郝演苏(2016年)[②]提出,从相互保险公司的不同发展阶段阐述了众筹相互保险创新不仅将引领互联网金融大变革,其影响力不局限于经济领域,而是一场由新经济时代所有参与者推动的全面改革,其影响范围深远。

②对我国众筹的风险及其法律监管进行研究。阳建勋(2016年)[③]从乔布斯法案(Jumpstart Our Business Startups Act,JOBS)建立众筹豁免规则引起争议入手,指出其本质上是众筹规制过度与否的问题,从而得出我国众筹监管体制的确立、股权众筹规制路径的选择等必须全面衡量规制的成本与收益的结论。而彭红枫、米雁翔(2016年)[④]基于JOBS法案得出众筹监管应建立众筹融资豁免注册制度、众筹投资者适当性制度与领投人备案制度,设立平台准入要求与融资行为规则。王晓锦(2016年)[⑤]提出,众筹融资的监管应当秉持保护投资者和兼顾融资便利的理念,监管重点应当放在对众筹融资平台的监管上,辅之以对融资人和出资人的监管。韩国栋、麦志英(2016年)[⑥]指出,股权众筹融资现如今面

---

① 参见郑联盛、由新伟:《P2P与投资者保护》,载《中国金融》2016年第19期。

② 参见易辉、郝演苏:《共享经济背景下的众筹相互保险》,载《中央财经大学学报》2016年第4期。

③ 参见阳建勋:《美国众筹豁免规则之争的分析及启示》,载《当代财经》2016年第2期。

④ 参见彭红枫、米雁翔:《我国众筹的困境与出路——美国JOBS法案的经验借鉴》,载《金融与经济》2016年第5期。

⑤ 参见王晓锦:《国外众筹融资法律监管发展及启示》,载《商业经济研究》2016年第23期。

⑥ 参见韩国栋、麦志英:《股权众筹融资的监管逻辑及国际经验》,载《宁夏社会科学》2016年第1期。

临着道德、欺诈、法律等风险，并通过分析了股权众筹融资的监管逻辑，结合美国 JOBS 法案的创新理念。提出了建立现代的市场信用体系、给予股权众筹发展空间、明确集资门户应当履行的义务和禁止的行为、股权众筹融资应以私募形式起步等监管措施。

③结合具体行业展开众筹研究。各学者分别从图书出版、音乐、农业、电影融资、体育、高校科研方式等多个角度对众筹进行了解读，其中从图书出版角度研究居多。例如，黄国彬（2016 年）[①]提出将众包、众筹和云服务等“互联网 +”的理念或技术应用于中部地区公共图书馆开源节流的主要策略。隗静秋、隗玮（2016 年）[②]等通过对 Knowledge Unlatched（英国知识解锁项目）等模式（利用众筹等互联网形式）进行分析，指出国外相关机构在积极探索开放获取图书出版中形成了一些富有特色的商业模式，便提出我国的发展建议。阮光册等（2016 年）[③]更是在此基础上，通过分析 Kickstarter 网站上 154 项有关国外图书馆众筹项目的数据，提出具备小型众筹项目并以服务社区为目标、更多立足图书馆的社会职能等特征的众筹项目更适合图书馆的实施。

张雅、孙晓辉（2016 年）[④]则介绍了农业众筹的起源、特点与未来。他们指出，农业众筹是指发起人利用互联网平台发布农业项目，向社会公众筹集资金帮助农业项目开展，并给予筹资人某种回报的运作模式。农业众筹在聚集人气和资金方面有巨大优势，是农业项目融资的有效途径。当前我国综合类农业众筹平台的农产品众筹蓬勃发展，未来还有可能在农业机械等方面展开众筹。目前由于法律制度限制，我国的农业股权众筹并不发达，也不存在真正的土地众筹。但根据最新的政策方向和法律趋势，农业股权众筹和土地众筹未来可能得到大力发展。

---

① 参见黄国彬：《“互联网 +”环境下中部地区公共图书馆开源节流的若干思考》，载《图书馆》2016 年第 11 期。

② 参见隗静秋、隗玮：《国外开放获取图书出版商业模式研究》，载《科技与出版》2016 年第 1 期。

③ 参见阮光册、夏磊、高娅楠：《图书馆众筹活动特征的实证分析》，载《图书馆杂志》2016 年第 11 期。

④ 参见张雅、孙晓辉：《农业众筹的起源、特点与未来》，载《中国农业大学学报》（社会科学版）2016 年第 6 期。

朱海波(2016 年)①分析了农业众筹对于提升农村金融普惠程度、促进农业可持续发展的作用,并指出当前农业众筹引发了委托代理关系、信息不对称、风险控制等问题,以及国内农业众筹将面临农业自身特点带来的不确定性、信息不对称与道德风险、“小众高端、难以普及”的困局等风险。最后指出农业众筹具有良好的发展前景与空间,未来农业众筹应该朝更精细、深化的模式演进,围绕产业链,在垂直方向上进行拓展,整合上下游各个环节,成为产业资源整合的平台。此外,应以平台为依托,提供资金、信息、渠道、管理等多方面的综合支持,形成一种新的“产业 + 金融”的农业发展模式。

李昭语(2016 年)②指出,众筹有助于解决微电影的资金问题,但互联网微电影众筹运行面临着“准入门槛低、风险大”“运行缺乏科学性”“方式单一、效果不佳”等困境,提出应通过完善行业监管制度、适当提高众筹平台准入门槛等策略。

(4)以互联网金融的具体形态——互联网支付为主题展开研究

互联网支付行业虽然已经进入蓬勃发展时代,但其与网络借贷、众筹相比,高质量研究成果不多。

学者们在 2016 年主要从以下方面展开对互联网支付的研究:

①对互联网支付面临的问题和风险进行探讨。李二亮(2016 年)③指出互联网支付存在政策法律风险、信息安全风险、信用风险,并提出支付厂商加强风险的自控、政府监管,加强对消费者的安全教育等风险防范措施。王韦雯、田蓉(2016 年)④提出了第三方互联网支付会面临着安全技术风险、流动性风险、用户道德风险和互联网支付法律法规滞后引起的法律风险等风险。为了控制风险,第三方互联网支付机构应改进与创新互联网安全技术和设立大额赎回准备基金。整个行业设立类存款

① 参见朱海波:《农业众筹对普惠金融创新与农业发展的影响研究》,载《农村金融研究》2016 年第 12 期。

② 参见李昭语:《互联网微电影众筹运行困境及其改进策略》,载《传媒》2016 年第 23 期。

③ 参见李二亮:《互联网支付的风险及传导路径研究》,载《现代管理科学》2016 年第 2 期。

④ 参见王韦雯、田蓉:《第三方互联网支付的现状、风险及对策建议》,载《时代金融》2016 年第 11 期。

保险基金和设立负面信用清单。国家监管方面应尽快出台独立完整的法律，并对第三方互联网支付机构及市场进行功能性和混业监管。

②就互联网支付的监管问题进行了探讨。许林子（2016年）[①]提出互联网支付业务在国际环境中迅速发展，特别是支付宝，但也对我国的金融体系和金融监管体系均产生了巨大的冲击，我国应完善相关法律法规，健全信用信息共享机制，加强国际合作。

③就互联网支付的消费者权益保护问题研究。赵园园（2016年）[②]单独从互联网支付领域个人信息保护出发，借鉴美国、欧盟等国家和地区的做法，提出完善立法只能是退而求其次的选择，互联网金融服务商的自我监管与监管机构的有效执法，才是解决这一问题的关键所在。李梦露（2016年）[③]提出互联网金融作为一项新生的事物，其相关的具体制度还不完善，应通过完善相关立法，完善消费者信息保护制度和咨询投诉渠道来保护互联网金融消费者合法权益。

（5）以互联网金融的具体形态——互联网基金为主题展开研究

互联网基金行业如同互联网支付行业一样，其高质量研究成果相比网络借贷、众筹等而言，成果不多。

①针对互联网基金的发展现状进行的研究。王琛（2016年）[④]指出当前互联网基金还处于不断的上升发展期，并具有发展速度快，产品种类繁多、具有一定规模，功能化很强、回报率较高等特点，并带有一系列积极社会效应。

②就互联网基金面临风险以及防范进行探讨。杜婕、刘昶（2016年）[⑤]利用改进的La-VaR模型，对流动性风险进行度量，从而建立最优变现策略模型，指出股票型基金的流动性风险普遍偏高，但部分债券型基金的流动性风险也非常高，如果忽略交易策略会对资产价格波动率产

---

① 参见许林子：《我国互联网支付业务在国际环境中的发展——基于支付宝研究的相关思考》，载《商业经济》2016年第5期。

② 参见赵园园：《互联网支付领域个人信息保护制度探析》，载《学习与探索》2016年第8期。

③ 参见李梦露：《互联网金融消费者权益保护问题研究》，载《现代营销》（下旬刊）2016年第6期。

④ 参见王琛：《我国互联网基金的发展现状分析》，载《西部皮革》2016年第6期。

⑤ 参见杜婕、刘昶：《互联网基金的流动性风险度量》，载《财经科学》2016年第7期。

生影响，会导致流动性风险会被低估。余梦洁(2016 年)[①]指出，互联网基金面临着监管缺失风险、收益不稳定风险、网络技术带来的安全、高收益率和巨额赎回导致的流动性等风险，并提出加强对互联网金融机构的监管、引导投资者理性、建立行业自律、加强网络安全建设等建议。

(6)以互联网金融的具体形态——互联网保险展开研究

2016 年互联网保险稳中求变，展现出强劲的生命力，但学界对其研究却远远少于网络借贷、众筹和互联网支付。

①关于互联网保险产业发展的分析。陈秀芬、唐宇石(2016 年)[②]指出，我国互联网保险行业发展迅猛、前景广阔，但仍然受到产业结构单一、新产品收益低、安全性缺失、传统行业制约等多方面因素的限制。而未来我国互联网保险业将完成从“互联网电商”阶段到“跨界共创”阶段的重要转型。依托于市场扩张、金融推动和政策放宽的力量，将数据科学技术充分应用于产品设计营销中，应是我国互联网保险业在转型时期的战略导向和必然选择。钟润涛、胥爱欢(2016 年)[③]通过对美国、英国、日本 3 个国家互联网保险发展状况的比较研究，主张借鉴其经验，应以完善监管制度、强化产品和服务创新、大力拓展营销模式为着力点和突破口，积极促进互联网保险健康发展，以此满足社会日益增长的保险需求。任晓聪、和军(2016 年)[④]提出只有完善与互联网保险相关的法律法规，加强对互联网保险信息安全的监管，推动互联网保险企业开展产品创新，强化互联网保险营销体系建设，我国互联网保险才能进入全面发展期。

②关于互联网保险风险与监管问题的研究。严继莹(2016 年)[⑤]指

① 参见余梦洁：《“余额宝”碎片式理财的互联网基金模式分析》，载《特区经济》2016 年第 2 期。

② 参见陈秀芬、唐宇石：《大数据时代我国互联网保险的现状与发展研究》，载《改革与战略》2016 年第 6 期。

③ 参见钟润涛、胥爱欢：《美、英、日三国互联网保险发展比较及对我国的启示》，载《南方金融》2016 年第 9 期。

④ 参见任晓聪、和军：《我国互联网保险进入全面发展期：主要障碍与破解之策》，载《南方金融》2016 年第 7 期。

⑤ 参见严继莹：《互联网保险业务监管的现状与对策》，载《浙江科技学院学报》2016 年第 4 期。

出，现存文件主要从市场准入、信息披露及风险监管三方面对互联网保险业务提出监管要求，但在法律制度建设、险种创新与偿付能力监管方面仍存在不足。因此，有必要健全互联网保险业务的法律法规，完善险种的创新监管，进行有针对性的偿付能力监管并提高操作风险监管效率。贾超群（2016 年）①通过借鉴美、英、日等发达国家互联网保险监管经验，提出构建我国互联网保险的监管体系，坚持风险防范底线思维，坚持监管一致性、公开性、合作性原则，打造由政府、市场、公司、社会共同组成的中国互联网保险监管体系的建议。

2. 国外研究重点和主要观点：

国外学者对于互联网金融的研究主要集中于网络借贷和众筹，互联网支付的研究仍然较少。

（1）以网络借贷为主题展开的研究

①国外学者对网络借贷的发展现状、发展前景进行了研究。Olena Havrylchyk（2016 年）②等人利用不同地区当地的借贷市场的异质性，发现在风险、竞争与互联网三种要素中，竞争是在线贷款人增多的原因，指出空间、社会经济和人口特征决定网上放款的扩大化。Mariotto Carlotta（2016 年）③利用从美国两个领先 P2P 借贷平台得来的数据表明，P2P 平台是替代品，而且与被替代者之间存在正面竞争。

②国外学者对网络借贷的风险及监管进行了研究。Shen Wei（2016 年）④认为，中国的 P2P 平台的运作模式已经在很大程度上改变了 P2P 平台的性质，并通过提供成功的信用风险转移使交易各方的安全得到保证。对中国 P2P 平台的监管要注意两个关键：其一，非法集资的法律风

---

① 参见贾超群：《互联网保险风险与监管探讨》，载《福建金融》2016 年第 10 期。

② Olena Havrylchyk eds.,"What Drives the Expansion of the Peer-to-Peer Lending?" *Social Science Electronic Publishing* April 19,2016. Accessed March 20,2017. http://dx.doi.org/10.2139/ssrn.2841316.

③ Carlotta Mariotto,"Competition for Lending in the Internet Era:The Case of Peer-to-Peer Lending Marketplaces in the USA",*Social Science Electronic Publishing* June 27,2016. Accessed March 20,2017. https://ssrn.com/abstract=2800998.

④ Shen Wei,"Designing Optimal Regulation for Financial Innovation in Capital Raising-Regulatory Options for China's Peer-to-Peer Lending Sector",*Banking & Finance Law Review* 31,2016,pp.539－572.

险可以通过负面清单消除;其二,在监管目标方面,监管机构应在保护金融消费者与鼓励资金渠道取得平衡,更加重视消费者保护。Heminway Joan MacLeod(2016 年)[①]指出,多样化的投资者和风险是一个复杂的监管难题。投资者保护监管已开始以路径依赖的方式发展,经验应该给监管者足够的信息关于众筹投资者及其风险状况使其能提供更精确的投资者保护机制。如果是在众筹的商业惯例和法规更加一致的司法管辖区,投资者保护规则可以收敛。

(2)以众筹为主题展开的研究

对众筹参与主体行为的研究。Alaei Saeed 等(2016 年)[②]介绍了一种新的随机过程——期望随机游动,从而有助于解释一些活动成功而一些活动失败的原因,并提供指导卖家如何设计自己的活动,以最大限度地提高他们的成功机会。Ralcheva Aleksandrina and Roosenboom Peter (2016 年)[③]通过对 541 个项目进行识别和检验表明:那些拥有商业天使支持、赢得资助和保护自己的知识产权的企业,股权众筹成功的机会会显著增加。保留权益不影响资金成功。Hornuf Lars and Schmitt Matthias (2016 年)[④]通过对 2 万多投资决策、网站分析表明,投资者表现出局部偏见,即使在控制家庭和朋友。除了普通人群,样本还包括投入大量和表现出较大的局部偏见的天使投资者。与此相反,多元化的投资者不太可能遭受这种行为异常。最后,从事股权众筹的公司可以克服资金障碍,吸引不受距离限制的投资者。

此外,对众筹监管的研究。Majumdar Arjya B. and Varottil Umakanth

① Heminwa and Joan MacLeod, "Securities Crowdfunding and Investor Protection", *University of Tennessee Legal Studies Research Paper* 292, 2016, pp. 11 – 15.

② Alaei Saeed, Malekian Azarakhsh Mostagir, Mohamed. A, "A Dynamic Model of Crowdfunding", *Ross School of Business Paper* 1307, 2016, p. 363.

③ Ralcheva Aleksandrina, Roosenboom Peter, "On the Road to Success in Equity Crowdfunding", *Social Science Electronic Publishing* November 1, 2016. Accessed March 20, 2017. http://dx.doi.org/10.2139/ssrn.2727742.

④ Hornuf Lars, Schmitt Matthias, "Does a Local Bias Exist in Equity Crowdfunding?", *Max Planck Institute for Innovation & Competition Research Paper* 16 – 07, 2016. Accessed March 20, 2017. http://dx.doi.org/10.2139/ssrn.2801170.

(2016年)[①]通过分析印度对众筹的法律制度发现印度过分强加苛刻的条件后,反而阻碍而不是促进众筹的经济增长的影响。现有的印度法律框架更为谨慎、强调投资者保护而不是市场融资。

(3)以互联网支付为主题展开的研究

目前国外对于互联网支付的研究较少。Rouibah Kamel等(2016年)[②]通过在科威特收集数据,包括在线问卷与纸质问卷的形式,然后使用偏最小二乘(Partial Leasr Square,PLS)回归分析数据。研究表明,客户的信任和享受对于在线支付的采用是两个重要的驱动,从而借此提高科威特在线支付接受程度。

三、现有研究的不足及趋势预测

(一)现有研究的不足

当前,国内学者对互联网金融的研究成果显得比国外学者更多,但两者的侧重点却有些不同。国内学者对互联网金融的研究更多的是规范分析的方法对互联网金融的发展现状以及趋势、经济影响等进行解读与分析,并着重研究互联网金融的风险防范问题以及监管问题。而国外学者,特别是欧美发达国家,基于其自身的较完善的监管体制,其侧重于对互联网金融具体形式(如网络借贷、众筹)的运作、主体行为等进行实证和定量分析,对互联网金融的其他内容则没有过多涉及。相比国外学者而言,中国缺乏实证分析、定量分析研究成果。

(二)研究趋势预测

1.随着互联网金融在实践中发展领域、范围的不断拓展,互联网金融将会更为积极地应用到其他行业以及领域,并对其他行业、领域产生影响。学者们将会相应在事前做出预测、事中进行分析等,从而产生更

---

① See Majumdar Arjya B., Varottil Umakanth, "Regulating Equity Crowdfunding in India: Walking a Tightrope", in Vasudev and Susan Watson, eds., *Global Capital Markets-A Survey of Legal and Regulatory Trends*, London, Edward Elgar Publishing 2016. Accessed March 20, 2017. https://ssrn.com/abstract=2804427.

② See Rouibah Kamel, Lowry Paul Benjamin, Hwang Yujong, "The Effects of Perceived Enjoyment and Perceived Risks on Trust Formation and Intentions to Use Online Payment Systems: New Perspectives from an Arab Country", *Electronic Commerce Research and Applications(ECRA)* 19, 2016, pp. 33-43.

多的研究成果。

2. 对互联网金融监管的研究还将持续成为研究热点。近几年,互联网金融的研究热点之一就是互联网金融的监管问题。但在监管问题没有得到一致结论之前,互联网金融的监管问题还将会持续成为热点。另外,互联网金融监管问题的研究宏观上会更加系统,微观上会更加深入,从而为以后建立完善的监管体系打下理论基础。

第二编　民间金融国内法制的改革与发展

2016 年民间金融制度建设成果丰硕。民间金融国内立法共 122 部，其中包括 1 部法律，1 部部门规章，106 部规范性文件，2 部地方司法文件，12 部行业规定。从立法领域来看，首先是互联网金融领域的立法数量最多；其次是股权投资和民间借贷领域，私募和信托领域的立法依然偏少。从效力级别来看，立法层次较低，绝大部分是规范性文件，仅有少量的相关法律、部门规章和地方司法文件等。从立法主体来看，地方性立法多，全国性立法少，其中，民间借贷和股权投资领域的立法具有较强的地方性，私募和信托领域的立法具有较强的全国性，互联网金融领域则是全国性立法与地方性立法并重。从立法方式来看，新颁布的立法偏多，修订的立法偏少。

目前，规范我国民间金融活动的政策较多而法律规定较少，存在诸多立法空白，从而给民间金融留下很大的不确定性和"灰色地带"，不利于民间金融市场的健康发展。从发达国家经验来看，将民间金融纳入法制化和规范化轨道是促使其健康发展的必然趋势。

第七章　民间金融国内立法综述

一、数据采集说明

本报告主要利用北大法宝法律法规数据库、威科先行法律信息库、中国知网法律法规库、国务院法制办公室官网法律法规全文检索系统、全国和地方人大网站、地方政府信息公开网站、金融监管部门网站以及百度等公共搜索引擎，从民间金融、民间借贷、私募、股权投资、信托和互联网金融六大方面出发，以"民间金融、民间借贷、民间融资、融资担保公司、小额贷款公司、典当行、民间融资机构、私募、信托、股权投资、互联网金融、互联网支付、第三方支付、网络借贷、股权众筹融资、互联网基金销售、互联网保险、互联网信托、互联网消费金融"等作为标题的检索关键词对2016年我国民间金融立法进行检索，在此基础上，对2016年度民间金融立法总体情况进行统计分析，并着重对法律、法规、规章司法解释层次立法中的制度创新和影响进行全面深入的分析。本报告涵盖的民间金融立法形式包括正式出台的法律、行政法规、部门规章、地方性法规和地方规章、司法解释、部门规范性文件、地方规范性文件、地方司法文件和行业规定等。

二、民间金融立法概况和特点

2016年年度民间金融国内立法共122部，其中包括1部相关法律，1部部门规章，106部规范性文件，2部地方司法文件，12部行业规定（具体如表7－1所示）。

表 7－1　2016 年年度民间金融国内立法数量统计

单位:部

国内立法	民间借贷	私募	信托	股权投资	互联网金融	合计
法律	0	0	1	0	0	1
行政法规	0	0	0	0	0	0
部门规章	0	0	0	0	1	1
地方法规和规章	0	0	0	0	0	0
司法解释	0	0	0	0	0	0
地方司法文件	2	0	0	0	0	2
规范性文件	18	1	3	25	59	106
行业规定	1	10	0	0	1	12
合计	21	11	4	25	61	122

综观 2016 年的民间金融立法和修订,主要有以下几个方面的特点:

一是从立法数量来看,首先是互联网金融领域的立法数量最多,共 61 部,占全部立法的 50%;其次是股权投资和民间借贷领域,分别为 25 部和 21 部,分别占 21% 和 17%;而私募和信托领域的立法依然偏少,分别为 11 部和 4 部,分别占 9% 和 3%(具体如表 7－2 所示)。

表 7－2　2016 年年度民间金融各领域国内立法占比

单位:部

民间金融各领域	立法数量	占全部立法的比例
民间借贷	21	17%
私募	11	9%
信托	4	3%
股权投资	25	21%
互联网金融	61	50%
合计	122	100%

二是从立法的效力级别来看,立法层次较低,绝大部分是规范性文件,且以地方规范性文件为主,仅有少量的相关法律、部门规章和地方司法文件等,未颁布新的行政法规、地方性法规和规章、司法解释。本年度

共106部规范性文件,其中部门规范性文件共15部,地方规范性文件91部,合计占全部立法数量的87%(具体如表7-3所示)。

表7-3　2016年年度民间金融各效力级别国内立法占比

单位:部

国内立法	立法数量	占全部立法的比例
法律	1	1%
行政法规	0	0%
部门规章	1	1%
地方性法规和规章	0	0%
司法解释	0	0%
地方司法文件	2	1%
规范性文件	106	87%
行业规定	12	10%
合计	122	100%

三是从全国性与地方性立法的权重来看,地方性立法多,共97部,占全部立法的80%;全国性立法少,共25部,占全部立法的20%(具体如表7-4所示)。具体而言,民间借贷和股权投资领域的立法具有较强的地方性,而私募和信托领域的立法具有较强的全国性,互联网金融领域则是全国性立法与地方性立法并重。

表7-4　2016年年度民间金融各领域全国性与地方性立法数量比较

单位:部

民间金融各领域	全国性立法数量	全国性立法占全部立法的比例	地方性立法数量	地方性立法占全部立法的比例
民间借贷	1	1%	20	16%
私募	11	9%	0	0%
信托	3	2%	1	1%
股权投资	0	0%	25	20%
互联网金融	10	8%	51	43%
合计	25	20%	97	80%

四是从新颁布与新修订的立法数量来看,新颁布的立法偏多,共120部,占全部立法的99%;新修订的立法偏少,共2部,只占全部立法的1%(具体如表7-5所示)。

表7-5　2016年年度民间金融各领域新颁布与新修订立法数量比较

单位:部

民间金融各领域	新颁布立法	新颁布立法占全部立法的比例	新修订立法	新修订立法占全部立法比例
民间借贷	19	16%	2	1%
私募	11	9%	0	0
信托	4	3%	0	0
股权投资	25	21%	0	0
互联网金融	61	50%	0	0
合计	120	99%	2	1%

第八章　民间金融国内法制创新及其影响分析

一、民间借贷

在民间借贷领域,2016年年度新颁布了2部地方司法文件,即《四川省高级人民法院关于审理民间借贷纠纷案件若干问题的指导意见》(2016年7月27日)和《江苏省高级人民法院关于民间借贷、借款、担保合同案件涉及经济犯罪若干问题的纪要》(2016年4月28日)。新发布了19部规范性文件,其中,1部为部门规范性文件,18部为地方规范性文件。

(一)民间借贷地方裁判规则创新

《中国民间融资法律风险防范报告》指出,根据2011～2015年5年间公开的裁判文书统计数据显示,民间借贷纠纷已以1,430,050件的数量,远超其后的离婚纠纷(1,191,543件)、机动车交通事故纠纷(925,784件)、买卖合同纠纷(692,248件)和金融借款纠纷(683,751件)。从2011～2015年人民法院审理的排名前5位的民事纠纷案件看,民间借贷纠纷已经排在我国民事审判案件类型的第一位。在民间借贷纠纷高发和2015年新颁布《最高人民法院关于审理民间借贷案件适用法律若干问题的规定》的背景下,四川和江苏率先出台了审理民间借贷纠纷的地方裁判规则。此外,为充分发挥仲裁高效便捷的优势,及时、快速解决民间借贷纠纷,内蒙古鄂尔多斯仲裁委员会正式设立鄂尔多斯民间借贷仲裁院。

1.《四川省高级人民法院关于审理民间借贷纠纷案件若干问题的指导意见》

随着民间资本的迅速扩展,民间借贷新情况层出不穷,四川人民法院近年来受理的民间借贷案件数量呈持续攀升趋势，案件纠纷涉及人数众多，社会关注度高，蕴含矛盾错综复杂，甚至引发群体恶性事件，同时法院在案件审理中遇到许多重大疑难问题亟须裁判尺度统一。四川省高级人民法院根据我国《婚姻法》《合同法》《民法通则》《民事诉讼法》《担保法》《最高人民法院关于审理民间借贷案件适用法律若干问题的规定》等法律、行政法规的规定，于 2016 年 7 月 27 日出台并向全省法院下发了《四川省高级人民法院关于审理民间借贷纠纷案件若干问题的指导意见》（以下简称《四川意见》），进一步完善统一了民间借贷纠纷案件中主体、合同效力、借款利息、事实认定、刑民交叉等问题的裁判规则。《四川意见》分为 14 个部分，共 43 条。《四川意见》不仅细化了新颁布的《规定》，而且总结了最高人民法院司法解释未涉及的地方审判实践中需要明确的民间借贷裁判规则，具有较强的创新性。主要内容如下：

一是民间借贷主体认定。关于民间借贷主体的适用范围，《四川意见》明确规定，国家金融监管部门批准设立的金融机构之外的法人、其他组织以及自然人之间及其相互之间因借贷行为引发的纠纷适用《最高人民法院关于审理民间借贷案件适用法律若干问题的规定》，小额贷款公司与自然人、法人、其他组织之间的借贷行为受《最高人民法院关于审理民间借贷案件适用法律若干问题的规定》的调整。此外，《四川意见》明确了由第三方收支借贷款项的主体认定规则、关于借名借款的主体认定规则、借条所载出借人姓名与原告同音不同字对原告诉讼主体资格的认定规则、出借人或借款人为两人以上仅部分出借人起诉或仅起诉部分借款人的主体认定规则。

二是民间借贷合同履行地的确定。《四川意见》进一步明确了《最高人民法院关于审理民间借贷案件适用法律若干问题的规定》第 3 条规定的“接受货币一方所在地”是指请求返还借款、给付利息的出借人所在地或请求履行出借义务的借款人所在地。当双方当事人在案涉借款是否出借事项上产生争议时，以借款人所在地为合同履行地；当双方当事人在案涉借款及其利息是否归还事项上产生争议时，以出借人所在地为合同履行地。此外，《四川意见》统一了民间借贷合同未履行情况下管辖法院的认定规则和借款人以非货币形式履行还款义务管辖法院的认定规则。

三是民间借贷案件中民刑交叉问题的处理。首先,关于民间借贷案件中有关联但不是同一事实的认定及处理,《四川意见》进一步列举了应认定为有关联但不是同一事实的四种情形,包括:(1)借款人为筹集到借款而私刻某单位公章,并以私刻的公章在担保人一栏中盖章的。(2)借款人涉嫌非法集资等刑事犯罪,但民间借贷纠纷所涉借款不在非法集资等刑事犯罪范围内的。(3)借款人涉嫌非法集资等刑事犯罪,虽然非法集资金额包含民间借贷纠纷所涉借款,但出借人单独起诉不涉嫌犯罪的担保人的。(4)其他与民间借贷有关联但不是同一事实的情形。其次,关于民间借贷民刑交叉案件的移送,人民法院发现民间借贷行为本身涉嫌非法集资犯罪情形的处理,《四川意见》除了重申应裁定驳回起诉,并将线索、材料移送给公安或检察机关之外,还详细规定了法院移送线索、材料时的注意事项。最后,关于借款人的借贷行为涉嫌犯罪或生效判决认定有罪民间借贷案件的处理,《四川意见》对其中涉及担保人的担保责任作了细化规定。

四是民间借贷合同效力的认定。其一,关于自然人之间约定借款合同签字或盖章后发生法律效力的认定,《四川意见》明确规定自然人之间的借款合同,在出借人实际履行出借义务时才发生法律效力,当事人之间关于合同经签字或盖章后发生法律效力的约定,不能改变合同生效的法律要件,如出借人未实际履行出借义务,借款合同应认定为未生效。其二,关于企业间借贷合同的效力认定,《四川意见》对认定企业间借贷合同有效的条件作了细化规定,即非金融机构法人和其他组织之间以自有资金对外进行的偶发性和临时性贷款,同时收取适当的资金占用费,当事人主张签订的民间借贷合同有效的,人民法院应予支持;非金融机构法人和其他组织之间从事经常性放贷业务所签订的民间借贷合同,当事人主张有效的,人民法院不予支持。同时,还规定认定非金融机构法人和其他组织之间是否从事经常性放贷业务应结合企业的注册资本、流动资金、借贷数额、1 年内借贷次数、借贷利息的约定、借贷收益占企业收入的比例、出借人与借款人之间的关系等因素综合认定。其三,关于法人或其他组织在本单位内部向职工集资的认定,《四川意见》进一步列举了不应认定为单位内部集资的 5 种情形。其四,《四川意见》进一步明确了涉嫌犯罪的民间借贷合同效力的认定规则。其五,关于违背社会公序良俗的借贷合同的认定,《四川意见》明确列举了5种无效债务情形,包括:(1)因非婚同居、不正当两性关系等产生的"青春损失费""分手费""精神损失费"等有损公序良俗行为所形成的债务;(2)因赌博、吸毒等其他非法行为形成的债务;(3)因托人情、找关系等请托行为形成的债务;(4)具有抚养、赡养义务关系的父母子女等直系亲属之间发生的有违家庭伦理道德和社会公序良俗所形成的债务;(5)其他违背社会公序良俗的债务。

五是由其他基础法律关系产生的民间借贷的处理。关于名为民间借贷实为因其他法律关系产生债务的处理,《四川意见》规定对名为民间借贷法律关系,实为合伙、房屋买卖、投资理财、股权转让等法律关系,原告以民间借贷法律关系提起诉讼的,人民法院应当向原告释明变更诉讼请求。人民法院释明后,原告仍坚持其诉讼请求的,人民法院应判决驳回原告的诉讼请求。另外,《四川意见》明确了对《最高人民法院关于审理民间借贷案件适用法律若干问题的规定》第15条中的"调解""和解""清算"的理解及适用。

六是民间借贷事实审查的问题。《四川意见》明确了对大额现金交付的举证责任分配及审查规则,缺乏借贷合意证明的借贷事实认定规则,民间借贷中"自认"行为的处理规则,对原告无正当理由拒不到庭的认定规则,采用传票传唤方式通知原告到庭应注意的问题,以及劳动者与用人单位之间款项往来性质的认定规则。

七是虚假民间借贷诉讼的认定及处理。《四川意见》对虚假民间借贷诉讼概念做出了界定,认为虚假民间借贷诉讼是指当事人为了获取非法利益,采取恶意串通、捏造事实、伪造变造证据、虚构法律关系等方式提起民间借贷诉讼,意图使人民法院作出错误裁判和执行,侵害国家、集体或者第三人利益的行为。此外,《四川意见》还对虚假民间借贷诉讼中的第三人保护做出了规定,即对已经生效的虚假民间借贷诉讼案件的判决、裁定、调解书,如侵害了第三人的利益,则第三人可以依据《最高人民法院关于适用〈中华人民共和国民事诉讼法〉的解释》第292条第三人撤销之诉的规定提出救济请求。

八是保证责任条款是否成立的举证责任分配。《四川意见》规定第三人在借据、收据、欠条等债权凭证或者借款合同上签字或者盖章,但未表明其保证人身份或者承担保证责任的，出借人在诉讼中应当提供与前述合同缔约过程、交易习惯、履行过程相关的证据，用于证明行为人签字盖章具有提供保证责任的意思表示。如出借人不能证明第三人在债权凭据或借款合同中的签字盖章有承担保证责任的意思表示，人民法院应当驳回出借人主张第三人承担保证责任的请求。

九是互联网借贷平台责任。《四川意见》规定，互联网借贷平台仅负责提供交易平台和制定交易规则，通过一定的规则实现促进借贷双方达成借款合同的目的，其与出借人和借款人形成的是居间合同关系，互联网借贷平台应承担居间人的合同义务，出借人或借款人主张互联网借贷平台承担担保责任的，人民法院不予支持。互联网借贷平台以自有资金为出借人提供保证担保的，应根据其与出借人订立的保证合同承担保证责任；互联网借贷平台引入融资性担保公司或小额贷款公司对借款人提供担保的，融资担保公司或小额贷款公司承担保证责任，互联网借贷平台提供的是信息中介服务，其根据与出借人、借款人订立的居间合同，承担居间人合同义务。

十是企业法定代表人签订民间借贷合同的认定与处理。第一，关于申请追加企业法定代表人或负责人的主体认定，《四川意见》规定企业法定代表人或负责人以企业名义与出借人签订民间借贷合同，出借人、企业或者其股东能够证明所借款项用于企业法定代表人或负责人个人使用的，出借人请求将企业法定代表人或负责人列为共同被告或者第三人的，人民法院应予准许；企业也可以向人民法院申请追加法定代表人或负责人为第三人，人民法院根据具体案情确定是否同意追加。依据出借人或企业的申请，人民法院追加了实际用款的企业法定代表人或负责人后，并不免除企业的还款义务，人民法院可以根据案件查明的事实及申请追加实际用款人的具体主张，确定企业与个人应承担的还款责任。第二，关于企业能否以其对法定代表人的任命不符合企业章程规定为由对抗善意第三人问题，《四川意见》明确规定，企业的法定代表人或负责人与善意第三人签订借款合同后，企业以其对法定代表人或负责人的任命不符合公司章程规定的程序和条件为由，抗辩不应向善意第三人归还借款的，人民法院不予支持。

十一是民间借贷与其他法律关系的界定。对于实践中名为其他法律关系实为民间借贷或民间借贷担保的典型情形,《四川意见》按照实质主义原则,对名为委托理财实为借贷关系的处理、出借有价证券产生纠纷的认定、借款合同与合作合同有关联,当事人单独请求归还本息的认定、当事人就其法律关系为商品房买卖合同还是民间借贷合同产生争议的处理和二审对签订买卖合同作为民间借贷合同担保的处理做出了明确规定。例如,《四川意见》规定双方当事人就其之间的法律关系为商品房买卖关系还是民间借贷关系产生争议的,人民法院应当结合双方当事人提交的证据,查明合同签订时双方当事人的真实意思表示,依照当事人的真实意思表示及合同履行情况对当事人之间的法律关系作出判断。当事人签订商品房买卖合同的真实意思表示不是取得涉案房屋所有权,而是为民间借贷合同提供担保的,人民法院应按照民间借贷法律关系审理。

十二是民间借贷利息的认定。《四川意见》对民间借贷利息上限的认定、利息在本金中提前扣除的举证责任分配及处理、民间借贷复利计算作出细化规定。

十三是逾期利息、违约金、其他费用并存的处理。第一,关于其他费用的认定,《四川意见》规定,出借人与借款人在借款合同中约定借款人应向出借人支付服务费、咨询费、中介费、管理费等其他费用的,出借人一并主张逾期利息、违约金和其他费用时,总计不应超过年利率的24%,但出借人为实现债权所必须的费用除外。第二,关于借贷双方仅约定逾期利息或违约金一种情形下的认定,《四川意见》规定,借贷双方只约定了逾期利息,未约定违约金,出借人向借款人主张逾期利息及违约金损失的,人民法院对违约金部分不予支持;借贷双方只约定了违约金,未约定逾期利息,出借人向借款人主张逾期利息及违约金损失的,在逾期利息及违约金总计不超过年利率24%的情形下,人民法院应予以支持。

十四是夫妻共同债务的认定。首先,《四川意见》明确了夫妻共同债务的认定原则及例外,规定婚姻关系存续期间,夫妻一方以个人名义向他人借款所形成的债务,原则上应当认定为夫妻共同债务,由夫妻双方共同对外承担偿还责任;同时规定,如果夫妻另一方能够证明存在下列情形之一的,则可以认定该债务为夫妻一方的个人债务:(1)出借人与借款人明确约定为个人债务的;(2)夫妻对婚姻关系存续期间所得的财产约定归各自所有且出借人知道该约定的;(3)出借人知道或者应当知道所借款项并非用于家庭生产经营或共同生活的;(4)属个人债务的其他情形。其次,关于夫妻一方对外提供担保的认定,《四川意见》规定,夫妻一方非因家庭利益而以个人名义为他人债务提供担保的,担保债务原则上应认定为个人债务。如果夫妻一方基于家庭利益而为他人提供担保的,或者担保利益归属于家庭的,则担保债务应认定为夫妻共同债务。最后,《四川意见》还明确了借款人配偶在民间借贷案件中诉讼地位的认定规则和夫妻双方举证责任分配。

2.《江苏省高级人民法院关于民间借贷、借款、担保合同案件涉及经济犯罪若干问题的纪要》

2016年4月18日,江苏省高级人民法院召开第5次审判委员会,对民间借贷、借款、担保合同案件涉及经济犯罪的若干问题进行了专题讨论,发布了《江苏省高级人民法院关于民间借贷、借款、担保合同案件涉及经济犯罪若干问题的纪要》(江苏省高级人民法院审判委员会会议纪要〔2016〕2号)(以下简称《纪要》)。《纪要》共6条,主要是关于人民法院在受理、审理民间借贷、借款、担保合同案件中发现当事人涉嫌集资诈骗、非法吸收公众存款、贷款诈骗、骗取贷款、合同诈骗等经济犯罪的具体处理意见。

一是民间借贷、借款、担保行为本身涉嫌集资诈骗、非法吸收公众存款、贷款诈骗、骗取贷款、合同诈骗等经济犯罪,债权人起诉主债务人,或者单独起诉一般保证人的,人民法院应当不予受理。已经受理的,应当裁定驳回起诉,并将涉嫌犯罪的线索、材料移送公安或者检察机关。

二是民间借贷、借款、担保行为本身涉嫌集资诈骗、非法吸收公众存款、贷款诈骗、骗取贷款、合同诈骗等经济犯罪的,债权人单独起诉连带保证人、抵押人、出质人的,无论刑事案件是否审理终结,人民法院均应受理。

刑事案件尚未审理终结前,债权人单独起诉连带保证人、抵押人、出质人,符合下列情形之一的,人民法院应当裁定中止诉讼,待刑事诉讼程序终结后恢复审理:(1)涉嫌刑事犯罪系集资诈骗、非法吸收公众存款等涉众型犯罪的;(2)主债务人因涉嫌犯罪被相关部门接管清盘的或者被宣告破产的;(3)刑事案件的事实认定可能对借款合同与担保合同效力、当事人过错程度等认定产生影响的。

三是民间借贷、借款、担保行为本身涉嫌集资诈骗、非法吸收公众存款、贷款诈骗、骗取贷款、合同诈骗等经济犯罪,债权人起诉担保人的,主合同、担保合同不因行为涉嫌或构成犯罪而当然无效。主合同、担保合同的效力应当根据我国《合同法》《担保法》《最高人民法院关于审理民间借贷案件适用法律若干问题的规定》等相关规定予以认定。

四是人民法院立案后,发现借款行为与公安、检察机关正在处理的非法集资犯罪案件属于同一批次的,应当移送公安、检察机关。公安或者检察机关已经通知债权人申报债权,债权人拒不申报,导致该起案件没有纳入公安或者检察机关侦查范围的,人民法院应当裁定中止审理,并向债权人释明,刑事程序终结后,其向担保人等其他当事人主张债权的数额,应当扣减其如申报债权所应获得清退份额。

(二)民间借贷地方监管规则

1. 民间融资机构地方监管规范

民间融资机构主要包括民间资本管理公司和民间融资登记服务机构。其中,民间资本管理公司针对实体经济项目开展股权投资、债权投资、投资咨询、短期财务性投资、受托资产管理及私募基金管理等业务;民间融资登记服务机构以信息中介或信息平台形式,向社会公众提供资金供需信息以及相关资金融通等配套服务。目前,这两种新型民间金融主体主要由地方政府的金融监管机构负责监管。近年来,随着民间资本管理公司和民间融资登记服务机构等民间融资机构在各地的设立,民间融资机构的规范发展问题提上了地方立法日程。

2016 年新发布的地方规范性文件主要包括《河北省人民政府办公厅关于引导民间融资创新发展的意见》(冀政办字〔2016〕132 号)、《江西省人民政府办公厅关于促进民间融资机构规范发展的意见》(赣府厅发〔2016〕54 号)、《内蒙古自治区人民政府办公厅关于进一步引导规范民间融资发展的指导意见》(内政办发〔2016〕185 号)和《山东省地方金融监督管理局关于印发〈山东省民间融资机构监督管理办法〉的通知》(鲁金监字〔2016〕6 号)。

2. 小额贷款公司地方监管规范

小额贷款公司是由自然人、企业法人与其他社会组织投资设立,不吸收公众存款,经营小额贷款业务的有限责任公司或股份有限公司。小额贷款公司作为民间金融领域的重要主体,主要由地方政府的金融监管机构负责监管。

2016 年主要有广东、上海、厦门、黑龙江、山东、宁夏、合肥等地新发布关于小额贷款公司的地方规范性文件,例如,《广东省人民政府金融工作办公室关于进一步促进小额贷款公司规范发展的意见》(粤金贷监〔2016〕5 号)、《山东省地方金融监督管理局关于印发〈山东省小额贷款公司(试点)管理办法〉的通知》(鲁金监字〔2016〕9 号)、《上海市人民政府办公厅关于印发〈上海市小额贷款公司监管办法〉的通知》(沪府办发〔2016〕42 号)等。

此外,2016 年新发布了 1 部部门规范性文件,即《商务部办公厅关于做好典当行设立工作的通知》(2016 年 12 月 16 日)。

二、私募

在私募领域,2016 年新发布了 1 部部门规范性文件,即《证券期货经营机构私募资产管理业务运作管理暂行规定》;新发布了《私募投资基金募集行为管理办法》等 10 部私募领域行业规定。

2016 年私募领域诸多监管措施的出台,大大提高了私募投资行业的规范性,为私募投资行业的健康发展奠定了良好基础。

(一)《证券期货经营机构私募资产管理业务运作管理暂行规定》

为了进一步加强对证券期货经营机构私募资产管理业务的监管,规范市场行为,强化风险管控,中国证监会于 2016 年 7 月 14 日公布了《证券期货经营机构私募资产管理业务运作管理暂行规定》(中国证券监督管理委员会公告〔2016〕13 号)(以下简称《暂行规定》),自 2016 年 7 月 18 日起施行。

1. 制定背景和过程

近年来,证券期货经营机构私募资管业务发展迅速,在满足居民财富管理需求、构建多层次金融服务市场、服务实体经济等方面发挥了重要作用。但与此同时,一些问题和风险隐患也日益显现。2015 年 3 月,为促进证券期货经营机构私募资管业务规范发展，中国证券投资基金业协会（以下简称基金业协会）发布实施了《证券期货经营机构落实资产管理业务“八条底线”禁止行为细则》（以下简称《细则》）。自《细则》发布以来，证券期货经营机构私募资管业务得到了一定程度的规范。然而，2015年股市异常波动期间，证券期货经营机构私募资管业务暴露出业务失范等诸多问题。例如，高杠杆的股票型结构化资管产品对市场形成助涨助跌的较大扰动；又如，违规开展配资，为违法证券期货业务活动提供便利等。为此，有必要完善规则，进一步提高证券期货经营机构私募资管业务的规范化运作水平。此外，在基金业协会登记的私募证券投资基金管理人数量迅速增加，管理规模增长较快，为防范业务风险，避免监管套利，也有必要将私募证券投资基金管理人纳入调整范围。

为完善规则，进一步提高证券期货经营机构私募资管业务的规范化运作水平，2016年5月，在前期较长时间调查研究工作的基础上，中国证监会就《细则》内容修改向行业机构征求了意见。共有56家行业机构书面反馈了277条意见，证监会经认真梳理研究，对完善过渡期安排等合理性意见建议予以积极采纳。近期，为把依法、从严、全面监管落到实处，增强规则约束力，更明确地传递监管政策信号，在《细则》实践及相关修改意见建议的基础上，证监会研究出台了《暂行规定》。

2. 主要内容

《暂行规定》的主要思路是在正本清源、强化约束的前提下，重点加强对违规宣传推介和销售行为、结构化资管产品、违法从事证券期货业务活动、委托第三方机构提供投资建议、开展或参与“资金池”业务、实施过度激励等的规范。主要内容如下：

（1）明确适用范围

《暂行规定》主要适用于证券期货经营机构通过资产管理计划形式开展的私募资产管理业务，证券公司、基金管理公司子公司按照规定开展的资产证券化业务不适用。同时，为统一监管标准、避免监管套利，要求在基金业协会备案的私募证券投资基金管理人参照执行，暂不适用于私募股权投资基金、创业投资基金。此外，《暂行规定》中关于资管计划宣传推介和销售行为的要求，适用于相关销售机构。

（2）明确关于“违规委托第三方机构为其提供投资建议”和“从事违

法证券期货业务活动”的禁止性要求

①资产管理人不得委托个人或不符合条件的第三方机构为其提供投资建议

目前,出于多种目的,资产管理人聘请第三方机构为其提供投资建议的情况较多。通过基金业协会备案监测发现,部分资管产品存在未充分披露聘请第三方机构信息、第三方机构条件要求不统一、第三方机构权责不清晰、相关服务费用不规范等问题,隐藏的风险较大,有必要加以规范。《暂行规定》主要从相关第三方机构资质条件、基本要求、遴选及选聘、信息披露及职责约定、防范利益冲突以及费用支付等方面作了明确要求,以期进一步规范证券期货经营机构委托第三方机构为其提供投资建议的行为。需要说明的是,《暂行规定》明确禁止管理人委托个人提供投资建议,将相关资质条件限定为依法可从事资产管理业务的证券期货经营机构,以及符合一定条件的私募证券投资基金管理人。在前期监管实践中,证监会发现,存在受托提供投资建议的机构或者个人存在直接执行资管计划投资指令的情形。在此过程中,相关管理人风险意识不够、风险管控缺位,对于自身资管计划最终责任承担者的角色和义务认识不深刻。这一方面可能导致资管计划沦为相关机构或者个人的交易通道;另一方面可能使管理人承担较大的法律风险。为强化管理人的资产管理计划最终责任承担者角色、风险管控意识,《暂行规定》明确第三方机构不得直接执行投资指令,管理人不得存在“未建立或者有效执行风险管控机制,未能有效防范第三方机构利用资产管理计划从事内幕交易、市场操纵等违法违规行为”的情形。另外,为防范潜在的利益冲突,《暂行规定》禁止受托提供投资建议的第三方机构及其关联方以其自有资金或募集资金投资于结构化资管产品劣后级份额。

②资产管理业务不得从事违法证券期货业务活动或者为违法证券期货业务活动提供交易便利

2015 年 7 月,证监会发布《关于清理整顿违法从事证券业务活动的意见》(证监会公告〔2015〕19 号),对清理整顿违法证券业务活动做了部署。监管检查发现,部分资管产品也存在外接具备分仓功能的信息技术系统以及违规设立子账户、分账户、虚拟账户、伞形资管产品等行为。为进一步明晰业务“红线”、规范场外配资,《暂行规定》从账户实名制、账户控制权、外接交易系统以及设立伞形资管产品等方面禁止资管产品为违法证券期货业务活动提供服务或便利。

(3)修改“结构化资产管理计划”和“不得开展或参与资金池业务”相关内容

①资产管理计划应当遵守利益共享、风险共担、风险与收益相匹配的基本原则，严格控制杠杆风险，不得直接或间接对结构化资产管理计划优先级份额认购者提供保本、保收益安排。此前，《细则》对结构化资管产品杠杆倍数做了最高不得超过10倍的限制，在一定时期内起到了一定的风险防控作用。但2015年的股市异常波动表明，相当数量投资于股票市场的结构化资管产品已经异化为“类借贷”产品，部分高杠杆的结构化资管产品对股票市场的扰动较大，为加强规范，此次《暂行规定》主要做了如下修改：

一是区别私募资产管理业务与股票融资行为的本质差异，回归资产管理业务“利益共享，风险共担”本源，禁止结构化资管产品直接或间接为优先级份额认购者提供保本保收益安排。当前，部分结构化资管产品过度保护优先级投资者利益，脱离资管产品实际投资结果、通过复杂的合同约定保证优先级投资者获取固定收益，一定程度上已经异化为“类借贷”产品，不符合资产管理业务本源。鉴于此，《暂行规定》对结构化资管产品提出了严格的要求，禁止违背“利益共享，风险共担”原则对结构化资管产品优先级提供保本、保收益安排，并列举了不得对优先级保证收益的具体情形，例如，在合同中约定计提优先级份额收益、提前终止罚息、劣后级或第三方机构差额补足优先级收益、计提风险保证金补足优先级收益等情形。

二是依据投资范围及投资比例将结构化资管产品分为股票类、固定收益类、混合类和其他类，并根据不同类别产品的市场风险波动程度相应设定不同的杠杆倍数上限。将风险较高的股票类、混合类产品杠杆倍数上限由10倍下调至1倍，是基于当前股票市场的实际情况，并明确反映出监管导向。另外，为进一步控制投资风险，降低投资杠杆水平，防控杠杆叠加风险，在参照《公开募集证券投资基金运作管理办法》相关规定以及充分考虑私募资产管理业务特点基础上，《暂行规定》对资管产品的投资杠杆做了适度限制，明确结构化资管计划的总资产占净资产的比例不得超过140%，非结构化集合（“一对多”）资管计划的总资产占净资产的比例不得超过200%。

三是将杠杆倍数计算公式调整为“优先级份额/劣后级份额”，使之更加简洁、明了，也与市场通行做法保持一致。为严控杠杆风险，《暂行规定》明确中间级份额在计算杠杆倍数时计入优先级份额。

四是增加了结构化资管产品信息披露内容，要求对结构化设计及相应风险情况、收益分配情况、风控措施等信息进行披露。同时，要求结构化资管产品名称中必须包含“结构化”或“分级”字样，以充分揭示结构化资管产品的风险属性。

五是严格防范结构化资管产品嵌套投资风险，禁止结构化资管产品向下嵌套投资其他结构化金融产品的劣后级份额。

②不得开展或参与资金池业务。针对资金池“滚动发行、集合运作、期限错配、分离定价”的特征，《暂行规定》在原有表述的基础上作了进一步细化，增加了“资产管理计划未实际投资或者投资于非标资产，仅以后期投资者资金兑付前期投资者本金和收益”“资产管理计划所投资产发生不能按时收回投资本金和收益情形的，资产管理计划通过开放参与退出或滚动发行等方式由后期投资者承担此类风险”等禁止行为，重点防范类似“庞氏骗局”的资金池产品。此外，《暂行规定》明确，证券期货经营机构除不得开展具有“资金池”性质的私募资产管理业务外，也不得参与具有“资金池”性质的私募资产管理业务，即投资其他机构管理的、具有“资金池”性质的资管产品。

（4）进一步规范销售推介行为

一是禁止资管产品以任何方式向投资者承诺本金不受损失或者承诺最低收益，明确资管产品名称中不得出现“保本”字样，资产管理合同及销售材料中不得存在包含保本保收益内涵的表述。

二是禁止通过拆分份额或收益权、为投资者直接或间接提供短期借贷等方式变相降低合格投资者门槛。

三是禁止资管产品向投资者宣传预期收益率，包括不得口头宣传产品预期收益，不得在推介材料、资产管理合同等文字材料中写有“预期收益”“预计收益”等字样。

(5)修改完善过度激励相关要求

目前,私募资产管理业务领域的过度激励情况较为突出,部分机构公司治理不完善,未建立有效的激励约束机制,导致业务人员竞相追逐短期利益,偏重于开展高风险、高回报业务,损害了投资者利益和资产管理机构长期利益,在一定程度上也使资管业务核心人员流动过快,不利于行业持续稳定发展。基于此种情况,为了督促引导行业建立激励约束机制,《暂行规定》第 10 条要求建立激励奖金递延发放机制,递延周期不得短于 3 年,递延支付的激励金额不得低于 40%。

(6)增加释义条款

《暂行规定》第 14 条对结构化资管产品及相关类别、杠杆倍数计算公式、市场公允价格含义、符合提供投资建议条件的第三方机构等做了说明。

(7)关于过渡期安排

为做好新旧规则衔接工作,确保私募资管业务平稳发展,《暂行规定》对结构化产品、保本产品、委托提供投资建议等方面条款实施"新老划断"的过渡安排。相关存续资管产品不符合规定的,合同到期前杠杆倍数不得提高,不得新增净申购规模,合同到期后予以清盘,不得续期。

《暂行规定》对规范证券期货经营机构私募资产管理业务,进一步引导行业提高风险防控水平,保护投资者合法权益发挥了重要作用。此外,《暂行规定》的正式实施对私募基金作为第三方机构的投资顾问业务模式带来深远影响。

(二)私募行业自律规则创新

《证券投资基金法》《私募投资基金监督管理暂行办法》自颁布以来,对促进各类私募投资基金健康规范发展起了非常重要的作用。根据前述法律、规章相关规定,基金业协会负责对私募投资基金业开展行业自律,协调行业关系,提供行业服务,促进行业发展;同时,制定和实施私募投资基金行业自律规则,监督、检查会员及其从业人员的执业行为。

2016 年,基金业协会陆续出台了《中国基金业协会关于进一步规范私募基金管理人登记若干事项的公告》《私募投资基金管理人内部控制指引》《私募投资基金募集行为管理办法》《私募投资基金信息披露管理办法》《私募投资基金合同指引》《私募投资基金信息披露内容与格式指引2号——适用于私募股权(含创业)投资基金》《证券期货经营机构私募资产管理计划备案管理规范第1－3号》《中国证券投资基金业协会关于落实〈证券期货经营机构私募资产管理业务运作管理暂行规定〉有关事项的通知》和《中国证券投资基金业协会关于做好私募基金“两个加强、两个遏制”相关工作的通知》9部行业规定。此外,中国证券业协会于2016年12月30日发布了《证券公司私募投资基金子公司管理规范》(中证协发〔2016〕253号)。以下对2016年出台的私募领域主要行业自律规则进行介绍。

1.《中国基金业协会关于进一步规范私募基金管理人登记若干事项的公告》

基金业协会自2014年2月7日起正式开展私募基金管理人登记、私募基金备案和自律管理工作。2年来,私募基金登记备案制度得到行业和社会的广泛认同,私募基金行业发展迅速,初步形成了以信息披露为核心、诚实信用为基础的自律监管体制。近年来,私募基金行业存在的问题备受社会各界和监管机构关注。私募基金管理人数量众多、鱼龙混杂、良莠不齐,一些机构滥用登记备案信息非法自我增信,一些机构合规运作和信息报告意识淡薄,一些机构甚至从事公开募集、内幕交易、以私募基金为名的非法集资等违法违规活动。从上述问题和2年来私募基金管理人登记的工作实践出发,为切实保护投资者合法权益,督促私募基金管理人履行诚实信用、谨慎勤勉的受托人义务,促进私募基金行业规范健康发展,基金业协会于2016年2月5日发布了《中国基金业协会关于进一步规范私募基金管理人登记若干事项的公告》(中基协发〔2016〕4号)(以下简称《公告》),对私募基金管理人登记相关事项做出了进一步规范,主要内容如下:

一是取消私募基金管理人登记证明。鉴于私募基金登记备案信息共享机制已基本建成,为加强对私募基金行业的社会监督,实现对私募基金管理人登记的有效、动态管理,自本公告发布之日起,基金业协会不再出具私募基金管理人登记电子证明。私募基金管理人登记备案最新情况,以基金业协会网站“私募基金管理人公示平台(http://gs.amac.org.cn)”和“私募汇”手机APP客户端公示的私募基金管理人登记的实时基本情况为准。社会公众和投资者可通过上述两个官方渠道查询相关信息。

二是要求私募基金管理人应当依法及时备案私募基金。为实现对私募基金管理人的有效监管,督促已登记的私募基金管理人依法展业,及时备案私募基金产品,基金业协会对私募基金管理人依法及时备案私募基金提出以下要求:(1)自本公告发布之日起,新登记的私募基金管理人在办结登记手续之日起6个月内仍未备案首只私募基金产品的,基金业协会将注销该私募基金管理人登记;(2)自本公告发布之日起,已登记满12个月且尚未备案首只私募基金产品的私募基金管理人,在2016年5月1日前仍未备案私募基金产品的,基金业协会将注销该私募基金管理人登记;(3)自本公告发布之日起,已登记不满12个月且尚未备案首只私募基金产品的私募基金管理人,在2016年8月1日前仍未备案私募基金产品的,基金业协会将注销该私募基金管理人登记。此外,《公告》规定,被注销登记的私募基金管理人若因真实业务需要,可按要求重新申请私募基金管理人登记。对符合要求的申请机构,基金业协会将以在官方网站公示私募基金管理人基本情况的方式,为该申请机构再次办结登记手续。

三是要求私募基金管理人应当及时履行信息报送义务。私募基金管理人应当通过私募基金登记备案系统及时履行私募基金管理人及其管理私募基金的季度、年度和重大事项信息报送更新等信息报送义务。

四是要求私募基金管理人应当按时提交经审计的年度财务报告。私募基金管理人应当于每年度4月底之前,通过私募基金登记备案系统填报经会计师事务所审计的年度财务报告。

五是关于提交法律意见书的相关要求。自本公告发布之日起,新申请私募基金管理人登记、已登记的私募基金管理人发生部分重大事项变更,需通过私募基金登记备案系统提交中国律师事务所出具的法律意见书。法律意见书对申请机构的登记申请材料、工商登记情况、专业化经营情况、股权结构、实际控制人、关联方及分支机构情况、运营基本设施和条件、风险管理制度和内部控制制度、外包情况、合法合规情况、高管人员资质情况等逐项发表结论性意见。

六是关于私募基金管理人高管人员基金从业资格相关要求。从事私募证券投资基金业务的各类私募基金管理人,其高管人员[包括法定代表人\执行事务合伙人(委派代表)、总经理、副总经理、合规\风控负责人等]均应当取得基金从业资格。从事非私募证券投资基金业务的各类私募基金管理人,至少2名高管人员应当取得基金从业资格,其法定代表人/执行事务合伙人(委派代表)、合规\风控负责人应当取得基金从业资格。各类私募基金管理人的合规\风控负责人不得从事投资业务。

《公告》发布后,基金业协会敦促已备案私募按时完成首只产品备案并提交法律意见书,且开展了5月1日、8月1日两个阶段的"空壳"私募注销工作。这一年来成果显著,虽然私募机构数量减少,但私募管理人的质量得到明显改善。从2016年私募机构数量变化看,基金业协会数据显示,截至2016年12月底,已登记私募基金管理人为17,433家;而2015年12月底私募管理人的数量为25,005家;同时,2016年新增的私募管理人为3597家。由此可见,2016年监管层为了规范私募发展、净化行业生态,对不规范的私募机构进行注销,已注销私募机构数量超过万家。从私募基金数量的变化来看,2016年私募基金备案数量高歌猛进。基金业协会数据显示,截至12月底,已备案私募基金46,505只,而2015年12月底备案私募基金的数量是24,054只,可见2016年私募基金增长率达到93%,将近涨了1倍。从私募基金认缴规模的变化看,2016年私募基金认缴规模突破了10万亿元大关。基金业协会数据显示,截至12月底,私募基金的认缴规模达到10.24万亿元,实缴规模7.89万亿元。此外,7月,基金业协会将未提交2015年年度审计年度财务报告的私募基金管理人列入异常机构名单,并通过私募基金管理人公示平台对外公示。截至6月30日,共有4276家已登记的私募基金管理人被列入名单。

2.《私募投资基金管理人内部控制指引》

为了引导私募基金管理人加强内部控制,促进合法合规、诚信经营,提高风险防范能力,推动私募基金行业规范发展,基金业协会于2016年2月1日发布了《私募投资基金管理人内部控制指引》(以下简称《内部控制指引》)。《内部控制指引》分为5章,共33条,主要从私募基金管理人内部控制的目标与原则、内部环境、风险评估、控制活动、信息与沟通及内部监督等方面的制度建设进行自律管理,构建私募基金管理人内部控制的自律监管框架。主要内容如下：

一是目标与原则。《内部控制指引》第4条明确了私募基金管理人内部控制总体目标,包括保证遵守私募基金相关法律法规和自律规则、防范经营风险、保障私募基金财产的安全完整及确保财务和其他信息真实、准确、完整、及时。在建立健全及执行内部控制制度时,《内部控制指引》第5条规定,私募基金管理人应遵循全面性、相互制约、执行有效、独立性、成本效益及适时性等原则。

二是内部环境。《内部控制指引》第7~12条规定了内部控制的内部环境要素。其中,《内部控制指引》第7条强调私募基金管理人应当建立合法合规经营的理念及制度文化环境,保证私募基金管理人及其从业人员诚实信用、勤勉尽责、恪尽职守。《内部控制指引》第8条规定私募基金管理人应当遵循专业化运营原则,主营业务清晰,不得兼营与私募基金管理无关或存在利益冲突的其他业务。《内部控制指引》第9~10条规定私募基金管理人应当建立健全职责明确、相互制约的治理结构和组织结构,保护投资者利益和自身合法权益。《内部控制指引》第11条规定了私募基金管理人应当建立有效的人力资源管理制度,确保工作人员具备与岗位要求相适应的职业操守和专业胜任能力,并且规定私募基金管理人应具备至少2名高级管理人员。《内部控制指引》第12条规定私募基金管理人应当设置合规风控高级管理人员,该高级管理人员对因失职渎职导致内部控制失效造成重大损失的,应承担相关责任。

三是风险评估。《内部控制指引》第13条原则性地强调了私募基金管理人应当建立科学的风险评估体系,对内外部风险进行识别、评估和分析,及时防范和化解风险。

四是控制活动。《内部控制指引》第14~24条从业务流程控制、授权控制、募集控制、财产分离、防范利益冲突、投资控制、托管控制、外包控制、信息系统控制和会计系统控制等具体方面的内部控制制度进行了规范。

其中,《内部控制指引》第14条强调私募基金管理人应当建立科学严谨的业务操作流程。《内部控制指引》第15条规定私募基金管理人应建立健全授权标准和程序,确保授权制度在资金募集、投资研究、投资运作、运营保障和信息披露等主要环节始终贯彻执行。

《内部控制指引》第16～17条规定私募基金管理人自行募集和委托募集私募基金的制度要求。自行募集时,私募基金管理人应设置有效机制,切实保障募集结算资金安全;在委托募集时,私募基金管理人应当委托获得中国证监会基金销售业务资格且成为中国基金业协会会员的机构募集私募基金,并制定募集机构遴选机制,确保私募基金向合格投资者募集以及不变相进行公募。

《内部控制指引》第20条规定私募基金管理人应建立健全投资业务控制,保证投资决策符合法律法规及基金合同的要求。《内部控制指引》第21条规定私募基金管理人应建立健全私募基金托管人遴选制度,切实保障资金安全。

《内部控制指引》第22～23条规定私募基金管理人开展业务外包应制定相应的风险管理框架及制度,建立健全外包业务控制,确保业务外包安全合规。《内部控制指引》第24条规定了私募基金管理人自行承担信息技术和会计核算等职能的,应建立相应的信息系统和会计系统。

对于私募基金财产,《内部控制指引》第18条明确了私募基金管理人应当建立完善的财产分离制度。《内部控制指引》第19条规定了私募基金管理人应建立健全管理不同类别私募基金利益输送、利益冲突的防范及解决机制,公平对待管理的不同基金。

五是信息与沟通。《内部控制指引》第25条明确了私募基金管理人应当建立健全信息披露控制制度,维护信息沟通渠道的畅通,保证披露信息的真实性、准确性、完整性和及时性;《内部控制指引》第26条规定了私募基金管理人应当保存私募基金内部控制获得等方面的信息及相关资料。

六是内部监督。《内部控制指引》第27条要求私募基金管理人应对内部控制制度的实施情况进行定期和不定期的检查、监督及评价,并及时改进发现的缺陷与问题,确保内部控制制度的有效实施。

七是自律管理。《内部控制指引》第28～31条规定了私募基金管理人制定相关内部控制制度及在私募基金登记备案系统填报及上传相关制度的义务,同时,还明确了中国基金业协会在行业自律管理、合规性自律检查及惩处违反自律规则行为等方面的职责。

3.《私募投资基金信息披露管理办法》

为保护私募基金投资者合法权益,规范私募投资基金的信息披露活动,基金业协会于2016年2月4日发布了《私募投资基金信息披露管理办法》(以下简称《信息披露办法》)。《信息披露办法》分为7章,共31条,主要从信息披露的主体和对象、信息披露的内容和方式、基金募集期间的信息披露、基金运作期间的信息披露、信息披露的事务管理、信息披露的自律管理等方面进行规定,初步构建起私募投资基金信息披露的自律监管框架。主要内容如下:

一是信息披露的主体、对象和方式。关于信息披露的主体,《信息披露办法》第2条明确了私募基金管理人、私募基金托管人,法律、行政法规和中国证监会以及中国基金业协会规定的具有信息披露义务的法人和其他组织为信息披露义务人。同时规定同一私募基金存在多个信息披露义务人时,应在相关协议中约定信息披露相关事项和责任义务。信息披露义务人委托第三方机构代为披露信息的,不得免除信息披露义务人法定应承担的信息披露义务。第3条规定了信息披露对象为私募基金的投资者。此外,第10条规定私募基金进行托管的,托管人应当对私募基金管理人向投资者披露的基金相关信息进行复核确认。

关于信息披露的方式,《信息披露办法》第15条规定,基金合同中应当明确信息披露义务人向投资者进行信息披露的内容、披露频度、披露方式、披露责任以及信息披露渠道等事项。同时,《信息披露办法》第5条规定,私募基金管理人应当按照规定通过中国基金业协会指定的私募基金信息披露备份平台报送信息。信息披露义务人可以采取信件、传真、电子邮件、官方网站或第三方服务机构登录查询等非公开披露的方式向投资者进行披露,并应通过私募基金信息披露备份平台报送信息。私募基金管理人过往业绩以及私募基金运行情况将以私募基金管理人向私募基金信息披露备份平台报送的数据为准。第6条指出投资者可以登录中国基金业协会指定的私募基金信息披露备份平台进行信息查询。

二是基金募集期间的信息披露。《信息披露办法》第13条要求私募基金的宣传推介材料(如招募说明书)内容应当如实披露基金产品的基本信息,与基金合同主要内容一致,不得有任何虚假记载、误导性陈述或者重大遗漏。《信息披露办法》第14条规定了私募基金募集期间，私募基金募集机构应当在宣传推介材料（如招募说明书）中向投资者披露信息，包括基金的基本信息、基金管理人基本信息、基金的投资信息、基金的募集期限、基金估值政策、程序和定价模式、基金合同的主要条款、基金的申购与赎回安排、基金管理人最近3年的诚信情况说明和其他事项等内容。

三是基金运作期间的信息披露。关于私募基金运作期间的信息披露频率和方式，《信息披露办法》第16条规定了私募基金季度报告的内容和时限，要求信息披露义务人应当在每季度结束之日起10个工作日以内向投资者披露基金净值、主要财务指标以及投资组合情况等信息。该条第2款进一步规定，单只管理规模金额达到5000万元以上的私募证券投资基金应当至少每月向投资者披露一次，且不论后续运作是否在5000万元以上，均应持续披露基金净值情况。第17条规定了私募基金年度披露的内容和时限，要求私募基金管理人应当在每年结束之日起4个月以内向投资者披露报告期末基金净值和基金份额总额、基金的财务情况、基金投资运作情况和运用杠杆情况、投资者账户信息、投资收益分配和损失承担情况、基金管理人取得的管理费和业绩报酬、基金合同约定的其他信息等。第18条规定了私募基金的重大事项披露制度，列举了信息披露义务人应当及时向投资者披露的14项重大事项。

四是信息披露的事务管理。《信息披露办法》第19～20条规定了私募基金信息披露事务管理制度的建立要求及必备事项，规定信息披露义务人应当建立健全信息披露管理制度，指定专人负责管理信息披露事务。《信息披露办法》第21条规定了私募基金信息文件资料的保存要求。

五是信息披露的自律管理。《信息披露办法》第22条指出中国基金业协会定期发布行业信息披露指引，指导信息披露义务人做好信息披露相关事项。第23条规定了中国基金业协会可以对信息披露义务人披露基金信息的情况进行定期或者不定期的现场和非现场自律检查。《信息披露办法》第24～27条分别由轻及重地规定了基金合同未约定信息披露、不当披露、信息披露事务管理违规、严重违规披露4种情形应承担的相关责任和自律惩戒措施。《信息披露办法》第28条强调了私募基金管理人加重处罚的情形。

信息披露是私募基金行业实现自律管理的关键环节,信息披露效果直接影响行业运行效率。在现行备案制管理体系下,中国基金业协会不对私募基金的内容和风险进行实质性判断,而是从基金募集、运作、事务管理、自律惩戒等角度对信息披露是否达到法律规定或合同约定的披露标准进行制度性约束。私募投资基金信息披露行为的合理约束和规范,可以帮助信息披露义务人和投资者实现有效的互联互通,最大限度减少信息不对称,为投资者提供了良好的法律保障,有助于维护市场的长期稳定。

4.《私募投资基金募集行为管理办法》

为加强保护私募基金投资者的合法权益,进一步规范私募基金的募集市场,中国基金业协会在对近年来私募基金在募集过程中的公开宣传、虚假宣传、保本保收益、向非合格投资者募集资金、非法集资、非法吸收公众存款、募管权责不清和监管缺失等各种现象,在问题研究和总结基础之上,根据相关法律法规,于2016年4月15日制定发布了《私募投资基金募集行为管理办法》(以下简称《募集行为办法》)。《募集行为办法》分为7章,共44条,主要从募集办法的适用范围、私募基金募集的一般性规定、特定对象确定、推介行为、合格投资者确认及基金合同签署等方面进行自律管理,体现了私募基金募集活动的自律监管框架。主要内容如下:

一是关于《募集行为办法》的适用范围。《募集行为办法》第2~3条明确了以非公开方式向投资者募集资金的行为适用本办法,只有在中国基金业协会登记的私募基金管理人可以募集其自行管理的私募基金、在中国证监会注册取得基金销售业务资格且成为中国基金业协会会员的机构(以下统称募集机构)及其从业人员可以受私募基金管理人的委托募集私募基金,前述两类机构可以从事推介私募基金,发售基金份额(权益),办理基金份额(权益)认/申购(认缴)、赎回(退出)等募集业务。

基金业务外包服务机构就其参与私募基金募集业务的环节适用《募集行为办法》。外包服务机构包括为私募基金管理人提供募集服务的在中国证监会注册取得基金销售业务资格且成为中国基金业协会会员的机构(以下简称基金销售机构),为私募基金募集机构提供支付结算服务、私募基金募集结算资金监督、份额登记等与私募基金募集业务相关服务的机构。

二是私募基金募集的一般性规定。《募集行为办法》第二章规定了募集过程中的一般性规定,主要包括募集机构的责任、委托募集的特殊规定、基金销售协议、禁止非法拆分转让、保密义务、投资者资料保存义务、募集结算资金专用账户的开立、监督及资金安全等。

《募集行为办法》第6条规定了募集机构的责任,无论是私募基金管理人还是受委托的基金销售机构,在私募基金募集过程中应当恪尽职守、诚实信用、谨慎勤勉、防范利益冲突、履行说明义务和反洗钱义务等相关义务,承担特定对象确定、投资者适当性审查、私募基金推介及合格投资者确认等相关责任。前述募集机构及其从业人员不得从事侵占基金财产和客户资金、利用私募基金相关的未公开信息进行交易等违法活动。

《募集行为办法》第7条规定了私募基金管理人委托募集的责任,特别强调其依法应当承担的责任不因委托募集而免除。第8条规定私募基金管理人委托基金销售机构募集私募基金的,应当签订基金销售协议,并将协议中关于私募基金管理人与基金销售机构权利义务划分以及其他涉及投资者利益的部分作为基金合同的附件。基金销售协议须明确管理人、募集机构双方的权利义务,既能明晰双方职责,同时保障投资者的知情权。该条同时规定,如果基金销售协议与作为基金合同附件的部分不一致,以基金合同附件为准。

为了杜绝私募行业某些机构投资者将所购买的私募基金份额进行拆分,转售给非合格投资者的乱象,《募集行为办法》第9条特别强调了禁止非法拆分转让,禁止任何机构和个人为规避合格投资者标准而募集以私募基金份额或其收益权为投资标的的金融产品,或者将私募基金份额或其收益权进行非法拆分转让,变相突破合格投资者标准。募集机构应当确保投资者已知悉私募基金转让的条件。同时,投资者应当以书面方式承诺其为自己购买私募基金,任何机构和个人不得以非法拆分转让为目的购买私募基金。通过对买卖双方的禁止性规定,杜绝行业乱象,防范风险。

《募集行为办法》第10条及第11条分别规定了募集机构的保密义务和投资者资料保存义务。

《募集行为办法》第12～14条规定了募集结算资金专用账户的开立、监督及资金安全。第一，募集机构或相关合同约定的责任主体应当开立私募基金募集结算资金专用账户，用于统一归集私募基金募集结算资金、向投资者分配收益、给付赎回款项以及分配基金清算后的剩余基金财产等，确保资金原路返还；第二，募集机构应当与监督机构签署账户监督协议，明确对私募基金募集结算资金专用账户的控制权、责任划分及保障资金划转安全的条款，监督机构须承担保障投资者资金划转安全的连带责任条款，取得基金销售业务资格的商业银行、证券公司等金融机构，可以在同一私募基金的募集过程中同时作为募集机构与监督机构，豁免签署账户监督协议；第三，第14条对募集结算资金专用账户的资金划转安全提出了具体要求。

《募集行为办法》第15条是对私募基金募集程序进行提纲挈领地说明，明晰募集行为各项程序，便于规范私募基金募集行为。

三是关于特定对象确认。《募集行为办法》第16条强调了募集机构可以向不特定对象进行公开宣传的内容及方式，私募基金管理人应当确保宣传信息的真实、准确、完整，且不得包含单只基金产品的推介内容。

在特定对象确认程序方面，《募集行为办法》第17条及第18条规定了募集机构在向投资者推介私募基金之前应当采取问卷调查等方式，对投资者风险识别能力和风险承担能力进行评估，并由投资者以书面形式承诺其符合合格投资者标准。关于调查问卷的主要内容，《募集行为办法》第19条规定了必须包含的核心条款，并强调了对投资者相关信息的获取应以投资者自愿为前提。基金业协会按照《私募办法》的规定制定了《私募基金投资者风险问卷调查内容与格式指引（个人版）》。

利用互联网媒介推介私募基金的，《募集行为办法》第20条对募集机构在线推介私募基金设置在线特定对象确定程序做出特殊要求。

四是关于私募基金的宣传推介。《募集行为办法》第21条规定，募集机构应当履行投资者适当性管理义务，根据私募基金的风险类型和评级结果，向投资者推介与其风险识别能力和风险承担能力相匹配的私募基金。

为规范私募基金的推介行为,《募集行为办法》第22条规定了推介材料的责任方为私募基金管理人,应当对推介材料内容的真实性、完整性、准确性负责。《募集行为办法》第23条规定了推介材料应具备的基本内容及信息披露要素。同时,《募集行为办法》第24条及第25条从反面规定了禁止的推介行为和禁止的推介载体,全面细化了私募基金推介的自律要求。

五是关于合格投资者确认。在投资者签署基金合同之前,募集机构应当重点向投资者揭示基金风险,为更好地保护投资者利益,《募集行为办法》第26条规定了风险揭示书的具体内容,按照《私募办法》的要求,中国基金业协会制定了《私募投资基金风险揭示书内容与格式指引》。

《募集行为办法》第27条规定了关于合格投资者身份的确认程序,募集机构应当要求投资者提供必要的资产证明文件或收入证明,募集机构应当合理审慎地审查其是否符合合格投资者条件,同时强调募集机构应当履行反洗钱义务。第28条强调了《私募办法》所规定的合格投资者的标准。

《募集行为办法》第29条规定了投资冷静期,坚持分类管理原则,明确要求私募证券投资基金合同应当约定投资冷静期自基金合同签署完毕且投资者交纳认购基金的款项后起算;私募股权投资基金、创业投资基金等其他私募基金合同关于投资冷静期的约定可以参照前款对私募证券投资基金的相关要求,也可以自行约定。《募集行为办法》明确要求募集机构在投资冷静期内不得主动联系投资者。

募集机构应当根据《募集行为办法》第30条的规定,在冷静期满后指令本机构从事基金销售推介业务以外的人员以录音电话、电邮、信函等留痕方式进行回访,回访过程不得出现诱导性陈述,募集机构在投资冷静期内进行的回访确认无效。该条第2款还进一步规定了回访的具体内容。

《募集行为办法》第31条对投资运作投资者资金的起始点作出相应规定。明确要求基金合同应当约定投资者在回访确认成功前有权解除基金合同,出现前述情形时,募集机构应当按照基金合同的约定,及时退还投资者全部认购款项。未经回访确认成功,投资者交纳的认购基金款项不得由募集账户划转到基金财产账户或托管资金账户,私募基金管理人不得投资运作投资者交纳的认购基金款项。

《募集行为办法》第32条对当然合格投资者确认的条件、范围以及豁免募集机构的义务范围做出相应规定,并对投资者为专业投资机构的情形豁免、募集机构的投资冷静期、回访确认等义务。

六是关于自律管理。《募集行为办法》第33~42条规定了募集机构、基金业务外包服务机构及其相关工作人员在募集私募基金的过程中违反本办法的相应罚则,明确了基金业协会在行业自律管理、合规性自律检查及惩处违反自律规则行为等方面的职责。投资者可以按照基金业协会的有关规定向协会投诉或举报违规募集行为。募集机构、基金业务外包服务机构及其从业人员因募集过程中的违规行为被中国基金业协会采取相关纪律处分的,基金业协会可视情节轻重记入诚信档案。

同时,募集机构、基金业务外包服务机构及其从业人员违反法律、行政法规及中国证监会的有关规定时,移送中国证监会或司法机关处理。

七是附则。《募集行为办法》第43条及第44条规定了本办法自2016年7月15日起生效,为行业预留3个月的过渡期,中国基金业协会为本办法的唯一有权解释方。

在私募基金的资金募集、登记备案、投资运作等各个环节中,资金募集是发起设立私募基金的一个重要环节。募集行为规范是防范违规风险的第一道防线,是事中监管的一项重要体现。《募集行为办法》的实施,可以为规范私募基金募集市场提供自律监管的依据,引导募集机构合法合规经营,加强投资者的教育。

5.《私募投资基金合同指引》

随着私募基金的不断发展,作为私募基金的核心文件基金合同一直缺少专业指引,特别是一些中小基金或者新成立的基金,基金合同的制定较为随意,故容易产生争议。同时,私募基金行业鱼龙混杂,部分机构借"私募"之名从事违法违规活动而投资者无法从合同文本层面进行甄别。因此,为了能够更好地防范和控制风险,保护投资人的权益,中国基金业协会于2016年4月18日出台了《私募投资基金合同指引》(以下简称《合同指引》)。《合同指引》根据私募基金的组织形式不同,分为1号《契约型私募投资基金合同内容与格式指引》、2号《公司章程必备条款指引》以及3号《合伙协议必备条款指引》。

《契约型私募投资基金合同内容与格式指引》适用于契约型基金，即指未成立法律实体，而是通过契约的形式设立私募基金，基金管理人、投资者和其他基金参与主体按照契约约定行使相应权利，承担相应义务和责任。鉴于证券与股权相区分的原则，对于契约型私募证券投资基金，应当按照《契约型私募投资基金合同内容与格式指引》制定基金合同，而对于契约型私募股权或其他类型投资基金，应当参考《契约型私募投资基金合同内容与格式指引》制定基金合同。

《公司章程必备条款指引》适用于公司型基金，即指投资者依据《公司法》，通过出资形成一个独立的公司法人实体，由公司自行或者通过委托专门的基金管理人机构进行管理，投资者既是基金份额持有者又是基金公司股东，按照公司章程行使相应权利、承担相应义务和责任。

《合伙协议必备条款指引》适用于合伙型基金，即指投资者依据《合伙企业法》成立投资基金有限合伙企业，由普通合伙人对合伙企业的债务承担无限连带责任，由基金管理人具体负责投资运作（普通合伙人可以自任基金管理人，也可以另行委托专业机构作为受托人具体负责投资运作）。

《合同指引》的出台，一方面能够为私募证券投资基金、股权投资基金、创业投资基金等私募类产品提供统一、标准的合同文本参照；另一方面能为下一步大资管时代下私募类产品的统一监管奠定基础。

6.《证券公司私募基金子公司管理规范》

近年来，证券公司子公司数量及业务迅速发展，对公司提升服务实体经济能力具有重要作用，但也逐步暴露出一些问题和风险。为此，中国证券业协会发布了《证券公司私募基金子公司管理规范》和《证券公司另类投资子公司管理规范》，基本思路是要求各证券公司认真梳理业务体系，简化组织构架，回归主业，强化母子公司一体化管控，形成功能定位清晰、组织架构合理、主业突出、母公司管控到位、约束机制健全的子公司管理体系。以下主要介绍《证券公司私募基金子公司管理规范》的内容。

一是明确功能定位，划清经营边界。各证券公司应当明确各类子公司的经营边界，不得开展非金融业务。一类业务原则上只能设立一个子公司经营，子公司应当专业运营，不得兼营。私募基金子公司限于从事私募股权投资基金业务和其他私募基金业务。

二是简化母子公司架构,明确全资设立要求。各子公司原则上不得下设二级子公司。除基金管理机构等特殊目的实体外,禁止私募基金子公司设立其他任何机构,私募基金子公司应当持有该下设基金管理机构35% 以上的股权或出资,并拥有管理控制权,且该下设基金管理机构只能管理与本机构设立目的一致的私募股权投资基金。为加强证券公司母子公司合规及风控的一体化管理、防范利益冲突和道德风险,证券公司必须全资设立私募基金子公司。

三是强化母公司对子公司管控,加强风险控制和资本约束。证券公司应当向子公司委派或推荐董事、监事或高管人员,将合规风控纳入统一管理,加强交易监控,强化人员管理,做好风险隔离、利益冲突和风险防范工作,切实承担对子公司风险控制及风险处置的应有责任。子公司的业务全面纳入证券公司风险控制指标范畴;私募基金子公司自有资金投资于本机构设立的私募基金时,对单只基金投资金额不得超过该只基金总额的 20% 。

四是明确业务底线,从严自律管理。证券公司子公司不得从事或变相从事实体业务。私募基金子公司的自有资金不得投资其他标的,只能以现金管理为目的投资于流动性较强的资产,或投资于本机构设立的私募基金;不得以拟投资企业聘请母公司或母公司的承销保荐子公司担任保荐机构或主办券商作为对企业进行投资的前提。协会将对子公司关于股东履责情况、合规风控、业务开展等进行执业检查,违反规定的,采取自律管理措施或者纪律处分;情节严重的,移交证监会处理,直至责令撤销子公司。

五是过渡期安排。证券公司及其子公司在两部规范发布实施后 12 个月内达到规范要求,通过拆分、合并等方式对现存的一类业务多个子公司经营情况进行规范,并妥善安置客户;不符合相关要求的,不得新增业务,存量业务可以存续到项目到期,到期前不得开放申购或追加资金,不得续期。

此外,2016 年 11 月 15 日,基金业协会发布《私募投资基金服务业务管理办法(试行)(征求意见稿)》,全面梳理服务业务类别,重点规范了份额登记、估值核算、信息技术系统 3 项业务,同时对相关机构提出门槛、资质要求，并引入服务机构退出机制。

综上所述，基金业协会和证券业协会颁布的私募自律规则，对规范私募基金行为，引导行业诚实守信、规范运作，赢得投资者的信任托付及社会、资本市场的认可起到了重要作用。

三、信托

在信托领域，2016年新颁布了1部慈善信托方面的相关法律，即《慈善法》；新发布了2部部门规范性文件，即《中国银监会办公厅关于进一步加强信托公司风险监管工作的意见》和《民政部、中国银行业监督管理委员会关于做好慈善信托备案有关工作的通知》；1部地方规范性文件，即《北京市慈善信托管理办法》。此外，经国务院同意，中国信托登记有限责任公司于2016年12月26日在上海宣布成立，我国信托登记制度正式破题。

（一）信托公司风险监管制度

2016年3月，银监会向各银监局下发了《关于进一步加强信托公司风险监管工作的意见》（银监办发〔2016〕58号）（以下简称《意见》）。《意见》是银监会继2014年《关于加强信托公司风险管理的指导意见》之后，再一次系统性地对信托公司风险管理进行指导，是已出台监管政策的延续。《意见》在原有基础上强化了实质性风险控制，主要表现为：

一是关于资产质量管理。《意见》要求信托公司将承担信用风险的固有非信贷资产、表外资产及信托资产纳入资产质量管理体系。固有业务不仅要加强贷款五级分类管理，还要重点关注与接盘信托风险项目相关的表内各项投资、应收款项和表外担保等资产风险分类情况。信托业务要重点关注融资类信托资产、风险责任划分不清的事务管理类融资性信托资产、投资类信托所涉非标债权资产、结构化信托产品优先级资产的风险分类情况，尤其是相关逾期信托项目风险情况，要将已发生风险的信托项目及时纳入信托风险项目要素表监测。

二是关于重点领域风险控制。《意见》要求信托公司关注房地产、地方政府融资平台、产能过剩等重点领域信用风险，定期开展风险排查并做好风险缓释准备。对于房地产信托，要加强分区域、分业务类别的风险监测，合理控制业务规模、优化业务结构；对于政信合作信托，要密切跟进地方政府性债务置换工作，做好存量业务风险防控，审慎开展增量业务；对于产能过剩风险，要认真落实国家相关政策，按区别对待原则选择过剩行业中优质企业审慎开展业务。

三是关于实质化解信托项目风险。《意见》要求各银监局不仅要关注信托项目兑付风险化解，更要重视实质风险化解。指导信托公司完善信托产品违约处理机制，做好舆情监测和正向引导、投资者教育和安抚、风险处置预案等工作；综合运用追加担保、资产置换、并购重组、诉讼追偿等方式，积极化解信托存量风险；加大固有不良资产风险化解和核销力度。要特别关注信托公司通过各类接盘方式化解信托项目兑付风险情形，应将接盘的固有资产及为第三方接盘提供的担保纳入不良资产监测，将接盘的信托项目（如资金池项目、TOT 项目）纳入信托风险项目要素表持续监测，督促化解实质风险。对于涉及面广的大型客户风险暴露，引导所涉信托公司积极参加债权人委员会联合行动，争取多方支持，促进风险化解。

四是关于资金池清理。《意见》要求，要加大非标资金池信托排查清理力度，摸清底数，督促信托公司积极推进存量非标资金池清理，严禁新设非标资金池，按月报送非标资金池信托清理计划执行情况，直至达标为止。

五是关于结构化配资杠杆比例控制。《意见》要求信托公司合理控制结构化股票投资信托产品杠杆比例，优先受益人与劣后受益人投资资金配置比例原则上不超过 1∶1，最高不超过 2∶1，不得变相放大劣后级受益人的杠杆比例。

六是关于强化资本管理。《意见》要求信托公司严格落实净资本管理制度，提高资本计量准确性，强化资本约束。督促信托公司建立资本平仓和补仓制度，风险拨备缺口应在净资本中全额扣减，避免资本虚高；净资本不足部分，应推动股东及时补足。

七是关于加强监管联动。《意见》从加强市场准入、非现场监管和现场检查联动着手，加强银监局之间的横向监管联动，加强上下监管联动，加强内外监管联动和加大监管问责力度五个方面对加强监管联动做出部署。

据统计，截至 2016 年年末，我国信托公司受托管理资产规模已突破

19 万亿元。《意见》的出台，对进一步提高信托公司风险监管前瞻性、主动性和有效性，防范化解信托业风险，严守风险底线，促进信托业稳健发展发挥了良好的指导作用。

（二）慈善信托制度

1.《慈善法》关于慈善信托的规定

《慈善法》已由中华人民共和国第十二届全国人民代表大会第四次会议于 2016 年 3 月 16 日通过，自 2016 年 9 月 1 日起施行。该法第五章专章规定了慈善信托，主要内容如下：

一是明确了慈善信托的概念。《慈善法》第 44 条规定："本法所称慈善信托属于公益信托，是指委托人基于慈善目的，依法将其财产委托给受托人，由受托人按照委托人意愿以受托人名义进行管理和处分，开展慈善活动的行为。"慈善信托属于《信托法》中规定的公益信托。慈善信托具有以下特点：第一，慈善信托的设立必须基于慈善目的，这是慈善信托最基本的特征。第二，慈善信托的受益人是非特定的，这是慈善信托区别于其他信托的一个重要特征。第三，与其他信托相比，慈善信托的设立要求更为严格。主要表现为设立程序更复杂、对受托人的要求更高、特别设置了监察人制度。第四，信托财产与委托人、受托人的固有财产相互独立。

二是明确了慈善信托的主管部门。《慈善法》规定慈善信托的主管部门是民政部门，解决了《信托法》中审批机关不明确的问题。

三是明确了慈善信托的受托人。《慈善法》规定除了慈善机构外，信托公司也可以成为慈善信托的受托人，有利于实现信托和慈善事业的共赢。

四是明确了慈善信托的备案管理制度。《慈善法》规定受托人应当在慈善信托文件签订之日起 7 日内，将相关文件向受托人所在地县级以上人民政府民政部门备案。此外，《慈善法》还明确了受托人变更后的重新备案制度，规定变更后的受托人应当自变更之日起 7 日内，将变更情况报原备案的民政部门重新备案。

五是明确了慈善信托受托人的义务。《慈善法》规定，一是慈善信托的受托人管理和处分信托财产，应当按照信托目的，恪尽职守、履行诚信、谨慎管理的义务。二是慈善信托的受托人应当根据信托文件和委托人的要求,及时向委托人报告信托事务处理情况、信托财产管理使用情况。三是慈善信托的受托人应当每年至少一次将信托事务处理情况及财务状况向其备案的民政部门报告,并向社会公开。

六是确立了信托监察人制度。《慈善法》规定,慈善信托的委托人根据需要,可以确定信托监察人。信托监察人对受托人的行为进行监督,依法维护委托人和受益人的权益。信托监察人发现受托人违反信托义务或者难以履行职责的,应当向委托人报告,并有权以自己的名义向人民法院提起诉讼。

七是规定了慈善信托可适用税收优惠政策。《慈善法》规定,未将相关文件报民政部门备案的,不享受税收优惠。

此外,关于法律适用问题,《慈善法》规定慈善信托的设立、信托财产的管理、信托当事人、信托的终止和清算等事项,本章未规定的,适用本法其他有关规定;本法未规定的,适用《信托法》的有关规定。

《慈善法》明确了慈善信托采用备案制且应向民政部门报备,解决了公益信托发展的最大“瓶颈”,有利于盘活现有的慈善资产,具有历史性意义。

2.《民政部、中国银行业监督管理委员会关于做好慈善信托备案有关工作的通知》

民政部、中国银行业监督管理委员会于 2016 年 8 月 25 日发布了《民政部、中国银行业监督管理委员会关于做好慈善信托备案有关工作的通知》(民发〔2016〕151 号)(以下简称《通知》),对慈善信托备案有关工作进行部署。

一是确定慈善信托备案管辖机关。《通知》规定信托公司担任慈善信托受托人的,由其登记注册地设区市的民政部门履行备案职责;慈善组织担任慈善信托受托人的,由其登记的民政部门履行备案职责。《通知》还规定信托公司设立慈善信托项目实行报告制度,新设立的慈善信托项目应当在信托成立前 10 日逐笔向银行业监督管理机构报告。

二是明确慈善信托设立备案和重新备案的程序和要求。关于设立备案,《通知》规定慈善信托受托人按照《慈善法》规定向民政部门提出备案申请的,应提交备案申请书等 6 类书面材料,申请备案材料符合要求的,由民政部门当场出具备案回执,不符合要求的,应当一次告知受托人补正相关材料。关于重新备案,《通知》规定慈善信托设立后,出现受托人违反信托义务或者难以履行职责情形致使受托人变更的,变更后的受托人到原备案民政部门重新备案时,应提交原备案的信托文件等七类书面材料,申请重新备案材料符合要求的,由民政部门当场出具备案回执;不符合要求的,应当一次告知受托人补正相关材料。

三是明确了慈善信托监管分工。《通知》规定,民政部门依法履行受理慈善信托受托人关于信托事务处理情况及财务状况报告,公开慈善信托有关信息,对慈善信托监督检查及对受托人进行行政处罚等管理职责。银行业监督管理机构依法履行对信托公司慈善信托业务和商业银行慈善信托账户资金保管业务监督管理职责。

四是明确了慈善信托监管范围。《通知》规定,民政部门和银行业监督管理机构根据各自法定管理职责,对慈善信托受托人应当履行的受托职责、管理慈善信托财产及其收益的情况、履行的信息公开和告知义务以及其他与慈善信托相关的活动进行监督检查。《通知》明确规定,除依法设立的信托公司或依法登记(认定)的慈善组织外,其他单位和个人不得以"慈善信托""公益信托"等名义开展活动。《通知》规定,对受托人将信托财产及其收益用于非慈善目的,或未按照规定将信托事务处理情况及财务状况向民政部门报告或者向社会公开的,依法予以行政处罚。根据《通知》规定,每年3月31日前,慈善信托的受托人应当向备案的民政部门报告上一年度信托事务处理情况及财务状况。

五是明确慈善信托信息公开范围。《通知》要求,接受备案民政部门应当在统一的信息平台上,及时向社会公开慈善信托的下列信息:(1)慈善信托备案事项;(2)对慈善信托检查、评估的结果;(3)对慈善信托受托人的行政处罚决定;(4)慈善信托终止事由和终止日期;(5)其他需要依法公开的信息。

3.《北京市慈善信托管理办法》

根据《慈善法》、《信托法》、《民政部、中国银行业监督管理委员会关于做好慈善信托备案有关工作的通知》(民发〔2016〕151号),为规范慈善信托备案、报告及监管等各项工作,北京市民政局于2016年9月21日出台了《北京市慈善信托管理办法》(京民慈发〔2016〕385号)。作为全国首个地方性慈善信托管理办法,该办法分为七章共41条,对慈善信托进行了详细的规定。第一章“总则”,明确了文件起草的目的、依据和慈善信托的基本定义及备案机关;第二章“备案”,规定了备案的程序和提交的备案材料,并详细列出了信托文件要载明的必备内容;第三章“财产管理”,规定了慈善信托财产的类型、财产管理的原则和要求、相关当事人报酬约定和慈善支出约定等;第四章“变更和终止”,规定了信托变更与终止的具体条件、程序和提交材料,以及慈善信托剩余财产的处置方式;第五章“信息公开”,详细列出了备案管理部门和受托人各自的信息公开义务和需要公开的详细内容;第六章“监督管理”,规定了政府监管、社会监督的具体方式及内容;第七章“附则”,明确了解释机关和实施日期。

2016年是中国慈善信托“元年”,从慈善信托制度的实施来看,中国慈善联合会在北京发布的《2016年中国慈善信托发展报告》显示,截至2016年年底,全国范围内共有18家信托公司和慈善组织成功备案了22单慈善信托产品,初始规模达0.85亿元。从合同金额来看,这22单慈善信托中,千万元以上的占23%,百万级别的占41%,百万元以下的占36%;从投入领域来看,涉及教育、扶贫、儿童、扶老、环保等多个公益慈善领域,其中,以科教文卫领域最受关注;从备案地域来看,我国东、中、西部地区均有设立慈善信托,而东部完成的备案最多,达14单。该报告指出,在已备案的22单慈善信托中,受托人既有信托公司也有慈善组织,但仍以信托公司为主,这源于信托公司在受托管理、信托运营等方面累积了丰富经验。值得注意的是,2016年信托公司和慈善组织之间的合作日益加强,双方已展开密切合作。慈善组织擅长资金募集和项目实施,能与信托公司实现优势互补。

四、股权投资

在股权投资领域,2016年主要是规范性文件,共25部。其中,在政策性股权投资领域,新发布了1部部门规范性文件《国家发展改革委关于印发〈政府出资产业投资基金管理暂行办法〉的通知》和19部地方规范性文件;在市场化股权投资领域,新发布了5部地方规范性文件。

(一)《政府出资产业投资基金管理暂行办法》

政府出资产业投资基金是指有政府出资,主要投资于非公开交易企业股权的股权投资基金和创业投资基金。2016 年 12 月 30 日,国家发改委颁布了《政府出资产业投资基金管理暂行办法》(发改财金规〔2016〕2800 号)(以下简称《办法》),自 2017 年 4 月 1 日开始实施。

1.《办法》起草背景和起草过程

党中央、国务院高度重视政府出资产业投资基金发展工作。2016 年《中共中央、国务院关于深化投融资体制改革的意见》(中发〔2016〕18 号)提出:"根据发展需要,依法发起设立基础设施建设基金、公共服务发展基金、住房保障发展基金、政府出资产业投资基金等各类基金,充分发挥政府资金的引导作用和放大效应。"2014 年《国务院关于创新重点领域投融资机制鼓励社会投资的指导意见》(国发〔2014〕60 号)提出:"大力发展股权投资基金和创业投资基金,鼓励民间资本采取私募等方式发起设立主要投资于公共服务、生态环保、基础设施、区域开发、战略性新兴产业、先进制造业等领域的产业投资基金。政府可以使用包括中央预算内投资在内的财政性资金,通过认购基金份额等方式予以支持",并明确要求发展改革委制定"政府使用包括中央预算内投资在内的财政性资金,支持重点领域产业投资基金管理办法"。为进一步规范政府出资行为,促进政府出资产业投资基金行业健康有序发展,按照党中央、国务院的决策部署,在总结政府出资产业投资基金已有的运作实践基础上,发展改革委研究起草了《办法》。

2.《办法》出台的意义和目的

当前,政府出资产业投资基金已成为我国各级政府广泛使用的投融资工具,近年来呈加速增长之势,并已形成以长三角、环渤海地区为聚集区域,并由东部沿海地区向中西部全面扩散的分布特征。政府出资产业投资基金市场格局呈现国家级、地方级发展规模化、市场化的特点。从国家层面来看,如国家科技成果转化引导基金、国家新兴产业创投引导基金、国家中小企业发展基金等吸引了有实力的企业、大型金融机构等社会资本参与,投向国家重点支持领域和行业。从地方层面来看,如中关村创业投资引导基金、山东省股权投资引导基金、湖北省长江经济带产业基金等采用参股设立子基金等方式,重点支持省市级经济发展的关键领域。《办法》出台的意义和目的主要有以下几个方面:

一是主动把控政府出资产业投资基金发展总体趋势。作为传统银行和资本市场之外的重要金融媒介和投融资工具,产业投资基金是有效市场和有为政府相结合的一个关键着力点。党的十八大以来,政府出资产业投资基金成为创新政府投融资资金运用方式、提高政府出资资金使用效率的重要选择,为发挥政府资金引导作用和放大效应,吸引社会资金投入政府支持领域和产业发挥了积极作用。

在进一步做好促投资、稳增长实践中,政府出资产业投资基金还会有更快和更大规模增长。如何在宏观层面上把握政府出资产业投资基金总体运行动态和发展趋势,完善政府资金运用绩效评价制度,分析评价政府出资产业投资基金的投融资效果和总体政策效果,不断提高政府资金使用效率,防范化解政府出资产业投资基金投融资过程中的潜在风险,更好地发挥政府资金市场化配置的杠杆作用,需要在国家层面有更全面和更完善的政策法规予以规范和引导。《办法》的出台顺应了这一发展趋势要求。

二是健全和完善政府出资产业投资基金行业管理和监督评价政策体系。目前,政府出资产业投资基金可直接适用的法律法规和相关政策主要有《公司法》、《合伙企业法》、《关于创业投资引导基金规范设立与运作的指导意见》(国办发〔2008〕116 号)、《创业投资企业管理暂行办法》(发改委 2005 年 39 号令)、《私募投资基金管理办法》(证监会 2014 年 105 号令),以及《政府投资基金暂行管理办法》(财预〔2015〕210 号)等。这些文件从不同层面和不同角度对政府出资产业投资基金资金募集、基金投向、基金监管等基金运作环节进行了规范和指导。地方政府也根据自己的实际情况,有针对性地出台了本地政府出资产业投资基金的管理办法。

然而,现有监管政策还不够健全完善。在政府出资产业投资基金设立之后,还需要从政府出资产业投资基金的政策属性和政府性资金属性出发,对政府出资产业投资基金的总体运行状况进行信息采集和风险监测,对政府出资产业投资基金投融资活动的总体状况和发展趋势进行政策评估、信用评估和趋势把控。《办法》的出台,正是从这些方面进一步健全了政府出资产业投资基金的监管政策评价制度,补充和完善了我国基金业管理的政策体系。

三是创新完善政府投融资管理体制的具体措施之一。《办法》的出台是根据事中事后监管要求，针对政府出资产业投资基金设立后的投融资行为，对以投资基金方式进行的政府投融资活动进行宏观监测和管理，是对进一步创新完善政府投融资管理体制的具体落实。

四是有利于更好地贯彻国家发展战略和产业政策。设立政府出资产业投资基金的核心在于，通过财政性资金撬动社会资本进入国民经济发展重点领域极具有较大发展潜力、经过前期扶持培育后可成长为新的经济增长点领域。《办法》提出，由负责宏观经济管理和国家产业政策的发展改革部门对政府出资产业投资基金是否符合国家产业政策进行主动地符合性评价，保证基金在实际运作过程中“不走偏”，有利于国家产业政策的贯彻执行。

3.《办法》的主要内容

《办法》分为 7 章共 47 条，针对基金的募集、投资、管理、退出等环节，以信息登记、绩效评价和信用评价的方式对政府出资产业投资基金运行进行宏观信用信息监督管理。

第一章是总则，主要对政府出资产业投资基金及其组织形式、管理架构及运行管理等进行界定和原则性规定，明确《办法》加强事中事后信用信息监管的原则，确定具体信用信息监管方式和监管责任主体。

第二章从基金资金募集开始，具体明确政府出资产业投资基金信用信息的登记管理体制，包括登记程序、登记方法，登记内容等。

第三章明确了政府出资产业投资基金应投向的产业领域，具体包括非基本公共服务领域、基础设施领域、住房保障领域、生态环境领域、区域发展领域、战略性新兴产业领域和先进制造业领域、创业创新领域等。并强调政府出资产业投资基金的具体投资对象应是未上市企业股权，或者上市公司的定向增发、并购重组和私有化等股权交易的股份。

第四章确定政府出资产业投资基金的绩效评价体系及评价方法。评价包括两个方面：一是对政府出资产业投资基金运行绩效的评价；二是对基金管理人绩效的评价。评价采取系统性评分办法，并将评分结果适当予以公告。

第五章确定政府出资产业投资基金行业信用体系建设。建立基金、基金管理人和从业人员信用记录，并纳入全国信用信息共享平台；各级发展和改革部门负责区域内政府出资产业投资基金行业信用体系建设，并与全国信用信息共享平台联网互通。对于存在不良信用记录的基金、基金管理人和从业人员，国家发展和改革委员会通过“信用中国”网站统一向社会公布。

第六章确定政府出资产业投资基金的监督管理，主要是针对基金的信用信息进行具体监管。监管采取现场和非现场“双随机”抽查方式，对政府出资产业投资基金进行业务指导，促进基金规范运作，有效防范风险。

第七章是附则，对《办法》具体施行进行了说明。

4.《办法》的主要特点

一是注重部门间协作。《办法》充分考虑不同监管部门的分工职责，充分考虑现有基金业监管政策相关要求，充分考虑监管部门间的配合与协作，避免出现重复、交叉和多头监管，恪尽职守，突出强调了发展改革部门在政府出资产业投资基金中的政府投融资行为特征，重点监管产业政策方向，积极完善基金业发展整体监管政策体系建设。

二是坚持并突出事中事后监管原则。《办法》重点强调针对政府出资产业投资基金设立后的运行监测、信用评价和绩效评价，对政府出资产业投资基金的政策效果和投融资绩效进行宏观总体评估。

三是坚持贯彻“放管服”行政管理体制改革精神。《办法》以政府出资产业投资基金登记信息管理系统为依托，将基金设立前审批改为设立后登记信用信息，并实行分级登记管理，坚持贯彻落实行政管理体制“放管服”改革要求，强化基金运行环境建设和服务行业健康发展。

四是突出信用约束理念，创新政府宏观管理方式。不同于传统意义上政府投融资行为中的审批制、核准制和备案制等行政管理工具，《办法》创新政府宏观监管方式，提出了“登记+信用约束”的行政管理模式，将信用监管运用到政府出资产业投资基金行业的监管上，通过与全国信用信息共享平台和“信用中国”网站互联互通，有助于政府在宏观调控中更好地把握苗头性、倾向性和潜在性问题，推动政府出资产业投资基金行业持续健康发展，切实发挥好服务实体经济的积极作用。

五是着重宏观监管避免行政干预。《办法》对基金的具体经营管理和投融资行为没有增加行政审批和行政干预，既对政府资金使用方式的转变效果和投融资行为有明确的方向把握、信息分析和绩效评价，又保证政府出资产业投资基金按照市场化、专业化原则依法独立运作。

六是为地方政府设立政府出资产业投资基金寻找出资方、遴选基金管理人提供重要参考。《办法》提出建立并完善政府出资产业投资基金和基金管理人绩效评价指标体系，每年根据特定的评价指标对基金和基金管理人进行系统性评分，并将结果适当予以公告，为社会投资方和地方政府选择合适的基金和基金管理人提供参考，也对政府出资产业投资基金的运作提出指导性要求。

2016年主要有福建、湖南、青海、成都、南京、扬州等地出台了规范和促进政府产业投资基金发展的地方规范性文件。

（二）促进股权投资基金发展的地方政策

2016年河北、湖北等地出台了促进本地股权投资基金业发展的地方性政策。

从河北来看，河北出台的相关促进和规范政策较多，发布了《河北省人民政府办公厅关于印发河北省促进股权投资基金业发展办法的通知（2016）》《河北省财政厅关于印发〈河北省股权投资基金业发展奖励资金管理办法〉的通知》和《河北省发展和改革委员会关于开展我省股权与创业投资基金规范运作风险排查工作的通知》等。其中，《河北省促进股权投资基金业发展办法》明确了河北省股权投资基金和管理企业的设立程序、登记注册条件和鼓励扶持政策，旨在通过吸引高端人才、聚集社会资本、运用先进的管理理念和运作模式，促进我省股权投资基金行业快速健康发展，为企业发展和项目建设提供融资和增值服务。

从湖北来看，主要发布了《湖北省人民政府关于加快股权投资基金业发展的意见》。该意见明确了湖北省股权投资基金业的发展目标，规定了为股权投资类企业提供便利的商事登记服务、做好股权投资类企业的可行性评估、落实股权投资类企业备案制度、鼓励股权投资基金业务创新和加强股权投资基金业监管等促进股权投资基金业健康发展的措施，明确加大了股权投资基金业的财政扶持、税收支出和人才引进等方面的政策力度。

五、互联网金融

在互联网金融领域，2016年度发布了1部部门规章，即《网络借贷信息中介机构业务活动管理暂行办法》;围绕互联网金融风险整治出台了49部规范性文件,其中,国务院规范性文件1部,部门规范性文件8部,地方规范性文件40部;新发布了促进互联网金融产业发展的9部地方规范性文件;新发布了1部互联网金融行业规定;中国人民银行发布的部门规范性文件即《非银行支付机构网络支付业务管理办法》于2016年7月1日实施。此外,中国银行业监督管理委员会于2016年8月发布了《网络借贷资金存管业务指引(征求意见稿)》。2016年中国互联网金融协会正式成立。

(一)《网络借贷信息中介机构业务活动管理暂行办法》

2016年8月24日,备受关注的《网络借贷信息中介机构业务活动管理暂行办法》(以下简称《暂行办法》)由中国银行业监督管理委员会、工业和信息化部、公安部和国家互联网信息办公室四部委正式联合发布。《暂行办法》作为互联网金融领域的第一个部门规章和国内个体网络借贷领域第一份行业监管细则,将对网络借贷行业的发展走向产生重要而深远的影响。

1.制定背景

网贷利用互联网信息技术,不受时空限制,使资金提供方与资金需求方在平台上直接对接,进行投融资活动,拓宽了金融服务的目标群体和范围,有助于为社会大多数阶层和群体提供可得、便利的普惠金融服务,进一步实现了小额投融资活动低成本、高效率、大众化,对于“稳增长、调结构、促发展、惠民生”具有重要意义。此外,网贷机构与传统金融机构相互补充、相互促进,在完善金融体系,提高金融效率,弥补小微企业融资缺口,缓解小微企业融资难以及满足民间投资需求等方面发挥了积极作用。

网贷作为互联网金融业态的重要组成部分,近几年的发展呈现“快、偏、乱”的现象,即行业规模增长势头过快,业务创新偏离轨道、风险乱象时有发生:一是规模增长势头过快。近2年网贷行业无论在机构数量还是业务规模均呈现出迅猛增长的势头,据不完全统计,截至2016年6月底全国正常运营的网贷机构共2349家,借贷余额6212.61亿元,两项数据比2014年年末分别增长了49.1%、49.7%。二是业务创新偏离轨道。目前,大部分网贷机构偏离信息中介定位以及服务小微和依托互联网经营的本质,异化为信用中介,存在自融、违规放贷、设立资金池、期限拆分、大量线下营销等行为。三是风险乱象时有发生。网贷行业中问题机构不断累积,风险事件时有发生,据不完全统计,截至2016年6月底,全国累计问题平台1778家,约占全国机构总数的43.1%,这些问题机构部分受资本实力及自身经营管理能力限制,当借贷大量违约、经营难以为继时出现"卷款""跑路"等情况,部分机构销售不同形式的投资产品,规避相关金融产品的认购门槛及投资者适当性要求,在逃避监管的同时,加剧风险传播,部分机构甚至通过假标、资金池和高收益等手段,进行自融、庞氏骗局,碰触非法集资底线。

为了促进网络借贷行业健康发展,引导其更好地满足小微企业、"三农"、创新企业和人民群众投融资需求,按照党中央、国务院工作部署和中国人民银行等10部委《关于促进互联网金融健康发展的指导意见》(以下简称《指导意见》)明确的总体要求和基本原则,银监会会同工业和信息化部、公安部、国家互联网信息办公室等部门制定了《网络借贷信息中介机构业务活动管理暂行办法》。

2. 主要内容

《暂行办法》分为八章,共47条。主要内容如下:

一是界定了网贷内涵,明确了适用范围及网贷活动基本原则,重申了从业机构作为信息中介的法律地位。《暂行办法》第2条明确了网贷机构的金融信息中介角色,其具体业务范围界定为信息收集、信息公布、资信评估、信息交互、借贷撮合等。同时,网络借贷则明确为个体和个体之间通过互联网平台实现的直接借贷,属于民间借贷范畴,受《合同法》《民法通则》等法律法规以及最高人民法院有关司法解释的规制。其中,个体包括自然人、法人及其他组织。网贷信息中介机构(以下简称网贷机构)是指依法设立,专门经营网贷业务的金融信息服务中介机构,其本质是信息中介而非信用中介。因此,不得吸收公众存款、归集资金设立资金池、不得自身为出借人提供任何形式的担保等。

《暂行办法》第3条则规定了网贷机构开展业务的若干监管原则,即网贷机构:(1)不得提供增信服务;(2)不得直接或间接归集资金;(3)不得非法集资;(4)不得损害国家利益和社会公共利益;(5)客观、真实、全面、及时进行信息披露;(6)不承担借贷违约风险。该等"监管红线"自银监会办公厅于2011年8月发布《关于人人贷有关风险提示的通知》起被提出,其后银监会相关负责人于若干不同场合进行的公开发言中从多个角度被不断阐释,在“一行三会”等十部委于2015年7月发布的《关于促进互联网金融健康发展的指导意见》中得到强化,直至《暂行办法》中予以明确规定,是相关主管部门针对不断变化发展的P2P业务的监管态度的核心体现,亦在《暂行办法》的具体条文规定中得到了充分的细化及落实。

二是明确了网贷监管体制机制及各相关主体责任,促进各方依法履职,加强沟通、协作,形成监管合力,增强监管效力。《指导意见》将网贷机构定性为信息中介,且将网贷归属于民间借贷范畴。根据关于界定中央和地方金融监管职责分工的有关规定,明确对于非存款类金融活动的监管,由中央金融监管部门制定统一的业务规则和监管规则,督促和指导地方人民政府金融监管工作,由省级人民政府对机构实施监管,承担相应的风险处置责任,并加强对民间借贷的引导和规范,防范和化解地方金融风险。鉴于网贷行业跨地区经营且风险外溢性较大,按照行为监管与机构监管并行的监管思路,《暂行办法》本着“双负责”的原则,明确银监会及其派出机构作为中央金融监管部门负责对网贷机构实施行为监管,具体包括制定统一的规范发展政策措施和监督管理制度,并负责网贷机构日常经营行为的监管;明确地方金融监管部门负责对本辖区网贷机构实施机构监管,具体包括对本辖区网贷机构进行规范引导、备案管理和风险防范及处置工作。另外,网贷行业作为新兴业态,其业务管理涉及多个部门职责,应坚持协同监管,《暂行办法》明确工业和信息化部主要职责是对网贷机构具体业务中涉及的电信业务进行监管;公安部主要职责是牵头对网贷机构业务活动进行互联网安全监管,打击网络借贷涉及的金融犯罪;国家互联网信息办公室主要职责是负责对金融信息服务、互联网信息内容等业务进行监管。具体如图8－1所示。

三是明确了网贷机构的备案管理制度。《暂行办法》第二章明确了网贷机构的备案管理制,具体内容包括:第一,备案管理机构。地方金融监管部门,即各地金融办(局)等负责网贷机构的备案登记和管理,包括有权对备案登记后的网贷机构进行评估分类,并将备案登记信息及分类结果在官方网站上公示。第二,备案管理流程。网贷机构及其分支机构

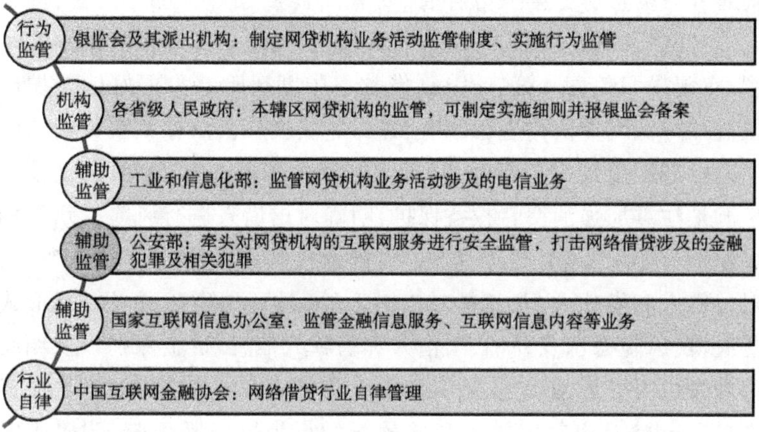

图 8－1

应按照以下要求接受备案管理：(1)应在领取营业执照后 10 个工作日内向工商注册地金融监管部门备案登记；(2)备案登记事项发生变更的，应在 5 个工作日内向金融监管部门报告并进行信息变更；(3)拟终止网贷业务的，应提前 10 个工作日书面告知金融监管部门并办理注销；(4)依法解散或依法宣告破产的，除依法进行清算外，亦须在金融监管部门注销备案。第三，备案管理相关要求。网贷机构开展网贷业务，应在经营范围中实质明确网络借贷信息中介。完成登记后，网贷机构应向通信主管部门申请取得电信业务经营许可，否则不得开展网贷业务。

四是明确了网贷业务规则和风险管理要求，坚持底线思维，加强事中事后行为监管。第一，对业务经营活动实行负面清单管理。考虑到网贷机构处于探索创新阶段，业务模式尚待观察。因此，《暂行办法》对其业务经营范围采用以负面清单为主的管理模式，明确了包括不得吸收公众存款、不得设立资金池、不得提供担保或承诺保本保息、不得发售金融理财产品、不得开展类资产证券化等形式的债权转让等 13 项禁止性行为。在政策安排上，允许网贷机构引入第三方机构进行担保或者与保险公司开展相关业务合作。第二，对客户资金实行第三方存管。为防范网贷机构设立资金池和欺诈、侵占、挪用客户资金，增强市场信心，《暂行办法》规定对客户资金和网贷机构自身资金实行分账管理，由银行业金融机构对客户资金实行第三方存管，对客户资金进行管理和监督，资金存管机构与网贷机构应明确约定各方责任边界，便于做好风险识别和风险控制，实现尽职免责。第三，限制借款集中度风险。为更好地保护出借人权益和降低网贷机构道德风险，并与非法吸收公众存款有关司法解释及立案标准相衔接，《暂行办法》规定网贷具体金额应当以小额为主。

五是注重加强消费者权益保护，明确对出借人进行风险揭示及纠纷解决途径等要求。《暂行办法》对消费者权益保护进行了重点考量，注重对出借人和借款人，尤其是对出借人的保护，在第四章以专章形式对借贷决策、风险揭示及评估、出借人和借款人信息、资金保护以及纠纷解决等问题进行了详细规定，确保出借人和借款人的合法权益不受损害。

《暂行办法》也对出借人和借款人的行为进行了规范，明确规定参与网贷的出借人与借款人应当实名注册；借款人应当提供准确信息，确保融资项目真实、合法，按照约定使用资金，严格禁止借款人欺诈、重复融资等。《暂行办法》还要求出借人应当具备非保本类金融产品投资的经历并熟悉互联网，应当提供真实、准确、完整的身份信息，出借资金来源合法，拥有风险认知和承受能力以及自行承担借贷产生的本息损失。这些规定本质上属于合格投资者条款，其目的是在行业发展初期，更好地防范非理性投资，引导投资者风险自担，进一步保护出借人合法权益。

六是强化信息披露监管，发挥市场自律作用，创造透明、公开、公平的网贷经营环境。《暂行办法》规定网络借贷信息中介机构应当在其官方网站上向出借人充分披露借款人基本信息、融资项目基本信息、风险评估及可能产生的风险结果、已撮合未到期融资项目资金运用情况等有关信息；应当及时在其官方网站显著位置披露本机构所撮合借贷项目等经营管理信息；应当在其官方网站上建立业务活动经营管理信息披露专栏，定期以公告形式向公众披露年度报告、法律法规、网络借贷有关监管规定。《暂行办法》还规定，网络借贷信息中介机构应当聘请会计师事务所定期对本机构出借人与借款人资金存管、信息披露情况、信息科技基础设施安全、经营合规性等重点环节实施审计，并且应当聘请有资质的信息安全测评认证机构定期对信息安全实施测评认证，向出借人与借款人等披露审计和测评认证结果。网络借贷信息中介机构应当引入律师事务所、信息系统安全评价等第三方机构，对网络信息中介机构合规和信息系统稳健情况进行评估。

《暂行办法》作为行业经营和监管的基本制度，明确了网贷监管体制机制及各相关主体责任、网贷业务规则和风险管理要求、借款人和出借人的义务、信息披露及资金第三方存管等内容，全面系统地规范了网贷机构及其业务行为，为行业的发展明确了方向，进一步引导网贷机构回归信息中介、小额分散的普惠金融本质，促使网贷行业正本清源。同时，网贷机构线下经营现象将得到遏制，网贷机构将逐渐回归互联网金融本质，利用大数据、云计算等全新技术手段，依托互联网平台来开展相关业务，整顿网贷行业违规行为，防范和化解网贷风险，提升公众法律和风险意识，引导和促进网贷行业早日走上正轨，形成可持续的发展模式。

总而言之，《暂行办法》的出台有利于从根本上改变网贷机构缺乏准入门槛、监管规则和体制机制不健全的状态，有利于治理行业乱象，引导行业进入规范经营和稳健发展的轨道，并为下一步完善相关基础设施和配套措施提供依据，促进普惠金融发展。

（二）《非银行支付机构网络支付业务管理办法》

中国人民银行于2015年12月28日发布了部门规范性文件《非银行支付机构网络支付业务管理办法》，自2016年7月1日起实施。

1. 制定背景

近年来，支付机构大力发展网络支付服务，促进了电子商务和互联网金融的快速发展，对支持服务业转型升级、推动普惠金融纵深发展发挥了积极作用。2015年前三季度，支付机构累计处理网络支付业务562.50亿笔，金额32.97万亿元，同比分别增长128.95%和98.80%。同时，支付机构的网络支付业务也面临不少问题和风险，必须加以重视和规范：一是客户身份识别机制不够完善，为欺诈、套现、洗钱等风险提供了可乘之机；二是以支付账户为基础的跨市场业务快速发展，沉淀了大量客户资金，加大了资金流动性管理压力和跨市场交易风险；三是风险意识相对较弱，在客户资金安全和信息安全保障机制等方面存在欠缺；四是客户权益保护亟待加强，存在夸大宣传、虚假承诺、消费者维权难等问题。为规范网络支付业务，防范支付风险，保护客户合法权益，同时促进支付服务创新和支付市场健康发展，进一步发挥网络支付对互联网金融的基础作用，中国人民银行从2010年开始启动网络支付发展与规范相关研究工作。2015年以来,遵循"鼓励创新、防范风险、趋利避害、健康发展"的总体要求,组织市场机构、行业协会、专家学者开展多轮研讨、座谈及公开向社会征求意见,反复修改完善,最终完成了《非银行支付机构网络支付业务管理办法》的制定工作。

2. 主要内容

《非银行支付机构网络支付业务管理办法》分为7章,共46条。主要制度如下:

一是禁止支付机构为金融机构和从事金融业务的其他机构开立支付账户。鉴于金融机构和从事网络借贷、股权众筹融资、互联网基金销售、互联网保险、互联网信托和互联网消费金融等机构本身存在金融业务经营风险,同时,支付机构的资本实力、内控制度和风险管理体系普遍还不够完善,抵御外部风险冲击的能力较弱,为保障有关各方合法权益,有效隔离跨市场风险,切实守住不发生系统性和区域性风险的底线,《非银行支付机构网络支付业务管理办法》规定,支付机构不得为金融机构和从事金融业务的其他机构开立支付账户。

从该制度的影响看,《非银行支付机构网络支付业务管理办法》上述规定并不影响支付机构为金融从业机构提供网络支付服务,还将进一步支持互联网金融的健康发展:一是我国国家支付清算体系已经为金融从业机构提供了高效、安全的支付清算及结算安排,并且符合国际支付清算监管惯例和准则,能够支持互联网金融的发展需要。二是支付机构尽管不能为金融从业机构开立支付账户,但仍可基于银行账户为其提供网络支付服务,以有效支持互联网金融的创新需要。三是中国人民银行鼓励支付机构按照《指导意见》的有关原则,与银行深化合作,实现优势互补,建立良好的网络支付生态环境与产业链,进一步提升业务创新,增强服务实体经济和风险抵御能力,共同推动互联网金融业态多元、持续、健康发展。

二是个人支付账户分类制度。支付账户分类,兼顾支付的安全和效率,能够满足不同客户的多样化需要,体现了尊重客户的选择权。《非银行支付机构网络支付业务管理办法》将个人支付账户分为3类(如表8-1所示)。其中,Ⅰ类账户只需要一个外部渠道验证客户身份信息(例如,联网核查居民身份证信息),账户余额可以用于消费和转账,主要适用于客户小额、临时支付，身份验证简单快捷。为兼顾便捷性和安全性，Ⅰ类账户的交易限额相对较低，但支付机构可以通过强化客户身份验证，将Ⅰ类账户升级为Ⅱ类或Ⅲ类账户，提高交易限额。Ⅱ类和Ⅲ类账户的客户实名验证强度相对较高，能够在一定程度上防范假名、匿名支付账户问题，防止不法分子冒用他人身份开立支付账户并实施犯罪行为。因此，具有较高的交易限额。鉴于投资理财业务的风险等级较高，《非银行支付机构网络支付业务管理办法》规定，仅实名验证强度最高的Ⅲ类账户可以使用余额购买投资理财等金融类产品，以保障客户资金安全。

上述分类方式及付款功能、交易限额管理措施仅针对支付账户，客户使用银行账户付款(例如，银行网关支付、银行卡快捷支付等)不受上述功能和限额约束。

表8－1　个人支付账户分类

账户类别	余额付款功能	余额付款限额	身份核实方式
Ⅰ类账户	消费、转账	自账户开立起累计1000元	以非面对面方式，通过至少1个外部渠道验证身份
Ⅱ类账户	消费、转账	年累计10万元	面对面验证身份，或以非面对面方式，通过至少3个外部渠道验证身份
Ⅲ类账户	消费、转账、投资理财	年累计20万元	面对面验证身份，或以非面对面方式，通过至少5个外部渠道验证身份

三是强调支付账户实名制。《非银行支付机构网络支付业务管理办法》要求支付机构遵循“了解你的客户”原则，建立健全客户身份识别机制，并在与客户业务关系存续期间，采取持续的客户身份识别措施，确保有效核实客户身份及其真实意愿，主要考虑如下：一是支付账户体现着消费者资金权益，只有实行实名制，才能更好地保护账户所有人的资金安全，才能从法律制度上保护消费者财产权利和明确债权债务关系。二是账户实名制是经济金融活动和管理的基础，账户是资金出入的起点与

终点，只有落实支付账户实名制，才能维护正常的经济金融秩序，从而切实落实反洗钱、反恐怖融资要求，防范和遏制违法犯罪活动。三是坚持账户实名制有利于支付机构在了解自己客户的基础上，有针对性地改善服务质量，更好地服务于客户，为提升和改善经营管理水平奠定基础。

关于支付账户的实名验证要求的影响。《非银行支付机构网络支付业务管理办法》要求支付机构在开立Ⅱ类、Ⅲ类支付账户时，分别通过至少3个、5个外部渠道验证客户身份信息，是为了保障客户合法权益，防范不法分子开立匿名或假名账户从事欺诈、套现、洗钱、恐怖融资等非法活动，是对支付机构提出的监管要求，支付机构负有"了解你的客户"的义务。目前，公安、社保、民政、住建、交通、工商、教育、财税等政府部门，以及商业银行、保险公司、证券公司、征信机构、移动运营商、铁路公司、航空公司、电力公司、自来水公司、燃气公司等单位，都运营着能够验证客户身份基本信息的数据库或系统。支付机构可以根据本机构客户的群体特征和实际情况，选择与其中部分单位开展合作，实现多个渠道交叉验证客户身份信息。

在身份验证过程中，客户只需要按照支付机构的要求在网上填写并上传相关信息即可，并不需要本人去相关部门证明"我是我"，而是由支付机构负责与外部数据库或系统进行连接并验证客户身份信息的真实性。支付机构应采用必要技术手段确保客户操作流程简便、体验便捷，这对支付机构的服务能力和服务水平提出了一定要求。

此外，《非银行支付机构网络支付业务管理办法》还规定，综合评级较高且实名制落实较好的支付机构在开立Ⅱ类、Ⅲ类支付账户时，既可以按照3个、5个外部渠道的方式进行客户身份核实，也可以运用各种安全、合法的技术手段，更加灵活地制定其他有效的身份核实方法，经中国人民银行评估认可后予以采用。这既鼓励创新，也兼顾了安全与便捷。

四是支付账户交易限额制度。遵循网络支付应始终坚持服务电子商务发展和为社会提供小额、快捷、便民小微支付服务的宗旨，为最大限度地满足客户的实际支付需求，兼顾支付便捷性，中国人民银行对支付机构开展了全面调研。经统计分析并结合未来一定时期内的发展需要，Ⅱ类、Ⅲ类个人支付账户年累计10万元、20万元的限额能够满足绝大部分客户使用支付账户“余额”进行付款的需求。对极少数消费者,或者消费者偶发的大额支付,可以通过支付账户余额支付、银行卡快捷支付、银行网关支付等方式组合完成。因此,并不会对消费者支付产生实质影响。考虑到Ⅰ类个人支付账户在开立过程中对客户身份验证的强度较弱,出现假名、匿名账户的风险较高,《非银行支付机构网络支付业务管理办法》对Ⅰ类账户的“余额”付款交易规定了较低的限额。

同时,为引导支付机构提高交易验证方式的安全性,加强客户资金安全保护,《非银行支付机构网络支付业务管理办法》规定,对于交易验证安全级别较高的支付账户“余额”付款交易,支付机构可以与客户自主约定单日累计限额;但对于安全级别不足的支付账户“余额”付款交易,该办法规定了单日累计限额。该办法规定的单日累计1000元、5000元的限额能够有效满足绝大部分客户使用支付账户“余额”进行付款的需求。此外,办法规定,综合评级较高且实名制落实较好的支付机构单日支付限额最高可提升到现有额度的2倍,以进一步满足客户需求。

需要强调的是,10万元、20万元的年累计限额以及1000元、5000元的单日累计限额都仅针对个人支付账户“余额”付款交易。客户通过支付机构进行银行网关支付、银行卡快捷支付,年累计限额、单日累计限额根据相关规定由支付机构、银行和客户自主约定,不受上述限额约束。

五是关于支付账户的转账业务规定。《非银行支付机构网络支付业务管理办法》没有对支付机构办理银行账户与银行账户之间的转账业务进行额外限制,而是由支付机构、银行和客户以市场化原则自主协商开展此类业务,并自主约定交易限额等管理措施。为加强支付账户转账业务的风险管理,《非银行支付机构网络支付业务管理办法》对支付账户与银行账户之间的转账业务提出了具体要求:一是原则上,支付账户余额仅可回提至客户本人银行卡。二是综合评级较高且实名制落实较好的支付机构可以扩充支付账户转账功能,支付账户余额可以回提至他人银行卡,他人银行卡也可向支付账户充值。三是支付机构应按照客户意愿足额办理Ⅱ类或Ⅲ类支付账户余额回提至客户本人银行卡的业务,协助客户及时将支付账户余额回提为银行存款。

六是关于快捷支付业务的规定。快捷支付是支付机构和银行通过协议与客户约定,由支付机构代其向银行发送支付指令,直接扣划客户绑定的银行账户资金的支付方式。快捷支付以其开通简单、交易验证便捷的特点深受客户欢迎，已成为我国电子商务交易的主要支付方式之一。但是，在实践中，由于该业务涉及客户、支付机构及银行三方，权责关系相对复杂，一旦发生风险损失，客户维权困难。为此，《非银行支付机构网络支付业务管理办法》明确了支付机构和商业银行合作为客户提供快捷支付业务时，应当事先或在首笔交易时分别与客户建立清晰、完整的业务授权，同时明确约定扣款适用范围、交易验证方式、交易限额及风险赔付责任。《非银行支付机构网络支付业务管理办法》同时强调，银行是客户资金安全的管理责任主体，在后续交易时无论是由银行进行交易验证还是支付机构代为进行交易验证，银行均承担快捷支付资金损失的先行赔付责任。

七是支付机构分类监管制度。目前，国内支付机构众多，各机构在合规意识、风控能力、业务规模、服务水平等方面存在明显差异。为提升监管资源配置的科学性和监管效率，在加强风险防范的同时进一步支持支付机构开展业务创新，促进支付市场持续健康发展，中国人民银行按照“依法监管、适度监管、分类监管、协同监管、创新监管”的原则，建立支付机构分类监管工作机制。

第一，立足国内支付市场发展实际情况，根据支付机构的财务状况、经营能力、风险管控，特别是客户备付金管理等因素，确立分类监管指标体系，并持续组织开展支付机构分类监管工作。

第二，根据支付机构分类评级情况，在业务监管标准、创新扶持力度、监管资源分配等方面，对支付机构实施差别化管理，以扶优限劣的激励和制约措施充分发挥分类监管对支付机构经营管理的正面引导和推动作用。对于综合评级较高的支付机构，制定弹性和灵活性较高的监管措施，为其业务和技术创新发展预留充足空间；对于综合评级较低的支付机构，中国人民银行将集中监管资源依法重点监管，以加强风险防范、保障客户权益，维护市场稳定。

八是明确了分类监管措施。对于综合评级较高且实名制落实较好的支付机构，《非银行支付机构网络支付业务管理办法》在客户身份验证方式、个人卖家管理方式、支付账户转账功能、支付账户单日交易限额、银行卡快捷支付验证方式等方面，提升了监管弹性和灵活性：一是支付机构在开立Ⅱ类、Ⅲ类支付账户时，既可以按照“三个”“五个”外部渠道的方式进行客户身份核实，也可以运用各种安全、合法的技术手段灵活制定其他有效的身份核实方法，经评估认可后予以采用。二是对于从事电子商务经营活动、不具备工商登记注册条件的个人卖家，支付机构可以参照单位客户进行管理，以更好地满足个人卖家的支付需求，进一步支持电子商务发展。三是支付机构可以扩充支付账户转账交易功能，可以同时办理支付账户与同名银行账户之间、支付账户与非同名银行账户之间的转账交易。四是支付机构可以根据客户实际需要，适度提高支付账户余额付款的单日交易限额。五是在银行卡快捷支付交易中，支付机构可以与银行自主约定由支付机构代替进行交易验证的具体情形。

同时，《非银行支付机构网络支付业务管理办法》对综合评级较低、实名制落实较差、对零售支付体系或社会公众非现金支付信心产生重大影响的支付机构，增加了信息披露等义务，同时，中国人民银行将依法对其重点加强监管。

九是规定了风险管理措施。网络支付业务因依托公共网络作为信息传输通道，不可避免地面临网络病毒、信息窃取、信息篡改、网络钓鱼、网络异常中断等各种安全隐患，也面临欺诈、套现、洗钱等业务风险。为加强风险防范，切实保障客户合法权益，《非银行支付机构网络支付业务管理办法》从风险管理角度对支付机构提出了明确要求：一是综合客户类型、客户身份核实方式、交易行为特征、资信状况等因素，建立客户风险评级管理制度和机制，并动态调整客户风险评级及相关风险控制措施。二是建立交易风险管理制度和交易监测系统，对疑似风险和非法交易及时采取调查核实、延迟结算、终止服务等必要控制措施。三是向客户充分提示网络支付业务潜在风险，及时揭示不法分子新型作案手段，对客户进行必要的安全教育，在高风险业务操作前、操作中向客户进行风险警示。四是以“最小化”原则采集、使用、存储和传输客户信息，采取有效措施防范信息泄露风险。五是提高交易验证方式的安全级别，所采用的数字证书、电子签名、一次性密码、生理特征等验证要素应符合相关法律法规和技术安全要求。六是网络支付相关系统设施和技术，应当持续符合国家、金融行业标准和相关信息安全管理要求。七是确保网络支付业务系统及其备份系统的安全和规范，制定突发事件应急预案，保障系统安全性和业务连续性。

十是提出了客户权益保护措施。鉴于客户在网络支付业务中可能面临资金被盗、信息泄露等风险隐患，在维权过程中往往处于相对弱势的地位，为保障客户合法权益，《非银行支付机构网络支付业务管理办法》结合支付机构目前在客户权益保护方面存在的不足，明确了相关监管要求：一是知情权方面。要求支付机构以显著方式提示客户注意服务协议中与其有重大利害关系的事项，采取有效方式确认客户充分知晓并清晰理解相关权利、义务和责任，并要求支付机构增加信息透明度，定期公开披露风险事件、客户投诉等信息，加强客户和舆论监督。二是选择权方面。要求支付机构充分尊重客户真实意愿，由客户自主选择提供网络支付服务的机构、资金收付方式等，不得以诱导、强迫等方式侵害客户自主选择权；支付机构变更协议条款、提高服务收费标准或者新设收费项目，应以客户知悉且自愿接受相关调整为前提。三是信息安全方面。要求支付机构制定客户信息保护措施和风险控制机制，确保自身及特约商户均不存储客户敏感信息，并依法承担因信息泄露造成的损失和责任。四是资金安全方面。要求支付机构及时处理客户提出的差错争议和投诉，并建立健全风险准备金和客户损失赔付机制，对不能有效证明因客户原因导致的资金损失及时先行赔付，要求支付机构对安全性较低的支付账户余额付款交易设置单日累计限额，并对采用不足两类要素进行验证的交易无条件全额承担客户风险损失赔付责任。

（三）《国务院办公厅关于印发互联网金融风险专项整治工作实施方案的通知》

为贯彻落实党中央、国务院决策部署，鼓励和保护真正有价值的互联网金融创新，整治违法违规行为，切实防范风险，建立监管长效机制，促进互联网金融规范有序发展，国务院办公厅于2016年4月12日发布了《国务院办公厅关于印发互联网金融风险专项整治工作实施方案的通知》（国办发〔2016〕21号）。该通知是互联网金融整治工作的牵头文件，明确了包括P2P网络借贷、股权众筹、第三方支付等在内的互联网金融子行业的整治机制，旨在更好地规范和引导互联网金融行业的健康发展，表明互联网金融行业的规范步伐提速。该通知主要内容如下：

第一，明确了工作目标和原则。落实《指导意见》要求，规范各类互联网金融业态，优化市场竞争环境，扭转互联网金融某些业态偏离正确创新方向的局面，遏制互联网金融风险案件高发频发势头，提高投资者风险防范意识，建立和完善适应互联网金融发展特点的监管长效机制，实现规范与发展并举、创新与防范风险并重，促进互联网金融健康可持续发展，切实发挥互联网金融支持大众创业、万众创新的积极作用。工作原则包括：打击非法，保护合法；积极稳妥，有序化解；明确分工，强化协作；远近结合，边整边改。

第二，明确了四大重点整治问题和工作要求。关于P2P网络借贷和股权众筹业务整治，《国务院办公厅关于印发互联网金融风险专项整治工作实施方案的通知》要求：(1)P2P网络借贷平台应守住法律底线和政策红线，落实信息中介性质，不得设立资金池，不得发放贷款，不得非法集资，不得自融自保、代替客户承诺保本保息、期限错配、期限拆分、虚假宣传、虚构标的，不得通过虚构、夸大融资项目收益前景等方法误导出借人，除信用信息采集及核实、贷后跟踪、抵质押管理等业务外，不得从事线下营销。(2)股权众筹平台不得发布虚假标的，不得自筹，不得"明股实债"或变相乱集资，应强化对融资者、股权众筹平台的信息披露义务和股东权益保护要求，不得进行虚假陈述和误导性宣传。(3)P2P网络借贷平台和股权众筹平台未经批准不得从事资产管理、债权或股权转让、高风险证券市场配资等金融业务。(4)房地产开发企业、房地产中介机构和互联网金融从业机构等未取得相关金融资质，不得利用P2P网络借贷平台和股权众筹平台从事房地产金融业务；取得相关金融资质的，不得违规开展房地产金融相关业务。

关于通过互联网开展资产管理及跨界从事金融业务整治，《国务院办公厅关于印发互联网金融风险专项整治工作实施方案的通知》要求，互联网企业未取得相关金融业务资质不得依托互联网开展相应业务，开展业务的实质应符合取得的业务资质；未经相关部门批准，不得将私募发行的多类金融产品通过打包、拆分等形式向公众销售；金融机构不得依托互联网通过各类资产管理产品嵌套开展资产管理业务、规避监管要求；同一集团内取得多项金融业务资质的，不得违反关联交易等相关业务规范。

关于第三方支付业务整治，《国务院办公厅关于印发互联网金融风险专项整治工作实施方案的通知》要求：(1)非银行支付机构不得挪用、占用客户备付金,客户备付金账户应开立在中国人民银行或符合要求的商业银行。中国人民银行或商业银行不向非银行支付机构备付金账户计付利息,防止支付机构以“吃利差”为主要盈利模式,理顺支付机构业务发展激励机制,引导非银行支付机构回归提供小额、快捷、便民小微支付服务的宗旨。(2)非银行支付机构不得连接多家银行系统,变相开展跨行清算业务。非银行支付机构开展跨行支付业务应通过人民银行跨行清算系统或者具有合法资质的清算机构进行。(3)开展支付业务的机构应依法取得相应业务资质,不得无证经营支付业务,开展商户资金结算、个人POS机收付款、发行多用途预付卡、网络支付等业务。

关于互联网金融领域广告等行为整治,《国务院办公厅关于印发互联网金融风险专项整治工作实施方案的通知》要求,互联网金融领域广告等宣传行为应依法合规、真实准确,不得对金融产品和业务进行不当宣传。未取得相关金融业务资质的从业机构,不得对金融业务或公司形象进行宣传。取得相关业务资质的,宣传内容应符合相关法律法规规定,需经有权部门许可的,应当与许可的内容相符合,不得进行误导性、虚假违法宣传。

第三,明确了整治措施。《国务院办公厅关于印发互联网金融风险专项整治工作实施方案的通知》要求综合运用严格准入管理、强化资金监测、建立举报和“重奖重罚”制度、加大整治不正当竞争工作力度、加强内控管理和用好技术手段等各类整治措施,提高整治效果。

《国务院办公厅关于印发互联网金融风险专项整治工作实施方案的通知》发布后,各相关部门紧随其后密集发布各互联网金融子行业的整治细则,例如,《国家工商行政管理总局、中央宣传部、中央维稳办等关于印发〈开展互联网金融广告及以投资理财名义从事金融活动风险专项整治工作实施方案〉的通知》《证监会、中央宣传部、中央维稳办等关于印发〈股权众筹风险专项整治工作实施方案〉的通知》《中国保监会、中央宣传部、中央维稳办等关于印发〈互联网保险风险专项整治工作实施方案〉的通知》《中国银行业监督管理委员会等十五部委关于印发〈P2P网络借贷风险专项整治工作实施方案〉的通知》和《教育部办公厅、中国银监会办公厅关于加强校园不良网络借贷风险防范和教育引导工作的通知》等。此外,安徽、广东、福建、北京、上海、河南、吉林、江苏、内蒙古、陕西、山东、黑龙江、海南等地方纷纷出台本省、市的互联网金融风险专项整治工作实施方案。

(四)促进互联网金融发展的地方政策

2016年年度,吉林、江西、大连、西安、萍乡、新乡等省、市以地方规范性文件的形式出台了促进互联网金融发展的地方政策,个别地方出台了促进众筹发展的地方政策。

(五)互联网金融行业自律规范

中国互联网金融协会于2016年10月28日正式发布《互联网金融信息披露个体网络借贷》标准(T/NIFA 1－2016)和《中国互联网金融协会信息披露自律管理规范》。

《互联网金融信息披露个体网络借贷》标准(T/NIFA 1－2016)定义并规范了96项披露指标,其中强制性披露指标逾65个、鼓励性披露指标逾31项,分为从业机构信息、平台运营信息与项目信息三个方面,以期通过信息披露使行业达到"三个透明",即通过披露从业机构、年度报表、股东高管与平台经营等信息,达到机构自身透明;通过披露资金存管、还款代偿等信息,达到客户资金流转透明;通过披露借款用途、合同条文、相关风险以及借款人信用等信息,达到业务风险透明。《中国互联网金融协会信息披露自律管理规范》分为总则、信息披露管理与责任、信息披露方式和要求、奖惩、附则5部分内容,对经发现确认为违规的信息披露行为将依据相关条例实施自律惩戒。

第九章　民间金融国内立法趋势和完善建议

一、民间金融法制化程度不断提高

随着我国经济的快速发展，资金供需矛盾日益突出，民间金融市场更趋活跃，呈现主体全民化、形式多样化、取息暴利化、规模扩张化、纠纷复杂化和创新速度快等特征。目前，规范我国民间金融活动的政策较多而法律规定较少，存在诸多立法空白，从而给民间金融留下很大的不确定性和"灰色地带"，不利于民间金融市场的健康发展。从发达国家经验来看，将民间金融纳入法制化和规范化轨道是促使其健康发展的必然趋势。

二、民间金融监管规则不断完善

随着近年来民间金融的快速发展，民间金融的规模日益庞大，民间金融风险日益增大，民间金融活动的监管规则必将不断完善。

关于互联网金融监管，为了规范互联网金融的发展和防范互联网金融风险，目前，中国人民银行、保监会、银监会等国家相关部门已出台互联网支付、互联网保险和网络借贷领域的监管细则，今后股权众筹融资、互联网基金销售、互联网信托、互联网消费金融等互联网金融其他业态的监管规则也将陆续出台。

关于信托监管，随着慈善信托相关法律的颁布，目前，民政部等国家相关部门制定了慈善信托的监管框架，未来将进一步出台慈善信托的监管细则。而随着北京率先出台慈善信托管理办法，山东等地也在积极制定本地的慈善信托管理办法。此外，为了防范信托公司风险，银监会等国家相关部门今后将会加强制定信托公司风险防范方面的监管规则。

关于私募监管,证监会表示将从以下方面完善私募基金监管:一是尽快推动出台《私募投资基金管理暂行条例》,为私募股权基金等非证券基金纳入监管奠定基础;二是尽快修订并发布《私募投资基金监督暂行办法》,明确监管边界;三是制定出台私募基金信息统计和风险监测指标体系,实现对私募基金风险的全方位监测;四是加强私募基金事中事后监管;五是指导基金业协会完善相关自律规则;六是配合地方政府开展私募基金领域非法集资风险排查;七是严格投资者适当性管理要求,加强投资者教育,培育私募特色的投资文化。

三、民间金融行业自律规则不断完善

相对于正规金融而言,民间金融受到的政府监管较少,因而更加依赖于行业自律。

在互联网金融领域,随着2016年年度互联网金融协会的成立,新出台了互联网金融信息披露方面的自律规则,今后将会陆续出台更多的互联网金融行业的自律性规则。

在私募领域,自律性行业规则处于不断完善之中,2016年年度中国证券投资基金业协会已出台内部控制、合同指引、募集行为、信息披露等方面的配套监管细则,未来还将陆续出台私募基金登记备案、私募基金管理人从事投资顾问业务、私募基金托管业务、私募基金外包服务业务等方面的监管规则。

四、民间金融裁判规则不断完善

随着《最高人民法院关于审理民间借贷案件适用法律若干问题的规定》(2015年)的颁布和民间借贷纠纷的高发态势,浙江、安徽、北京、上海、深圳、重庆等地高级人民法院先前发布的民间借贷地方裁判规则已难以适应当前审判需要。2016年四川省高级人民法院和江苏省高级人民法院率先出台了审理民间借贷纠纷的地方裁判规则,今后其他民间借贷高发地区的法院也将陆续出台新的审理民间借贷纠纷的地方裁判规则。

五、民间金融机构立法不断完善

随着融资担保公司、小额贷款公司、民间资本管理机构、民间融资登记机构、互联网金融机构等新兴民间金融机构数量的增长和规范化发展需求的增强，民间金融机构的专门立法或相关立法必将提上立法日程，总体趋势是由地方性立法为主转变为全国性立法，立法效力层次不断提高。

关于《融资担保公司条例》，已于 2015 年正式发布了征求意见稿，已连续写入国务院 2015 年、2016 年和 2017 年立法计划。为了推进全面深化改革，加强对融资担保公司的监督管理，规范融资担保行为，促进融资担保行业健康发展，建议尽快出台融资担保公司条例。

关于《非贷款类放贷组织条例》，已于 2015 年正式发布了征求意见稿，已连续写入国务院 2015 年、2016 年立法计划。为了促进信贷市场健康发展，规范非贷款类放贷组织经营行为，公平保护借贷当事人的合法权益，建议尽快出台非贷款类放贷组织条例。

关于《信托公司管理条例》，已连续写入国务院 2015 年、2016 年立法计划。建议尽快出台《信托公司管理条例》，以适应新时期信托业监督管理需求，形成新时期信托行业治理体系。此外，随着中国信托登记有限责任公司于本年度成立，建议尽快出台《信托登记管理办法》，以明确信托登记的原则、信托登记主体、信托登记的内容和流程、信托受益权账户管理、信托登记的管理等。

关于《典当业管理条例》，已写入国务院 2015 年立法计划。为了规范典当活动，加强对典当业的监督管理，促进典当业健康发展，建议尽快出台《典当业管理条例》。

关于《私募投资基金管理暂行条例》，已连续写入国务院 2016 年、2017 年立法计划。建议尽快出台《私募投资基金管理暂行条例》，加快形成职权清晰、分工合理、标准统一的业务监管体系，全面加强监管，坚决查处触碰底线的行为，及时清除害群之马，强化扶优限劣导向，为行业管理创造良好的秩序。

此外，民间资本管理机构和民间融资登记机构主要是地方立法，随着各地民间融资机构数量的增长，今后有望出台全国性立法；股权投资机构和互联网金融机构等主要是部门立法，效力层次有待提高。

六、民间金融促进政策不断完善

在股权投资领域，一方面，促进社会股权投资的地方政策将继续出台;另一方面,促进创业投资基金发展的部门政策也将不断完善。例如,为充分发挥创业投资基金支持创新创业、支持高新技术和中小微企业发展、服务实体经济的作用,证监会表示将积极推动相关促进政策。一是与财税部门沟通,推动为各类私募基金创造公平的税收环境,并在此基础上完善、细化创业投资基金税收优惠政策。二是在风险可控的前提下,推动进一步提高保险资金和全国社保基金投资私募股权基金的比例,鼓励企业年金和各类公益基金等长期资本投资创业投资基金。三是鼓励创投机构开发符合创新需求的金融产品,研究发行股债结合型产品,提高创投机构的募资能力。

在互联网金融领域,尽管 2016 年年度国家相关部门出台了诸多互联网金融风险防范和整治的措施,但这些措施并非旨在抑制互联网金融的发展,而是旨在规范和保障互联网金融的健康发展。因此,今后促进互联网金融健康发展的地方性政策依然会陆续出台。

第三编　民间金融域外法制的改革与发展

“互联网+”对金融体系的冲击越发显著，除众筹、P2P之外，互联网保险、虚拟货币、区块链等现象在2016年开始成为日常话题。自2013年、2014年集中立法以来，英国、德国等国家的互联网金融法律制度开始调整。2016年的互联网金融法制发展的主要特点在于，一方面，进一步放松筹资者的筹资额度上限，提高一般投资者的投资额度；另一方面，则开始强化对投资者的保护，尤其是风险提示和信息披露。总地来说，不少国家的互联网金融法律制度在努力实现资本效率和投资者保护之间的微妙平衡，各个国家有关互联网金融的制度正在逐步融合。在2017年各个国家相互借鉴学习的步伐应该会强化，过于严苛的制度可能会放松管制，过于宽松的融资体系则可能受到适当控制。而类似于虚拟货币、区块链等新现象在未来有可能成为立法者关注的焦点。

在信托、私募、民间借贷方面，2016年并没有看到重要的制度调整。基于信息的有限收集和资料获得的不均衡，对我国台湾地区信托制度的整理发现，从弱势投资者保护到广告宣传，相关制度设计日趋精细化；而来自于美国、欧盟等国家的私募法制发展则表明，信息披露、利益冲突规避、风险揭示等旨在保护投资者的制度设计是目前法律制度调整的重心。

第十章　域外互联网金融法制的新发展[①]

一、域外众筹的法制发展

（一）欧洲众筹的法制发展

欧盟迄今尚无全面规范众筹的法律，[②]但欧盟议会在2016年年底通过的法令则放松了股权众筹融资信息披露的额度要求。欧盟议会认为，完整起草一份招股说明书的成本过于昂贵，为帮助中小企业融资，该地区无须提供股权说明书的股权众筹融资的上限将从500万欧元提高到800万欧元。

英国的众筹发展较早、规模亦最大、相关的监管制度亦推进得较早。[③] 英国金融行为监管局为此还提出“沙盒监管”（regulatory sandbox）的概念，适当放松参与实验的创新产品和服务的监管约束，为金融科技、新金融等新兴业态提供“监管实验区”。2015年11月金融行为监管局向英国财政部递交了有关开展沙盒监管可行性和实用性的报告，详尽说

---

① 本章的资料梳理部分参考未央网。

② 目前欧盟虽没有针对众筹出台专门的指令，但已在多个文件中提到了对众筹在欧洲发展的期望。如2013年欧盟出台的《企业家精神2020行动计划》（Entrepreneurship 2020 Action Plan）中提出支持众筹发展并要求各国评估对众筹的监管问题，同一年欧盟委员会又发出咨询稿向众筹参与方、学者及政府等对众筹的监管咨询意见并于2014年3月就各方意见做了概要报告。

③ 在2013年10月，英国金融行为监管局（Financial Conduct Authority，FCA）发布了《关于众筹平台和其他相似活动的规范行为征求意见报告》，这对规范众筹业务提出了若干的监管建议。2014年FCA发布对众筹的监管细则——《互联网众筹以及通过其他媒介发行不易变现证券监管规则》，在该FCA规则出台之前，英国众筹主要根据《2000年金融服务与市场法》以及广告法来规制。参见岳彩申主编：《2014年民间金融法治发展报告》，法律出版社2015年版，第145页。

明了沙盒监管的具体实施。① 而在2016年,英国金融行为监管局(Financial Conduct Authority,FCA)收到了69个公司的沙盒监管申请,最终批准了19个公司的申请。另外,由于英国金融行为监管局在2014年发布的《众筹监管规则》已实施生效2年多,英国金融行为监管局开始重新审查现有的监管规则,以确定进一步的修改方向。2016年年底,英国金融行为监管局发布了现行监管的评估报告。报告指出,现有的部分监管规则需要调整。目前的众筹产品过于复杂和不明确,一些公司的信息披露较为滞后,加大了投资者的信息甄别成本,阻碍了对投资平台、投资项目的风险与收益评估。债权众筹存在监管套利的行为,误导了潜在的投资者。而股权众筹产品同样有较大的不确定性,特别是平台监管和资金筹集管理有较大的风险。英国金融行为监管局认为,需要进一步强化投资者保护,对众筹予以更严格的监管。为此,英国金融行为监管局在2016年开始着手调整众筹市场监管政策,相关规则在2017年可能会被予以调整。②

法国的众筹监管政策在2016年同样发生了调整。③ 法国首例众筹监管条例发布于2014年10月。2016年3月,法国启动了第二轮改革计划,旨在扩大通过众筹所获证券与贷款规模,最终的修改方案在2016年10月发布并生效。新的规定将在法国金融市场与证券管理机构——法国金融市场管理局注册为投资咨询公司的众筹平台可支持的项目股权众筹上限提至250万欧元,而此前的融资限额为100万欧元。同时,众筹形式进一步多样化,包括优先股、可转换债券等。同时,也提高了单个投资者的投资上限,即将原先每个投资人对每个项目投资1000欧元的有息投资及4000欧元的无息投资限额,分别调整为2000欧元及

---

① See FCA, Regulatory sandbox, Accessed March 20, 2017. https://www.fca.org.uk/publication/research/regulatory-sandbox.pdf.

② See FCA, Interim feedback to the Call for Input to the post-implementation review of the FCA's crowdfunding rules, Accessed March 20, 2017. https://www.fca.org.uk/publications/feedback-statements/fs16-13-interim-feedback-post-implementation-review-crowdfunding-rules.

③ 由于法国众筹机构的具体业务和运作形式多样,因此往往涉及法国金融审慎监管局(The Autorité de contrôle prudentiel et de résolution, ACPR)和法国金融市场监管局(Autorit e des March e s Financiers, AMF)两个监管部门的监管。

5000欧元。①

芬兰的众筹法案在2016年9月1日正式生效。该法案规定,众筹融资平台只需要符合一定的条件且在金融监管局注册即可,不再需要取得投资公司牌照。在放松监管的同时,芬兰的众筹法案也强化了对投资者的保护,如众筹平台和众筹项目方都负有披露特定信息的义务。此外,使用注册制的众筹平台的业务和资金管理也受到限制,注册的众筹平台不能为证券交易所上市的企业提供融资服务,与股权和债权相关的资金流动只能与持牌银行或者投资公司合作进行。此外,芬兰的众筹法案只涉及股权众筹,回报型众筹则受《消费者权益保护法》管理,公益众筹只有在获得警方给予的特许后才是合法的。

（二）美国众筹的法制发展

2012年美国国会通过的《乔布斯法案》(Jumpstart Our Business Startups Act, JOBS)让非合格投资者投资众筹合法化。但由于美国证监会(The U. S. Securities and Exchange Commission, SEC)的拖延,这项法案直到2016年5月才生效。在此之后,大量资金先后进入众筹行业。美国在2016年有关众筹的法制变革主要是允许公司从州内投资者处筹资,不必在联邦层面登记其报价和销售情况。根据证券法新规147A和147修订法案,首先是要求发行人需要从每个买家获得关于居住权的书面陈述,以表面存在"合理信任"。其次是对募资的转售限制,自发行人出售给买方之日起6个月内,发售人不能对本国家或地区居民转售。

（三）澳大利亚众筹的法制发展

2014年年底,澳大利亚政府就发布了关于股权众筹的征求意见稿,该议案公开接受评论的最后期限是2016年1月29日。② 但该法案由于冗长而有争议的立法程序,加之澳大利亚严格的金融监管体系,该法案的通过被一再推迟。2016年年底,澳大利亚议会通过了公司法修正案,该法案确认了众筹的合法地位,并减免了投资者的信息披露义务和公司治理要求。当然,该法案同样试图平衡降低资金募集的成本和投资者保

① 参见《法国第二轮众筹监管改革正式生效融资上限再度提高》,载未央网:http://www.weiyangx.com/214803.html,最后访问日期:2017年3月20日。

② See Crowd-Sourced Equity Funding, Accessed March 20, 2017. http://www.treasury.gov.au/Consultations and Reviews/Consultations/2014/Crowd-sourced-Equity-Funding.

护之间的矛盾。因而,该法案设立了项目参与者门槛。发行投资项目的企业必须是澳洲企业,在发行投资项目当时的总资产须少于2500万澳元,年收益也须少于2500万澳元。股票发行方在12个月的时间内能够筹得的最高资金为500万澳元。而在投资者方面,法案区分了两个层次的投资者:普通投资者和专业投资者,并对普通投资者提供了一些额外保护措施,在12个月的时间内,普通投资者在每个平台每个项目上的投资总额不得超过1万美元,同时他们可享有48小时的冷却期,冷却期间可以撤销投资。此外,澳大利亚新规还特别强化了平台的中介义务,要求众筹平台必须对股票发行者进行符合一定标准的检查,如果股票发行企业的董事或工作人员被认为品行不端,那么,该平台将不会列出相应的投资项目。为防止利益冲突,平台收取的相关费用亦需要明示。①

(四)新加坡众筹的法制发展

新加坡在2016年强化了对众筹平台的监管。2016年6月8日,新加坡金融管理局(Monetary Authority of Singapore, MAS)征询公众意见之后,发布了众筹监管文件新规,开始向散户投资者提供行业指导意见和安全保障措施。首先,根据新规,所有在新加坡注册或运营的信贷或股权众筹平台必须要先获得营业许可,在获得金融管理局的许可之后才能面向散户投资者开展业务。其次,新加坡金融管理局将业务仅面向授信投资者和机构投资者的众筹平台的资金基础下限从25万新加坡元降至5万新加坡元,并取消了提供10万新加坡元的担保存款的要求,但这些平台不得处理或持有客户资金、资产或仓位,不得作为客户的委托人。考虑到公众的反馈意见,新加坡金融管理局也将众筹平台的最低操作风险要求降至5万新加坡元。最后,新加坡金融管理局放松投资者检验要求,期望检验潜在投资者的知识和经验,以及考虑投资目标、风险承受能力和财务手段对投资者的适合性,如果在以前的知识或经验测试或适宜性检验过程中对投资者提供的信息或回应有任何重大变更,则证券众筹

① See Corporations Amendment Crowd-sourced Funding Bill 2016, Accessed March 20, 2017. http://parlinfo.aph.gov.au/parlInfo/download/legislation/bills/r5766_first-reps/toc_pdf/16179b01.pdf;fileType=application%2Fpdf#search=%22legislation/bills/r5766_first-reps/0000%22.

平台运营商必须在投资者进行众筹投资之前再次对投资者进行检验。与此同时，新加坡金融管理局将强化风险披露要求，众筹平台需要对包括证券众筹在内的产品定期向投资者发送投资警报，保证投资者了解自身行为的潜在风险。①

（五）我国台湾地区众筹的法制发展

我国台湾地区的股权众筹引进较晚、规模亦较小，金融监督管理委员会在2016年的改革方向是放松管制，从而提高我国台湾地区股权众筹平台经营的灵活性。2016年我国台湾地区股权众筹改革的内容主要包括：①提高了资金需求者通过政策筹集资金的上限。之前的规定要求一家公司每年通过股权众筹筹集的金额不能超过1500万新台币，新的规定则将该限额调整为3000万新台币。②允许股权多样化。早些的规定要求资金需求者在股权众筹平台只能提供普通股股票，新规则准许提供不具债务特性的优先股股票。③放松广告限制。之前的规定禁止股权众筹平台通过任何推广或广告的形式吸引某些公司，新规则准许股权众筹平台从事广告活动和招商活动，以吸引各家公司在其平台上进行股权众筹。不过，新规也严禁广告内容涉及任何信息预测，不能误导潜在的投资者。并要求任何市场推广都应当有音频或者视频的完整记录，该记录应该至少保存5年时间。

二、域外P2P的法制发展

（一）美国P2P的法制发展

自2008年起，美国证券交易委员会就认定通过P2P贷款机构发行的票据是证券，必须在该机构进行登记。② 由此，美国政府正式开启对P2P行业的监管。根据法规要求，P2P公司运营必须遵循一系列关于透明度和消费者保护的联邦和州证券法。

---

① Response to Feedback Received-Facilitating Securities-Based Crowdfunding, Accessed March 20, 2017. http://www.mas.gov.sg/~/media/MAS/News%20and%20Publications/Consultation%20Papers/Crowdfunding/Response%20to%20Feedback%20Received%20%20Facilitating%20Securitiesbased%20Crowdfunding.pdf.

② 2008年美国证券交易委员会（The U. S. Securities and Exchange Commission, SEC）要求P2P公司将其发标作为证券登记，接受美国《1933证券法》的监管。

美国政府没有对 P2P 出台专门的法律法规,而是采取在现有体制下进行分层监管。除了在美国证券交易委员会(The U. S. Securities and Exchange Commission,SEC)登记外,公开发行证券还需要取得各州的许可证,联邦机构如联邦贸易委员会(Federal Trade Commission,FTC)、联邦存款保险公司(Federal Deposit Insurance Corpora tion,FDIC)及各州政府都会对 P2P 借贷行业进行监管。此外,P2P 借贷业务还涉及消费金融,消费者金融保护局(Consumer Financial Protection Bureau,CFPB)也会对 P2P 借贷平台进行行为监管。

在美国多层次的监管体系下,P2P 网贷公司需要承受繁重的监管成本,同一家公司为了经营同一个项目需要在包括美国证券交易委员会、数 10 个州在内的多个不同监管部门重复登记,而且,每个州的监管标准还不同。除此之外,P2P 网贷平台还需要受到大量与消费者贷款和电子商务有关的法规约束,其中一些法规直接约束 P2P 平台,如《真实贷款法案》要求 P2P 网贷平台及时披露贷款申请内容,而另一些法规通过规范和平台合作机构的行为来规范网贷市场的发展。

美国证券交易委员会最终确定在 2015 年 10 月通过了《JOBS 法案》,在修正案中,美国证券交易委员会向普通投资人开放了股权众筹市场,其中补充添加了许多 P2P 行业监管细则。《JOBS 法案》还包含了一类新的 P2P 企业或众筹平台的规定。这类企业被称为"新兴成长型企业",年收入必须不得高于 10 亿美元。《JOBS 法案》对这些新兴成长型企业给予一些特殊优惠,如减少证券招股说明书中通常所需的财务信息披露,没有对财务报告提供的内部控制审计师认证(《萨班斯—奥克斯利法案》所要求),可以选择新的或修订的会计程序(当完成时)。一个新兴的成长型公司还可以在信息保密的基础上向美国证券交易委员会提交其初次登记表,使发行人能够解决再向大众公开致歉,根据最初的美国证券交易委员会的工作人员的意见进行修改。

(二)英国 P2P 的法制发展

作为 P2P 借贷的发源地,英国以其立法监管与行业自律规则相结合的管理模式为P2P行业的健康发展提供了重要保障。[①] 而P2P金融协会(The UK Peer to Peer Finance Association,P2PFA)作为英国P2P行业自律的主要机构,其内部制定的章程与操作原则对P2P平台进行了详细规范,弥补了法律和监管空白,促进了行业的健康发展,这是英国P2P平台经营规范的重要组成部分。作为行业自律协会,P2P金融协会对于内部会员的管理制定了具体的规则,主要包括P2PFA内部治理章程、P2PFA协会原则与P2PFA会员资格标准三大部分。P2PFA内部治理章程主要对协会内部的原则性与程序性事宜进行了规范,协会原则具体对会员行为作出了明确的原则性要求,而会员资格标准则是特定P2P平台是否能成为P2P金融协会会员并受其监管需要满足的具体条件。以上3个部分互相补充,成为行业自律规则比较完整的配套制度。

具体而言,P2P金融协会的内部治理章程涉及章程名称、相关概念、协会宗旨与活动范围、会员、董事会、经营原则等共计14条。其中比较重要的内容是协会宗旨与活动范围的规定。P2P金融协会会员资格标准分为两个部分:其一是会员需具备的资格;其二是新会员的申请过程。协会原则,对会员的外部行为作出原则性要求,包括高层次原则和具体运营原则。高层次原则对会员的所有对外行为进行了概括性规范,包括专业技术与能力、诚信经营、透明化运营以及相关承诺等。而具体运营原则提出了判定符合高层次原则需要满足的具体标准。

(三)马来西亚P2P的法制发展

2016年4月,马来西亚证券监督委员会修改了相关市场准则,在明确了P2P运营合法性的同时,也将对P2P行业施以更加严格的监管措施。

根据相关规定,马来西亚对P2P行业的主要监管机构是证券监督委员会。为了保证P2P借贷能够系统运营,且不影响金融系统的正常运转,马来西亚证券监督委员会为平台运营者列出了一份严格的义务清

---

① 以P2P为代表的新型融资在英国被称为另类金融(Alternative Finance)。在2013年10月,英国金融行为监管局发布的《关于众筹平台和其他相似活动的规范行为征求意见报告》的基础上,2014年3月,FCA发布了《关于网络众筹和通过其他方式发行不易变现证券的监管规则》对P2P平台的最低资本、客户资金管理、投资标的的流转,信息披露、合格投资人等各方面都进行了细致的规定。

单。比如,平台需要是一个企业实收资本不低于500万马来西亚令吉(约121.2万美元)的企业实体。此外,平台运营者还需要进行风险评估系统,对贷款人进行风险评估并将该进程制度化,以避免贷款人拖欠借款。此外,还有很多补充条款,如运营者需要监控和执行反洗钱合规机制。尽管投资者提供的、最终还给投资者的资金是在当地合规金融机构里受信任的账户中存放的,但这项规定仍然显示了马来西亚在打击洗钱方面的决心。另一个可选方案为证券监督委员会在反洗钱合规中服从于获取、返还资金的当地金融机构,将监控合规的任务交给马来西亚中央银行。

和其他法律管辖区不同,在马来西亚,只有当地的股份有限公司(个人独资、合伙制、有限责任合伙、私人有限和非上市公众公司)可以在P2P平台上注册为借款人。外国的企业实体如果想要获得资格,需要在马来西亚创建子公司。

(四)印度P2P的法制发展

按照惯例,P2P借贷应当归入印度储备银行(Reserve Bank of India,RBI)的管辖范围。然而,P2P公司在印度属于新型非银行金融机构(Non-bank financial institution,NBFC),这意味着它将同时受到印度证券交易委员会(Securities and Exchange Board of India,SEBI)的制约。印度方面始终没有给出明确答复,结束印度P2P公司监管权归属的争议。此前,印度证券交易委员会曾于2014年出台过有关众筹的草案,其中包括一些印度P2P行业发展监管的相关指导意见,不甚成熟但为最早。

2016年4月,印度中央银行又一次就P2P行业的发展与监管问题征询社会各方意见,并公布《P2P意见咨询书》(以下简称《咨询书》)。《咨询书》提出的建议仅涉及现存的P2P贷款平台,并对印度众筹和P2P的定义、目的、范围进行了规定。

根据《咨询书》规定,监管范围内所允许的活动主要包括:

(1)考虑到目前发展的阶段,平台只能作为中介起到登记作用——仅限于把借款人和贷款人联系在一起,而不能进行直接的贷款,这一项将在其资产负债表的借贷关系中得到体现。

(2)P2P平台直接或间接给予任何保证回报的行为都是被禁止的。

(3)平台将被允许对现时借款人和贷款人的资信和适用性进行合理的调查。

(4)强制要求资金直接从贷款人的银行账户转移到借款人的银行账户,以避免洗钱的嫌疑。

(5)禁止居民和非居民之间的任何跨境交易行为。

另外,在审慎性的前提下,P2P平台被要求有2亿卢比的最低资本,以避免平台滥用资金或是杠杆比率扩大的现象。为最大限度保证贷款人利益,对借款人的审慎限额或活动的金额也可以被指定,即限定借款人的最高借款金额。在公司治理方面,指导方针将包括对P2P平台发起人、董事及首席执行官的适当标准,建议有金融业背景的董事会成员能够占据一定比例,可以要求管理平台的业务人员在该国境内驻扎。同时,还对相关平台作出一定要求:该平台需要平稳运行相关的风险管理系统,用于数据库表一级数据备份的工具(Basic Control Program,BCP)和备份的数据需要被用于协定/检查等。托管方应当安排有可执行的替代计划,并在该平台发生故障时出面进行继续操作;大多数印度经营的平台提供了一个信用评分,使用其定制的算法对借款人进行评级,通过透明操作、数据机密性和信息披露来保证借款人和贷款人的交易公平。P2P借贷平台禁止以某种形式返回利润到贷款人账户,并将授权运营商适当的申诉机制,以应对来自借贷双方的投诉、完成对董事会的报告;为协助监控,平台将需要定期提交财务状况报告,银行等金融机构可提出一个详细的报告要求。

三、其他类型的法制发展

(一)域外第三方支付法制发展

美国属于典型的判例法国家,美国国会并未对第三方支付单独起草独立的监管法案,因而主要靠法院的判例法来规制。[①] 根据美国金融危

① 早在电子支付工具出现之前,美国多数州已存在监管货币服务商的法律,主要规范纸质支票销售等业务。在20世纪90年代诸如预付卡这类电子支付工具出现之后,美国一些州开始修订或重新解释货币服务法,将新兴电子支付业务纳入原有法律框架中。为促进州法的统一,特别是在美国国会制定1994年《洗钱防制法》(Money Laundering Suppression Actof 1994)时建议统一州法对非存款类金融服务商的监管的背景之下,美国统一州法全国委员会(USA National Conference of Commissioners on Uniform State Laws)开始制定《统一货币服务示范法》(Uniform Money Services Act)。该法于2004年完成最终修订,核心是建立市场准入许可制度,为各州进行货币服务监管提供示范,各州可完全或部分采纳该示范法的规定。截至2016年3月,已有9个州和地区(美国属地)采用了该示范法。

机后《美国金融监管改革法案》(Dodd-Frank Act)所确立的新的金融监管框架,第三方支付在法律上并不属于银行的范畴,因而未被纳入常规的金融监管的框架体系下。根据美国监管部门的定义,贝宝(PayPal)第三方支付平台并未直接处理其平台托管的用户资金,例如,类似银行一样将客户的存款用于资金的放贷用途等,因而不属于银行范畴,但由此会产生沉淀资金的处置问题和监管问题。美国监管机构认为,贝宝每个会计年度内的平台资金必须交第三方机构托管,这一做法是为了防止第三方支付平台擅自挪用客户的沉淀资金,降低第三方支付的金融违约风险。

欧洲各国电子商务的发展程度不一,瑞典、丹麦、芬兰和挪威等北欧国家处于领先发展地位,英国、德国、法国和其他中欧国家发展居中,意大利、希腊等南欧国家相对滞后。欧盟通过对支付媒介的规定实现对第三方支付公司的监管。任何公司需要获得银行执照或者电子货币公司执照后,通过商业银行货币或者电子货币这两种媒介开展支付业务。欧盟具体制定颁布了《电子货币指引》《电子签名共同框架指引》和《电子货币机构指引》,[①]规定只有传统信用机构和受监管的新型电子货币机构在同时满足在中国人民银行存有大量资金和取得相关金融部门颁发的营业执照后才有权利发行电子货币。同时,3部“指引”也能对电子货币机构的大部分电子支付工具,包括支付网关及虚拟账户等起到规范作用。

2016年年初,由俄罗斯财政部副部长牵头,俄罗斯有关方面提出了一项比特币使用惩罚条规,并希望在国家杜马议会上予以通过。然而到了7月,俄罗斯的数字货币立场出现了动摇,随后出台的一项比特币禁令修正案允许用户在俄罗斯境内购买数字货币。按照原定的禁令,任何在俄罗斯境内进行的比特币交易都将受到处罚,罚金最高可达3.8万美元。这一政策的转变,说明俄罗斯终于开始接纳数字货币了。

① 欧盟在2009年新发布的《电子货币指引》中提出,电子货币是在电子设备(含磁条)中储存的货币价值,代表对发行人的求偿权,需满足3个条件,即存储于电子设备中;用于《支付服务指引》规定的支付交易;可以被发行人之外的实体接受。

在亚洲地区，日本的第三方支付行业领先发展。① 日本电子商务能够快速发展不仅源于其企业间纽带关系，也因其具有完善的基础设施。一方面，日本企业在长期经营中形成了以大企业为核心，中小企业群围绕的共生体系，大企业凭借雄厚的资本和技术积极推进电子商务，同时也带动大批中小企业与其一并发展。另一方面，日本传统的零售配送系统成功解决了电子商务配送和支付问题，这些为日本第三方支付产业发展创造了良好条件。新加坡电子商务在发展中政府发挥了积极作用，尤其在对中小企业的支持方面发挥了重要作用。

（二）域外区块链的法制发展

在2017年1月的一则公告中韩国金融服务委员会（Financial Services Commission Republic of Korea，FSC）宣布，计划在2017年推出基于区块链的金融服务试点项目。在公告发布前1个多月，韩国成立了第一个区块链联盟。作为韩国资本市场的智囊团，21家金融投资公司和5家区块链技术公司签署了谅解备忘录，合作开发分布式账本解决方案。韩国政府正在大力推进该国金融技术领域发展，②政府加速推进其技术导向战略，为产业内初创企业和公司提供了3万亿韩元（26.5亿美元）的财政支持，以期将韩国打造为亚洲的金融技术中心。面对席卷全球的金融技术革命，韩国也计划引入比特币监管。由于韩国比特币使用日益活跃，FSC于2016年下半年建立了数字货币特别工作组，着手制定关于比特币交易所的监管和许可规定。对于比特币监管，韩国金融服务委员会主席 Yim Jong-yong（任钟龙）当时表示："政府将全面推动数字货币系统化，与美国、日本和其他各国的全球趋势保持一致。"为了进一步推动比特币和区块链发展，韩国最大的金融机构新韩银行已在由比特币支持的"韩中走廊"上推出汇款服务。与此同时，韩国证券交易所（Korea

① 为了确保数字货币市场的规范发展，目前，日本将数字货币市场纳入了监管，实行的是"货币发行业"监管模式，将数字货币的发行视为一个单独的行业，侧重于对数字货币发行机构进行审慎监管。相关政策包括《预付式证票规制法》等。

② 为了促进金融科技的发展，韩国开展了数字货币普及的系统性计划，进一步推广数字货币。为了赶上美国、日本等其他国家数字货币快速发展的脚步，韩国政府此次将拨款26.5亿美元用于未来3年的金融技术发展。一些区块链财团也会和政府联手在2017年年底开展一些试点项目和综合研究。韩国交易所（Korea Exchange，KRX）正在开发用于场外交易的区块链交易系统，希望通过这样的系统降低交易的成本。

Exchange,KRX)也推出区块链交易平台,这个平台类似于纳斯达克交易平台,并能允许初创企业在公开市场上交易股票。

(三)域外互联网保险的法制发展

1. 美国

美国对互联网保险的监管规定,主要包括互联网保险公司在内的所有商业保险公司和再保险公司,在开展业务的各州均需遵守当地的监管规定。[①] 各州保险局是主体监管单位,全权负责所在辖区的商业保险机构的行为监管。而美国保险监管官协会(The National Association of Insurance Commissioners,NAIC)是跨州的协调单位,负责制定《全国商业保险监管模型法案》和开展5年一次的各州立法评估工作。值得注意的是,美国保险监管官协会牵头的《模型法案》和评估对各州保险局本身不具备法律约束力,仅提供了借鉴作用。相较于欧洲,美国发展全国性互联网保险公司存在更多的监管障碍:虽然互联网保险公司在技术上可以依托互联网平台提供超越各州地域界限的全国线上服务,但仍然要遵循各州在市场准入、产品监管、偿付能力等方面并不统一的规定,为互联网保险的全国快速拓展带来了一定障碍。

2. 欧盟

由于欧盟立法机构在统一各国的保险监管体系上态度积极,通过"二代偿付能力体系"的建立,《保险调节指令》和《欧洲再保险指令》的推出,为欧洲构建了一个跨越各国界限、基本内部统一的保险市场。当然,各国有权在统一条款的基础上制定更为严格的细节规定。相对统一的市场监管推动了大型互联网保险企业跨区域甚至跨国的快速发展,客观上减少了互联网保险企业在地域监管上的阻碍。

以2015年7月通过的欧盟《保险销售指令》(Insurance Distribution Directive,IDD)为例,该条例适用于欧盟各国,旨在取代2002年通过的《保险调节指令》。

---

① 美国是发展互联网保险最早的国家,由于在网络技术方面的领先地位和优越的市场经济环境,美国在20世纪90年代中期就开始出现互联网保险。目前,美国的互联网保险业在全球业务量最大、涉及范围最广、客户数量最多且技术水平最高,几乎所有的保险公司都建立了自己的网站,比较有影响力的主要有InsWeb、Insure. com、Quicken、Quickquote、SelectQuote等网站。

(1)在监管范围上,旧条例只针对保险中介渠道,而新条例统一监管保险中介渠道和保险直销渠道,将目前线上直销渠道一举纳入监管,将保险销售机构的监管覆盖比例从48%上升到了98%。

(2)在销售服务上,与传统的线下销售监管要求一致,网上直销机构也需要承担适格销售和专业咨询的责任。根据所收集到的客户信息,分析客户的需求,在签订合同前向客户提供客观的产品信息和咨询建议。

(3)在捆绑销售上,过去线上销售的保险产品常常与其他服务捆绑在一起销售,而新法规要求保险企业必须告知客户该捆绑产品可否分拆后单独销售,以及分拆后各自的产品信息、价格和其他重要信息,从而保障消费者的权益。

(4)在信息技术(Information Technology,IT)上,要求保险企业建立强大的客户管理系统(Customer Relationship Management,CRM),收集整理线上和线下渠道的客户信息,在线上渠道也能基于客户管理系统为客户提供实时、详尽的产品咨询服务。

以2016年4月通过的欧盟《一般数据保护条例》①为例,该条例适用于欧盟各国,统一了此前欧盟零散的个人数据保护法规,将于2018年5月生效。此条例从各个角度来看均较为严格。

(1)在授权上,只有在客户给出清晰、明确的授权后,保险企业才可以使用个人信息。更重要的是,客户有"可携带权"和"被遗忘权",可以主动索取、修改和收回自己的授权,从而要求保险企业和通过保险企业分享业务的第三方企业删除相关信息。

(2)在流程上,保险企业需要将客户的授权和修改流程、个人信息内部使用监管和评估、个人信息隐私保护等加入目前的运营流程中。

(3)在信息技术系统上,需要进一步提升数据中心针对个人数据管理、黑客袭击、数据泄露等方面的信息技术能力,否则,将承受最高可达企业全球年营收入5%的天价罚单。

(4)在合规上,保险企业需向个人信息监管机构定期汇报个人信息管理的运营情况并留下底稿。

---

① 《一般数据保护条例》全称为General Data Protection Regulation(GDPR),欧盟成员国将在两年的时间内将GDPR条款转置成本国法律,该条例将于2018年生效。

(5)在组织架构上,超过 250 名员工以上的企业需设有数据保护官(Data Protection Officer,DPO),全权负责企业所拥有的个人信息安全保护。

《一般数据保护条例》的通过对于计划通过客户个人信息的大数据分析进行保险业务创新的企业是一个挑战,增加了保险企业获得授权、收集信息、使用信息和管理信息的成本,加大了信息一旦泄露后的惩罚力度。欧洲保险企业必须更新改善自身在个人信息管理上的业务流程,加大信息安全的信息技术投入,才能妥善利用个人信息大数据开展业务创新。

3. 加拿大

加拿大也在积极规范互联网保险的相关行为。如 2015 年 4 月,加拿大魁北克省发布了《互联网保险产品销售建议》,为魁北克省保险监管机构提出了许多线上销售保险产品的信息披露指导方向:

(1)在保险销售中,应在保险提供商的网站上提供某些关键信息,包括保险发行商是否已经在魁北克省金融市场管理局[Autorité des marchés financiers(Québec),AMF]注册。

(2)在没有持牌代理人参与的过程中,允许互联网保险开展直销,但建议满足以下 3 个条件:一是线上服务提供商能够为消费者提供必要的工具,以恰当地评估客户的需求,使消费者能做出理智的决定;二是在销售过程中的任何阶段,消费者都能够申请接触到持牌代理人;三是在网上购买保险产品之后一段合理的时间内,消费者能够拥有反悔权。

(3)按重要性重组信息,逐步按序向消费者披露信息,确认消费者已阅读并完全理解每一项能够证明消费者同意购买保险产品的关键信息。

(4)确保线上保险产品销售前、中、后提供给消费者的信息简洁明了,以免误导消费者。

(5)在交易完成之前,向消费者提供保险报价相关信息的总结,以及其他所有与保险产品相关的信息。

(6)视消费者的选择,在交易完成后,可将合同文件以电子或者纸质版形式发送给消费者。

(7)采取加强销售系统可靠性和安全性的措施,以确保消费者的个人信息在任何时候都是安全的。

(8)在消费者填写在线保单的网页上,禁止发布任何广告。

(9)管理保险企业和其代理人在社交媒体上发布的产品营销信息等。

第十一章　域外信托法制的新发展

一、美国信托法的新发展

信托业在美国的发展主要具有以下几个特点：(1)信托业务多由银行监营，但信托业务与银行业务是完全独立的。美国信托业经营机构包括专门的信托公司和兼营信托的商业银行。专门经营信托业务的信托公司较少。信托业务一般由银行内部专设的信托部来运营。但商业银行的银行业务和信托业务是完全分离的，商业银行设立的营业部是独立的，对信托从业人员实行严格的资格管理，不允许银行人员担任信托人员。(2)美国信托业与证券业紧密结合。有价证券信托业务是美国信托业务的一个显著特点。几乎各种信托机构都办理信托业务，无论证券发行人还是证券购买人，信托机构都为其提供服务。美国的信托业务，按信托人在法律上的性质分为3类：个人信托、法人信托、个人和法人混合信托。个人信托又可分为生前信托和生后信托。混合信托包括不动产信托、公益基金信托、破产财团管理信托。另外，美国开发了许多创新的信托投资工具，如货币市场互助基金(Money Market Mutual Fund, MMMF)，现金管理账户(Cash Management Account, CMA)，共托信托基金(Mutual Trust Fund, MTF)，融资租赁业务等。①

(一)美国劳工部颁布新信托法规②

2016年11月美国劳工部颁布新信托法规，在1974年《雇员退休收入保障法案》(Employee Retirement Income Security Act, ERISA)的基础

---

① 载金融汇资讯频：http://www.87money.com/info/xintuo/hydt/5261.html，最后访问日期：2017年3月20日。

② 载未央网：http://www.weiyangx.com/217481.html，最后访问日期：2017年3月20日。

上扩大了“投资咨询信托”的定义。新规将对所有财务顾问产生一定影响,像券商和保险公司这样收取佣金的企业将最受影响:新规则预计将增加企业合规成本,尤其是券商行业。托管费顾问及注册投资顾问(Registered Investment Advisor,RIA)的合规成本预计也将有所增加。对于规模较小的独立券商和注册投资顾问公司来说,新信托法规略显苛刻。他们会由于没有足够的资金使技术和专业技能达标,而因此解散或被收购。新法规的实行会迫使提供咨询401(k)计划的部分财务顾问和注册销售代表下岗。阿默普莱斯金融公司(Ameriprise Financial,AMP)首席执行官吉姆·克拉基奥洛(Jim Cracchiolo)表示,“监管环境的改变将导致产业的整合。独立顾问或独立券商可能会因为缺乏资源或规模太小而寻求合作伙伴”。年金厂商(Annuity vendors)也将向客户披露佣金,这会显著降低产品的销售。

(二)税法更新

美国总统选举后特朗普许诺了颠覆性的税改政策,包括降低公司税税率、减少个人税税级和边际税率、取消遗产税等,都很有可能在2017年年会提上议程。这些改变都将给跨国公司的交易和高净值人士的税务筹划带来很大的不确定性。2016 年全年的美国国内和国际税法更新的亮点在于:(1)从个人税角度来看,税法与时俱进地跟上科技进步和社会单位多元化的步伐;(2)从公司角度来看,对变相股权投资和变相利润分配的税收征管加紧法规力度;(3)从国际角度来看,对使美国税源流失的跨国集团税务倒置交易加强关注、响应世界经济合作与发展组织(Organization for Economic Co-operation and Development,OECD)号召就税基侵蚀和利润转移项目(Base Erosion and Profit Shifting,BEPS)进行国内立法、加快美国人境外账户在全球合规申报要求的执行进程。特别列举几项对信托业影响重大的变革。

1. 剥离/税务倒置(Earnings Stripping/Tax Inversion)

美国国内收入署又称美国国税局(Internal RevenueService,IRS),于2016 年4 月发布了临时法规(TD 9761),旨在抵制公司通过倒置交易以及某些倒置后避税交易以规避税法第 367 条和第 7874 条的税务安排。随后,如上篇中所述,美国国税局于同年 10 月发布了最终法规(TD 9790),将税法第 385 号的债权/股权分类规则进行了明确,通过在某些情况下对关联方之间的借款重新定义为股权以抵制收益剥离的问题。

2. 外国账户税务合规法案(Foreign Account Tax Compliance Ac, FATCA)

美国国税局在2016年7月公布,将在2016年12月31日后停止承认对政府间协定(Intergoverment Agreement,IGA)的有效性,除非订立政府间协定的外国管辖区立即采取措施,包括提出实施政府间协定的计划。截至公告日(2016年8月3日),美国签订了83个政府间协定,其中61个已执行,剩余22个尚未执行,另外,还有30个政府间协定尚未签订但已实质达成一致(其中包括中国)。公告表示美国财政部会在2017年1月1日重新更新政府间协定清单,对签订但尚未执行的政府间协定签约外国管辖区进行处理。尚未签订政府间协定的外国管辖区的外国金融机构将会被假定为不参与的外国金融机构,而面临从美国金融机构或外国参与金融机构所收款项被征收30%预提所得税的处理。关于政府间协定和特朗普上台后可能对外国账户税务合规法案采取的措施的有关详情请见"科林流浪记"2016年11月9日文章:美国新总统特朗普或将废除《海外账户纳税法案》(Foreign Account Tax Compliance Act,FATCA)。

3. 税法第367条相关规定

美国国税局于2016年3月通过了税法第367条的最终法规(TD 9760),旨在针对美国转让方将收益或收入转移给外国公司,使用外国公司的优惠税务属性(如税务亏损)来抵销收益或收入的情况。税法367条主要针对美国国内公司将增值资产转让给外国公司或者转让外国公司的股权的交易,规定除了例外情况,此类对外交易需要确认所得并缴纳所得税。在2008年发布了一系列拟议条例,其中一部分在2013年作为最终条例公布,2016年公布的TD9760主要确定了拟议条例中的例外情况,包括对外重组交易中,美国转让方将资产实际转让给外国公司后,外国公司将其股权支付给美国转让方母公司作为支付对价。在满足一定条件的情况下,美国转让方可以递延转让相关的所得税,美国转让方的母公司需要降低该外国公司的计税基础,以反映该部分递延的所得。

4. 受控外国公司(Controlled Foreign Corporation,CFC)反避税条例

美国国税局于2016年11月发布了根据税法第956条制定的对受控外国公司的最终规定,TD9792,NPRM REG-122387-16,基本保留了

2015年发布的临时规定,并增加了关于反避税规则和其他规定的举例。

5. 税法第901(m)条外国税收抵免规则(Foreign Tax Credit,FTC)

美国国税局于2016年12月根据税法第901(m)条发布了临时法规TD 9800,NPRM REG－129128－14,还包括在同时公布的拟议法规的一部分,包括对新的受限制资产收购交易(covered transaction)的外国税收抵免限制。

6. 外国所有单一成员有限责任公司

美国国税局于2016年12月发布了最终规定TD 9796,规定对外国人全资拥有的国内被忽视实体,需遵循适用于25%及以上外国持股的国内公司的报告、记录保存和相关合规要求,其中包括提交5472号"25%外资持有的美国公司或在美国从事贸易或经营的外国公司"申报表。外国投资者在美国通常可以选择设立有限责任公司(Limited Liability Company,LLC)或者股份有限公司(Limitied Company,Ltd.)的形式。单一投资者(成员)持有的有限责任公司如果不在8832号"实体类别选择表"上选择作为"公司"纳税,则通常会作为"被忽略实体"而穿透到股东层面纳税。换言之,有限责任公司所取得的所得或损失都将被视为股东直接取得的,有限责任公司本身无须申报缴纳所得税,从而可以避免因公司层面缴税和向股东分配时再次缴税而产生的双重征税情况发生,因此有限责任公司是外国投资者较为常用的公司形式。

二、澳大利亚信托法的新发展

澳大利亚信托法在2016年没有发生特别的变化,只有局部的变化。首先,澳大利亚新南威尔士州200亿澳元基础设施计划和重大投资者移民签证政策的改变以及房价等重要因素为澳大利亚房地产信托(Real Estate Investment Trust,REITs)的发展带来了重大机遇。其次,澳大利亚首富失去家族信托控制权一案后续事宜也是信托法上的一个重要事件。[①] 澳大利亚新南威尔士州最高法院作出裁定,将澳大利亚首富、亿万富翁

① 载新华社专电:http://www.go-goal.com/237/2120699.html 以及建设银行东莞市分行:http://mp.weixin.qq.com/s?__biz=MzAwMTU4MDI0NA%3D%3D&idx=2&mid=2659168596&sn=6b3c8b8796a4e7dae21d91c867bf4eb9,最后访问日期:2017年3月20日。

吉娜·莱因哈特(Gina Rinehart)所管理的价值40亿~50亿澳元(约合31亿~38亿美元)的家族信托判归其大女儿比安卡·莱因哈特(Bianca Rinehart)掌管。法官保罗·布里尔顿在判决书中说:"法庭认为,从现在的情况来看,与其他人选相比,比安卡最适合出任托管人。"该案的判决有几点应当引起注意:(1)在英美法系国家,自我信托作为家族信托中最常见的一种模式普遍存在。究其原因,是因为英美法系国家建立了相对发达的信托登记和较为严格的欺诈责任的法律制度。(2)莱因哈特的子女长期无法获得家族信托的交易和管理记录,对自己作为受益人所享有的权利没有任何保障,受托人可以说达到了为所欲为的程度。(3)银行因为自身利益,也可能发生类似莱因哈特家族信托这种肆意延长信托期限、修改信托条款的利益冲突事件,不得不慎重对待。(4)家族信托具有期限长的特点,家族信托安全的许多问题与此相关。

三、我国台湾地区"信托业法"的新发展

我国台湾地区"信托业法"2016年没有进行根本性的修改变革,从法源级别统计可以看到:法律变动为0部;法规命令共有18项修正;行政规则共有15项修正或者订定;自治条例、自治规则、委办规则、自律规则以及中央与地方其他的其他法源均没有对信托进行新的规定。信托领域也没有废止法规。现将主要的变动列举如下:①

(一)"证券投资信托暨顾问商业同业公会受益凭证事务处理规则"

该规则的修正时间为2016年1月30日。增订理由共有4条:(1)2014年8月26日,台湾地区金融监管机构因应网络时代来临,考量网络人口与透过网络所进行之商业行为有逐年增加的趋势,为推动保险业电子化,增加消费者投保管道,除现行"保险共通凭证"外,开放消费者得以网络申请账号密码、亲临保险公司申请账号密码或以他业金融凭证等方式进行网络投保。(2)2015年6月12日,台湾地区金融监管机构核定我国台湾地区证券交易所配合扬升方案、金融3.0提升证券商服务效能政策,修订营业细则,开放证券经纪商受理新客户采非当面开户

① 这部分的素材来源于根植法律网:http://www.rootlaw.com.tw/LawSearch.aspx,最后访问日期:2017年3月20日。

之相关配套措施，证券商得采足以确认申请人为本人的电子化方式及通信的方式开户。(3)参考我国台湾地区“证券交易所营业细则”第75条之1第1项第1款第3目，证券商开户已可采电子化方式办理开户，未来客户可于网络、手机APP及各种电子化载具方式完成开户作业，爰新增本条。(4)依我国台湾地区“电子签章法”之订定，已赋予电子签章及文件承认地位，且使其具有与签章、书面相同之效力，故客户得以电子凭证完成开户作业。又为因应科技之进步，新增第2款之概括条款，若有其他方式得确认本人身份者，亦得适用本款规定。

(二)台湾地区“资源回收管理基金信托基金部分收支保管及运用办法”

2016年8月17日我国台湾地区行政管理机构环境保护事务主管机关环署基字第1050064362号令修正，发布第6～8条、第10条、第14条条文，修改的总体说明为：“资源回收管理基金信托基金部分收支保管及运用办法”系1998年8月20日发布施行，其后历经三次修正，最近一次修正发布日期为2009年3月31日。兹为修正本基金相关组织名称及成员称谓，考量目前基金运作稳定修正本“基金管理会”开会频率，并规范“委员”出席会议之方式，修正“资源回收管理基金信托基金部分收支保管及运用办法”部分条文，其修正要点为：(1)修正本“基金管理会”名称及召集人与副召集人称谓(修正条文第6～8条及第10条)。(2)修正本基金技术咨询小组名称及小组召集人称谓(修正条文第7条)。(3)修正本“基金管理会”之开会频率及增订委员出席方式及得代理出席之情形(修正条文第10条)。(4)修正本基金之决算剩余之处理原则(修正条文第14条)。

(三)台湾地区“信托业营运范围受益权转让限制风险揭露及营销订约管理办法”

2016年5月9日台湾地区金融监管机构金管银票字第10540001240号令，修正发布第10条、第11条条文。本次计修正2条条文，修正重点如下：(1)委托人为专业投资人者，信托业运用信托财产于台湾地区境外或外汇之投资范围，增列经主管机关指定之境外证券交易所交易之不动产投资信托基金及境外证券交易所交易债券(Exchange Traded Note, ETN)。(2)委托人为非专业投资人者，信托业运用信托财产于境外或外汇之投资范围，增列经主管机关指定之境外证券交易所交易之不动产投资信托基金以投资商品（限黄金）为主且不具杠杆或放空效果之指数股票型基金及以投资股票、债券或商品（限黄金）为主且不具杠杆或放空效果之境外证券交易所交易债券。

（四）台湾地区“证券投资信托基金管理办法”

2016 年 11 月 24 日台湾地区金融监管机构金管证投字第 1050046209 号令修正发布第 10 条、第 19 ~ 20 条、第 23 条、第 35 条、第 38 条、第 48 条及第三章第四节节名；增订第 31 条之 1、第 31 条之 2 条文。修改的具体条文及理由如下：

（1）新增第 31 条之一，首先，是为了配合新增多重资产型基金，于第一项明定多重资产型基金指同时投资于股票、债券（包含其他固定收益证券）、基金受益凭证、不动产投资信托基金受益证券及经金融监督管理委员会核准的投资项目等资产种类，且为符合该类型基金之投资特色，并与股票型基金、债券型基金、平衡型基金或组合型基金区隔，明定多重资产型基金投资于前开任一资产种类之总金额不得超过该基金净资产价值之 70%。其次，为因应多重资产型基金投资策略所需，于第 2 项明定投资于基金受益凭证之总金额，得不受第 10 条第 1 项第 11 款本文“每一基金投资于基金受益凭证之总金额不得超过本基金净资产价值之 20%”之限制。最后，为因应基金商品未来发展需求，于第 3 项明定台湾地区金融监管机构得视台湾地区境内外证券市场及证券投资信托事业发展状况，调整第 1 项投资比率。

（2）新增第 31 条之 2，明定多重资产型基金应于基金名称中标明多重资产字样，以利于投资人了解基金商品区隔。

（3）修正第 10 条，参酌了台湾地区境外法规，对于基金之投资运用尚无以固定金额方式予以限制，爰删除第 1 项第 17 款证券投资信托基金投资任一公司发行、保证或背书之短期票券不得超过新台币 5 亿元之规定。为分散基金投资单一公司风险，参照第 48 条第 1 项第 2 款规定，明定基金投资于任一公司发行、保证或背书之短期票券及有价证券总金额，不得超过本基金净资产价值之 10%，另考量有价证券之范围亦包括基金受益凭证，而现行条文业已针对投资基金受益凭证订有相关规范，新增但书规定，投资于基金受益凭证不受第 1 项第 17 款之限制。

(4)修正第19条,为利投资人了解基金商品特性,基金有约定到期日者,应于基金名称中标明存续年期或到期年度,新增第2项规定。

(5)修正第20条,理由是为利于证券投资信托事业(以下简称投信事业)提供适合退休理财规划之基金商品,增加基金之操作弹性,基金有约定到期日,且为符合投资策略所需者,如目标到期之基金商品,其投资策略采追求一定目标报酬,或采长期持有债券至债券到期日等方式,需于基金到期日之前一段期间逐步提高流动性资产,为避免现行投资规范影响渠等基金之投资操作,得于证券投资信托契约中明定基金到期日前之一定期间内,不受第25条及第26条有关投资股票总金额需达一定比重、第29条有关基金资产组合之加权平均存续期间应在1年以上及第30条第1项有关投资股票、债券及其他固定收益证券应达一定比重等规定之限制,新增第2项规定。

(6)修正第23条,为利于提升投信事业竞争力,提供投资人多元化金融投资工具,新增多重资产型基金,另考量该类型基金与平衡型基金皆属资产配置概念性质之基金,修正第3款规定。

(7)修正第35条,理由有二:其一,指数型基金及指数股票型基金(Exchange Traded Funds,ETF)系采追踪标的指数表现之被动式操作策略,为符合标的指数组成内容而投资有价证券,得不受第10条第1项第5款及第8款规定之限制。其二,考量少部分之成分证券市值高,占该标的指数之权重已超过10%,为避免基金投资单一成分证券之比率过高,原则予以限制不得超过该成分证券占该标的指数之权重,为求规范意旨明确,修正第1项规定。

(8)修正38条,配合本"办法"业经台湾地区金融监管机构以2014年7月3日金管证投字第10300250003号令新增第37条之1规定,修正第1项但书规定。

(9)修正48条,配合第10条第1项第17款规定删除基金投资短期票券金额不得超过5亿新台币之限制,删除第1项第2款及第3款之但书规定。

(五)台湾地区"证券投资信托事业证券投资顾问事业经营全权委托投资业务管理办法"

2016年1月4日台湾地区金融监管机构金管证投字第104005243

号令,修正发布第 5 条、第 6 条、第 7 条之 3 条文。具体修正的条文及理由如下:

(1)修正第 5 条,考量证券投资顾问事业申请经营全权委托投资业务,应无强制规定需营业满一定年限始可申请经营该项业务之必要,以利于新设证券投资顾问事业得实时因应市场需求申请办理全权委托投资业务,删除现行第 1 项第 3 款,现行第 1 项第 4 ~8 款移列第 3 ~7 款并配合修正第 2 项相关款次,及酌修第 1 项第 6 款文字。

(2)修正第 6 条,配合删除现行第 5 条第 1 项第 3 款有关申请经营全权委托投资业务应具备之证明文件,及考量一致性,参考证券投资顾问事业设置标准第 17 条第 1 项第 1 款他业申请兼营证券投资顾问事业办理全权委托投资业务应检具营业计划书之规定,爰修正第 1 项第 5 款。

(3)修正第 7 条第 3 款,配合修正现行第 6 条第 1 项第 5 款,及参考证券投资顾问事业设置标准第 40 条第 1 款及第 9 条第 3 款营业计划书内容欠具体或无法有效执行情形者,得不予许可之规定,爰修正第 1 项第 1 款。

(六)台湾地区“期货业商业同业公会会员暨期货信托基金销售机构从事广告业务招揽及营业促销活动管理办法”

修法的总体思想是,为避免投资大众产生混淆,刊登者应主动删除非任职公司期间之广告宣传资料;且任职之公司,亦应主动要求所属受雇人删除非公司所发布之广告宣传资料,除现行规定“应要求所属受雇人于离职时将刊登于电子邮件、电子看版、网际网络系统(包括但不限于网站聊天室或个人部落格)及其他电子通信传播设备之广告宣传资料予以删除”外,增加受雇人离职后至新公司任职时,新任职公司亦应要求新到职之受雇人于原公司用于前揭设备所发布之广告宣传资料予以删除。

具体修改了第 5 条,理由是为避免投资大众产生混淆,刊登者应主动删除非任职公司期间之广告宣传资料;且任职之公司,亦应主动要求所属受雇人删除非公司所发布之广告宣传资料,爰新增受雇人离职后至新公司任职时,新任职公司亦应要求受雇人将刊登于电子邮件、电子看版、网际网络系统(包括但不限于网站聊天室或个人部落格)及其他电子通信传播设备之广告宣传资料予以删除之规定。

(七)台湾地区“证券投资信托事业募集证券投资信托基金处理准则”

修改此准则的总体思路是,就台湾地区“证券投资信托事业募集证券投资信托基金处理准则”,台湾地区金融监管机构依据“证券投资信托及顾问法”第10条第1项之授权,于2004年10月30日订定发布,期间历经9次修正。本次为利于证券投资信托事业得实时因应市场需求募集或追加募集相关证券投资信托基金,及松绑新设投信事业申请募集首档基金之限制,爰修正本“准则”第4条及第7条,兹将修正要点罗列如下:(1)为利于投信事业得实时因应市场需求募集发行基金,及考量欲办理追加募集之基金其发行计划前已经董事会决议通过,爰修正投信事业募集基金计划提报董事会之作业方式,及放宽投信事业办理追加募集基金案件无须经董事会决议(修正条文第4条)。(2)因应环境变迁,放宽新设投信事业申请募集首档基金之条件,包括比照封闭式基金修正最低成立金额,及比照非首档基金缩短成立后受益人得申请买回时点及投信事业得向台湾地区金融监管机构申请展延开始募集之时间(修正条文第7条)。

修正第4条,是为利于证券投资信托事业得实时因应市场需求募集发行证券投资信托基金,及考量欲办理追加募集之基金其发行计划前已经董事会决议通过,爰修正第5款投信事业募集基金计划提报董事会之作业方式,未来经理部门可就当年度或一定期间预计募集之基金计划提报董事会通过并经董事会决议概括授权经理部门办理,即无须再就逐档募集基金计划送董事会决议,另删除投信事业办理追加募集基金案件须经董事会决议之规定。

修正了第7条,具体理由有二:(1)因应环境变迁,适度放宽新设投信事业申请募集首档基金之条件,包括比照封闭式基金最低成立金额修正第1项第2款,放宽首档开放式基金最低成立金额为新台币20亿元。另考量现行限制首档基金受益人于6个月后始得买回之规定较非首档基金严格,故并予放宽第1项第4款受益人申请买回之时间限制为3个月。(2)考量投信事业非首档基金开始募集时间得向台湾地区金融监管机构申请展延6个月,并应于30日内募集成立,故比照非首档基金修正首档基金开始募集及募集成立之条件,删除现行第2项,现行第3项移列第2项,并酌修文字。

（八）台湾地区“证券投资信托暨顾问商业同业公会会员及其销售机构通路报酬支付暨销售行为准则”

修正第8条关于办理基金销售业务的内容，目的之一是保障弱势族群投资人权益，避免因不当销售而衍生投资纠纷；之二是对明知已属明显弱势族群之投资人办理基金销售业务，于执行充分了解客户作业（Know Your Customer，KYC）时，除了解客户之投资知识、投资经验、财务状况及其承受风险程度外，亦应检视客户资料表或风险属性问卷是否均已填写完整，并应检视评估结果与客户填写内容是否有矛盾情形（例如，客户资料表填写交易或投资理财目的为“保值”、未来最想增加的投资理财工具为“定存”，而风险属性检核结果却为积极型投资人），以落实充分了解客户作业。

第十二章　域外私募法制的新发展

一、美国私募法制新发展

在2016年5月2日有关私募股权执法的西部开发论坛中，美国证券交易委员会执法部主任（Director of the SEC Enforcement Division）安德鲁·J. 塞雷斯尼（Andrew J. Ceresney）提到对私募基金的执法行动集中在以下三个方面：①第一个方面是未披露的费用和开支。黑石集团（Blackstone）案在一定程度上说明未公开的费用和开支等问题。美国证券交易委员会指控黑石集团三个内部私募基金顾问违反信托责任。黑石集团违背了其受托人的职责，为获得更大的利益而没有适当地披露和获得知情者同意，然而这种情况信息费用应当是完全透明的。第二个方面是费用分配问题。第一个问题是关于顾问完全打破了交易费用分配给其旗舰基金的规则；第二个问题是关于顾问在其管理的两个基金之间配置投资组合公司的费用；第三个问题是顾问之间的费用和基金的分配不当。第三个方面是未披露利益冲突。作为受托人，私募基金顾问必须充分披露所有与重要事实相关的咨询服务，包括和客户之间的利益冲突。这种义务需要私募基金顾问披露充分的具体事实，客户能够理解利益冲突、进行商业实践，并能给予知情同意这种冲突或实践。首先，一些潜在的被告认为，披露基金组织文件起草失败之前收取顾问费用是不公平的。但是，尽管美国《多德—弗兰克法案》颁布后私募基金顾问通常才注册，他们一直是投资顾问和遵守美国《投资顾问法案》的某些规定。所有的投资顾问无论注册与否，都是受托人并遵守《投资顾问法案》的

① See Securities Enforcement Forum West 2016 Keynote Address: Private Equity Enforcement, Accessed March 20, 2017. https://www.sec.gov/news/speech/private-equity-enforcement.html.

反欺诈条款。其次,潜在的被告认为,即使顾问未能披露利益冲突,投资者仍从顾问所提供的服务中受益。虽然这可能是考虑评估补救措施的因素之一,但这不是评估责任的有关因素。投资顾问作为受托人应披露所有重大利益冲突,以便客户可以自行评估冲突。冲突交易或实践虽然可能会使客户受益,但这一事实并不能免除顾问通知和获得同意的义务。最后,一些顾问指出他们从律师处得到诸如向投资者披露信息的建议,但顾问始终是责任主体,不能简单地通过法律顾问来逃避责任。

2016 年 6 月 1 日,美国证券交易委员会明确私募股权基金顾问担任未注册经纪人的相关问题,①宣布一家马里兰州的私募基金咨询公司及其所有者同意支付超过 310 万美元的金额,以了结指控他们从事经纪活动和收取费用时没有登记和其他违反证券法的行为。证券交易委员会调查发现黑街(Blackstreet)资本管理公司和 Murry. N Gunty 公司内部提供经纪服务,而不是使用投资银行或经纪自营商来处理投资组合公司的收购和处置私募基金。黑街资本管理公司向其基金和投资者披露其提供经纪服务,但该公司作为经纪交易商未按照注册要求进行操作。安德鲁 · J. 塞雷斯尼认为规则已明确要求,在公司提供经纪服务并获得回报的补偿之前,必须在监管框架内进行注册以保护消费者并告知市场,而该公司作为一个经纪人没有履行注册义务。进一步的调查发现,黑街资本管理公司和 Murry. N Gunty 公司从事冲突交易,并且未充分披露相关费用和开支。黑街资本管理公司没有充分披露冲突交易的信息,对 LPA 的经营和决策产生重大误导。另外,安东尼 · 凯利(Anthony S. Kelly)美国证券交易委员会执行部门资产管理总监(Chief of the SEC Enforcement Division's Asset Management Unit)指出,私募股权基金顾问必须根据管理文件管理其资金。而黑街资本管理公司的操作超出基金文件的范围,使用基金资产进行政治、慈善捐款并支付娱乐费用。最终,证券交易委员会判定,黑街资本管理公司违反 1934 年《证券交易法》第 15(a)节,以及 1940 年《投资顾问法案》第 206(2)条、第 206(4)条、第 206(4) -7 条、第 206(4) -8 条。

---

① See SEC:Private Equity Fund Adviser Acted As Unregistered Broker, Accessed March 20,2017. https://www.sec.gov/news/pressrelease/2016-100.html.

2016 年 8 月 23 日,美国证券交易委员会宣布,4 个隶属于阿波罗全球管理公司的私募基金顾问已经同意支付 5270 万美元,作为误导基金投资者关于费用和贷款协议而未能监督高级合伙人收取个人支出的资金的处罚。① 证券交易委员调查发现,阿波罗全球管理公司的私募基金顾问没有透露普通合伙人和 5 个基金之间的贷款利息的相关信息。阿波罗基金的顾问未能履行充分披露通过加速支付这些在售或首次公开募股(Initial Public Offerings,IPO)公司所欠的未来监测费用。美国证券交易委员会执法部主任(Director of the SEC Enforcement Division)安德鲁 · J. 塞雷斯尼指出,近期关于私募股权投资公司共同的主题是如何进行正确的费用和信息披露,从而保护投资者的利益,阿波罗私募基金的投资者无法评估投资影响的原因就在于,他们没有充分了解加速监测费用和贷款利息分配的信息。

2016 年 10 月 11 日,美国证券交易委员会汇报了 2016 财政年度的执法成果(Enforcement Results for FY 2016),②总体上概括为对投资顾问、《反海外腐败法》(Foreign CorruptPracticesAct,FCPA)相关违法行为采取更多措施,以及最后告密者奖励分配(Most Ever Whistleblower Money Distributed)方面。美国证券交易委员会宣布 2016 财政年度共采取了 868 项执法行动,主要为披露公司及其高级管理人员、注册人及主管在财务报告上的不当行为。在美国证券交易委员会截至 2016 年 9 月 30 日(2016 财政年度)的执法行动中,涉及投资顾问或投资公司达到 160 个,关于投资顾问或投资公司的独立案件 98 件。美国证券交易委员会对 2016 财政年度的执法行为进行回顾,其中,未注册经纪的私募基金投资顾问成为美国证券交易委员会采取执法行动的重要指控类型。在主管责任方面(Holding Gatekeepers Accountable),表现为相关律师、会计师和其他主管未能遵守专业责任,如私募基金管理员没有发现或忽略合同的明显欺诈迹象,但管理员负有保存记录和准备财务报表和投资者账户报表的义务,美国证券交易委员会将其视为欺诈行为。在披露投资顾

---

① See Apollo Charged With Disclosure and Supervisory Failures, Accessed March 20, 2017. https://www.sec.gov/news/pressrelease/2016-165.html.

② See SEC Announces Enforcement Results for FY 2016, Accessed March 20, 2017. https://www.sec.gov/news/pressrelease/2016-212.html.

问和投资公司的不当行为方面,美国证券交易委员会对私募顾问进行了多达8次的执法行动,这些案件包括针对在黑石集团3个私募基金担任顾问的管理人,针对芬威合作伙伴有限公司及其4个员工,针对切诺基投资有限公司和切诺基投资顾问有限公司,针对JH有限公司,针对黑石资本管理有限公司及其主要成员和负责人,针对威尔伯罗斯有限公司,针对阿波罗全球管理公司的4个私募基金顾问,以及针对第一储备管理公司的执法行为。2015财政年度和2016财政年度中,美国证券交易委员会针对私募展开了包括上述案件在内的11项行动。

二、欧盟私募法制新发展

目前,在立法方面,欧盟对私募证券业的监管法规主要有2011年颁布的《另类投资基金经理指令》和2013年颁布的《风险投资基金条例》,对欧盟私募证券业影响深远。

2016年7月19日,欧洲证券和市场管理局(European Securities and Markets Authority,ESMA)发布了另类投资基金经理(Alternative Investment Fund Managers,AIFM)和另类投资基金(Alternative Investment Fund,AIF)应用另类投资基金指令(Alternative Investment Fund Managers directive,AIFMD)执照的规定延伸到12个非欧盟国家和地区的建议,其中包括澳大利亚、百慕大、加拿大、开曼群岛、根西岛、日本、泽西岛、马恩岛、新加坡、瑞士、美国和中国香港特区。欧洲证券和市场管理局的建议涉及目前只能向欧盟成员国提供的另类投资基金指令执照可能扩展到非欧盟国家的另类投资基金经理和另类投资基金,以便他们能够在整个欧盟市场上销售和管理基金。对于每个国家和地区,欧洲证券和市场管理局评估了投资者保护、竞争、市场中断和系统性风险监测是否存在重大障碍,这将阻碍另类投资基金指令执照的应用。根据欧洲证券与市场管理局的建议:加拿大、根西岛、日本、泽西岛和瑞士在另类投资基金指令执照的申请上没有任何显著障碍。如果欧洲证券与市场管理局仅考虑与另类投资基金有关的评估,中国香港特区和新加坡在另类投资基金指令执照的申请上没有重大障碍,然而,中国香港特区和新加坡的基金运营体制促使可转让证券集合投资计划(Undertakings for Collective Investment in Transferable Securities,UCITS)只有某些欧盟成员国领土内的零售投资者;由于目前澳大利亚证券和投资委员会(Australian Securities and Investment Commission,ASIC)仅向某些欧盟成员国提供类订单救济(class order relief),而不是向所有欧盟成员国提供,另类投资基金指令执照向澳大利亚的应用方面存在市场中断和竞争阻碍,建议澳大利亚的一些监管框架作出改进。对于美国,在保护投资者和监测系统性风险存在阻碍,欧洲证券与市场管理局建议,欧盟机构应考虑减轻风险的方案。对于百慕大和开曼群岛,欧洲证券与市场管理局无法就投资者保护和执行效力的标准给出明确的建议,因为两国正在实施新的监管制度,评估需要考虑到最终的规则。对于马恩岛,欧洲证券与市场管理局发现缺乏类似另类投资基金指令的制度,很难评估投资者保护标准是否得到满足。因此,2016 年欧盟加紧对另类投资基金指令执照制度的实施,完成欧盟成员国与非成员国之间的基金制度的衔接,以促进资本市场联盟(Capital Markets Union,CMU)的形成。

2016 年 11 月 23 日,欧盟委员会在欧洲议会、理事会、欧洲经济和社会委员会以及区域委员会的呼吁证据交流会上,提出了证据——欧盟金融服务监管框架(Evidence-EU regulatory framework for financial services)。[①] 在其跟进行动部分,就长期投资而言,对偿付能力 II(Solvency II)的未来审查将提供一个评估长期担保"一揽子"计划的机会,评估对私募股权和私募债券进行谨慎对待的适当性。

2016 年 12 月 1 日,在全球资本市场会议(Global Capital Markets Conference)上,欧洲证券与市场管理局的执行总监维蕾娜·罗斯(Verena Ross)发表了一个关于如何使欧洲证券与市场管理局的工作有助于加强欧洲资本市场的意见。[②] 她关注的是资本市场融资的未来的重要性和如何发挥欧洲证券与市场管理局的作用将有助于实现这一目

---

① Communication From the Commission to the European Parliament, the Council, the European Economic and Social Committee and the Committee of the Regions Call for Evidence-EU Regulatory Framework for Financial Services, Accessed March 20, 2017. http://eur-lex.europa.eu/legal-content/EN/TXT/? qid=1485164984325&uri=CELEX:52016DC0855.

② Speech by Verena Ross, ESMA Executive Director at the 2016 Global Capital Markets Conference, Accessed March 20, 2017. https://www.esma.europa.eu/press-news/esma-news/speech-verena-ross-esma-executive-director – 2016 – global-capital-markets 2016 Global Capital Markets Conference Perspective from the Buyside. pdf.

标。其讨论的内容有:修订确保客户订单执行质量的规则以及金融工具市场指令(Markets in Financial Instruments Directive II,MiFID II)债券的新透明度制度;该如何监管衔接工作支持欧洲资本市场联盟增长;在关键部分的最新进展,目前在资产管理方面,包括资产隔离在可转让证券集体投资计划和另类投资基金经理指令。对于私募股权基金而言,建议欧洲证券与市场管理局寻求解决4个潜在的系统性风险来源:(1)基金投资与基金单位赎回条款及条件之流动性错配;(2)投资基金内部杠杆;(3)在强调条件下转移投资任务的操作风险和挑战;(4)资产管理人和基金的证券借贷活动,希望欧洲证券与市场管理局融合相关监管制度,在风险分析的活动中努力提高市场透明度,强化投资者保护,建立稳健的金融证券市场。在投资战略上,欧洲证券与市场管理局表示,它将把活动重点放在监管融合的重要议题上,以确保欧盟在实践中实现投资者保护,维护市场秩序,保持金融稳定。

2016年12月16日,欧洲证券与市场管理局公布了一份对另类投资基金经理指令的应用更新问题和答案的文件(Questions and Answers Application of the AIFMD,Q&A),①目的是促进对另类投资基金指令实施的共同监督方法的应用。文件表明,受英国脱欧公投结果的影响,在2016年第三季度,欧洲证券与市场管理局汇率下的市场风险保持在较高水平,反映证券市场风险极高,投资者对基础设施和服务风险的预期升高。2016年第二季度以来,由于持续的低利率环境,欧盟增长前景和地缘政治发展的不确定性以及近期银行市场的动荡,市场和信用风险仍然很高。股票和公司债券市场以及私募基金行业部分的流动性压力使得2016年第三季度的流动性风险被评估为高。与此同时,危机蔓延的风险仍然很高,这是由于低收益环境和相关的高风险承担激励措施所扩大的金融市场不同部分之间的高度相互关联。风险前景在所有风险类别中是稳定的,反映了2016年第三季度英国公民投票后吸收不确定性和波动性的市场迹象。主要的风险来源仍然存在,包括欧盟经济增长前

① See Questions and Answers Application of the AIFMD, Accessed March 20, 2017. https://www.esma.europa.eu/press-news/esma-news/esma-updates-aifmd-qa Questions and Answers Application of the AIFMD.pdf.

景疲弱和不平衡，国家结构改革的缓慢实施和围绕英国公投结果的政治发展的相关不确定性。由于英国是欧洲最强的国家之一，伦敦更是国际金融中心，作为欧盟资本和金融市场的重要组成部分，欧盟一半私募资本通过英国资本市场募集，英国脱欧对欧盟资本市场联盟的推进是一个打击，同时也使欧盟在全球资本市场中的地位和影响力不可避免地受到了冲击。在 2016 年第三季度，以英国为基地的私募股权投资基金赎回了 42 亿欧元，流动性风险仍然很高，虽然现在英国公投后缓和局势稳定，但对于投资者来说，还是需要谨慎的。

总体而言，2016 年以后，欧盟将继续推进另类投资制度的实施，完善资本市场联盟，为基金管理公司和投资者清除障碍，灵活撬动资本，疏通投资渠道，为基础设施项目和中小企业提供资本，吸引更多私募资本流入。此外，欧盟私募监管法规由严向宽发展，将进一步优化私募基金投资制度，为投资者营造一个公平合理的投资环境。

三、我国香港特区私募法制新发展

（一）信息披露制度

2016 年 4 月 1 日，我国香港特区证券及期货事务监察委员会发出有关分销根据《主板上市规则》第三十七章上市的债券（第三十七章“债券”）及本地非上市私人配售（私募）债券的通函。众所周知，私募债券大多具备复杂特点及内在风险，包括因没有二手市场而使其缺乏流通性。该通函载述证监会就持牌法团销售手法观察所得的实例，强调第三十七章“债券”并不适合售予散户投资者，以及就分销私募债券应制定的一些主要监控措施及程序。① 其主要包括：（1）进行妥善的产品尽职审查；（2）适当地识别目标投资者组别；（3）为客户提供债券的充分及准确的资料；（4）向客户全面披露该等债券所涉及的风险；（5）不再要求客户签署对提供予客户的实际服务构成失实描述的声明或确认书。根据该通函，持牌法团应留意，根据新专业投资者制度（《操守准则》内新修

① 香港《证券及期货事务监察委员会（证监会）发出有关分销根据〈主板上市规则〉第三十七章上市的债券（第三十七章债券）及本地非上市私人配售（私募）债券的通函》，载香港金融管理局网站：http://www.hkma.gov.hk/media/chi/doc/key-information/guidelines-and-circular/2016/20160401c1.pdf，最后访问日期：2017 年 3 月 20 日。

订的第15段），持牌法团自2016年3月25日起须遵守有关高资产净值个人客户的合适性规定，并须在2017年6月9日或以前符合客户协议及风险披露声明的规定。该份通函乃香港证监会因应监管经验及证券业界意见，向注册机构提供指引以确保客户得到适当的投资者保障。

（二）开放式私募基金型结构

2016年6月，香港立法会通过《2016年证券及期货（修订）条例草案》，[①]引入开放式私募基金[②]型公司的新结构，多提供一种基金结构选择，使香港特区的基金注册平台更多元化，并为基金经理缔造更为灵活的营商环境，吸引更多基金到港注册。香港特区《证券及期货条例》的修订目的是为开放式基金型公司的注册及成立和该等公司及其业务的监管提供法律框架，其主要条文将自财经事务及库务局局长以宪报公告指定的日期起实施。

一方面，扩大了投资范围。根据修订草案，开放式私募基金型公司应与提供资产管理受规管活动所界定的范围统一，但可按10%最低额豁免规则投资于其他资产类别。现金存款和货币属获批准的资产类别，不受10%的最低额豁免规则所限。这一变化旨在吸引更多基金以香港为基地，拓展香港特区基金业的分销网络。另一方面，保障投资者利益。其主要措施有：投资管理职能须转授予投资经理；由董事局执行监察工作；规定董事局、投资经理及保管人基本资格准则；基金资产须另托予独立保管人；适度监管基金及其相关活动。这样既可以推动香港特区作为基金产品的来源地，也可以提升基金行政及相关服务的发展机会。

---

① 参见香港立法会：《2016年证券及期货（修订）条例草案》，载香港立法会网站：http://www.legco.gov.hk/yr15-16/chinese/ord/ord016-2016-c.pdf，http://www.legco.gov.hk/yr15-16/chinese/bc/bc08/general/bc08.htm，最后访问日期：2017年3月20日。

② 开放式基金（Open-end Funds）是指基金发起人在设立基金时，基金单位或者股份总规模不固定，可视投资者的需求，随时向投资者出售基金单位或者股份，并可以应投资者的要求赎回发行在外的基金单位或者股份的一种基金运作方式。现对于封闭基金，开放型基金管理公司可随时向投资者发售新的基金份额，也需随时应投资者的要求买回其持有的基金份额。

开放式基金型公司[①]属于开放式集体投资计划，是以公司形式成立，承担有限法律责任，拥有不定额股本，用作投资基金，为股东的利益管理投资，补充现行单位信托基金形式的新的法律结构。开放式基金型公司发售基金既可为以公开形式也可以私人形式发售的基金（私募基金），其基金股东并无基金所持相关资产的日常管理权或控制权，但有权分享管理和买卖基金资产所得的收益或利润。

相对于封闭型私募基金公司，开放式私募基金型公司的主要优点有：公司型结构，并具有法人资格；可以灵活更改股本，以满足股东作出赎回股份的要求；股东的法律责任限于其所拥有的开放式基金型公司股份；简化终止基金安排，以便基金因商业理由终止，基金在终止运作时也可自行向证监会申请取消注册；为其他（尤其对信托法例不熟悉）的司法管辖区所了解等。而且，相比一般公司运作更具弹性，开放式私募基金型公司不受减少股本的规则所限，而能灵活调整其股本，让股东可赎回股份，也不受从股本中拨款作出分派的规限，而是在符合偿付能力和披露规定的情况下，可从股本中拨款作出分派。鉴于开放式基金型公司性质属投资基金，部分企业文件要求未必适用或作简化。

（三）我国香港特区私募证券立法总体趋势

近年来，香港特区政府与监管机构加快制定相关政策与规则，推动资产管理业务。香港特区政府加快推动各项优惠政策，如全面豁免交易所买卖基金转让的印花税、豁免离岸基金利得税的适用范围扩大至私募基金、推出财资业务相关利润的利得税减半等。[②] 香港特区政府旨意将香港打造成可提供全方位服务的“全球资产管理中心”，巩固香港国际资产管理中心领导地位。这加大了香港对有意赴亚洲设立地区总部的跨国企业的吸引力，预计将吸引更多海外资金流入香港进行投资及财资管理。香港特区应紧握市场发展机遇及政策优势，进一步做大资产管理业务，巩固香港成为亚太地区最重要的资产管理中心之一。

---

① 开放式基金相关内容，详见香港立法会网站：http://search.legco.gov.hk/LegCoWeb/Search.aspx? lang = sc&searchtype = simple&keyword，最后访问日期：2017年3月20日。

② 参见中国银行香港分行：《香港资产管理业务发展前景仍然乐观》，载经贸研究网：http://economists-pick-research.hktdc.com，最后访问日期：2017年3月20日。

四、我国台湾地区私募法制新发展

2016年2月3日，我国台湾地区“证券商业同业公会”修正“证券商业同业公会发行人募集与发行有价证券承销商评估报告应行记载事项要点”[①]（以下简称“记载事项要点”），修正第4点之2，就发行人前各次现金增资、并购或受让他公司股份发行新股或发行公司债及私募有价证券计划之执行情形搜集资料，说明其查核程序及所获结论；前各次现金增资、并购或受让他公司股份发行新股或发行公司债及私募有价证券计划，如经重大变更且尚未完成者，应说明其变更计划内容、资金之来源与运用、变更原因及变更前后效益，旨在加强私募发行信息披露的监管。

2016年3月29日，我国台湾地区“证券投资信托暨顾问商业同业公会”订定发布“证券投资信托暨顾问商业同业公会证券投资信托事业与受委任机构透过金钱信托方式进行私募证券投资信托基金委任契约应行记载事项”[②]（以下简称“记载事项”）。根据“记载事项”，透过金钱信托方式进行私募证券投资信托基金时，为明确划分投信事业与受委任机构双方之权利与义务，应签订委任契约，并载明规定事项。其中，该文件第2条和第3条值得注意，第2条规定了投信事业之权利、义务及责任，第3条规定了受委任机构之权利、义务及责任，明确地划分了投信事业与受委任机构双方之权利与义务。“记载事项”强化了投信事业与受委任机构的信息披露义务，从而保障投资者的利益。

总体而言，虽然“记载事项要点”和“记载事项”对信息披露有一定的

---

① 证券暨期货法令判解查询系统：“证券商业同业公会发行人募集与发行有价证券承销商评估报告应行记载事项要点”，载证券暨期货法令判解查询系统网站：http://www.selaw.com.tw/LawArticle.aspx?LawID=G0100956&Hit=1&k1=%e7%a7%81%e5%8b%9f&c1=and&k2=&c2=and&k3=&wrd=&numb=&fdt=1050101&tdt=1060101，最后访问日期：2017年3月20日。

② 证券暨期货法令判解查询系统：“证券投资信托暨顾问商业同业公会证券投资信托事业与受委任机构透过金钱信托方式进行私募证券投资信托基金委任契约应行记载事项”，载证券暨期货法令判解查询系统网站：http://www.selaw.com.tw/LawArticle.aspx?LawID=G0103882&ModifyDate=1050329&ak1=%e7%a7%81%e5%8b%9f&ac1=and&ak2=&ac2=and&ak3，最后访问日期：2017年3月20日。

发展,但我国台湾地区关于私募发行信息披露的规定仍仅限于自律规则方面,其强制性有所不足。未来我国台湾地区私募证券发展趋势是完善相关监管规定,如台湾地区“公司法”和“证券交易法”,在规范层面对私募证券信息披露进行明确规定以提高我国台湾地区私募市场信息透明度,更好地保护投资者的利益。

第十三章　域外民间借贷法制的新发展

一、欧盟民间借贷法律制度的发展

总体而言，欧盟及其各成员国 2016 年在民间借贷领域基本没有颁布新的法律。英国虽未并入欧元区，但 2016 年英国公投脱欧对欧盟和英国经济贸易、金融、就业等方面仍会造成巨大影响。2016 年 11 月 29 日，欧智库布鲁盖尔研究所发文称，[①]不良债权投资者的加入可缓解欧洲银行不良贷款激增压力，并为银行重组提供专业意见，但资产价值贬损不可避免。欧盟监管机构应发挥作用，协助不良债券交易市场有序发展。欧洲不良债权市场交易并不活跃。银行与买方信息不对等是不良贷款交易的一大隐患。一方面，将导致银行出价和投资者要价差距较大；另一方面，由于投资者无从得知标的资产的真实质量和回本概率，信贷风险从银行向外部投资者转移可能导致市场失灵。文章指出，欧盟可以通过多种方式支持不良贷款二级市场的形成，如简化许可流程，便利非银行投资方、贷款方参与资产重组；与欧洲投资银行（European lnvestment Bank，EIB）和欧洲投资基金（European Investment Fund，EIF）共同管理不良贷款证券组合等。从欧盟委员会官方网站公布的数据和资料可以看到，几乎没有直接针对民间借贷的立法，仅有相关的一些制度可能涉及民间借贷。

（一）金融工具与融资契约基准的修正

欧盟于 2016 年 6 月 8 日对欧盟议会及理事会法规确定的指数用作金融工具与融资契约的基准或者用以衡量投资基金运行状况的基准，在

---

① 参见 Bruegel：《欧盟不良贷款资产市场需要公共部门支持》，载北京国家会计学院网站：http://www.nai.edu.cn/index.php? a = show&c = index&catid = 36&id = 659&m = content，最后访问日期：2017 年 3 月 20 日。

此基础上对欧盟2008年第48号指令、2014年第17号指令和欧盟2014年第596号法规进行修正。修改后的金融工具与融资契约基准于2016年6月30日正式生效,有效期至2018年1月1日。

根据欧盟委员会官网介绍,①欧盟议会及理事会法规确定的指数是一种统计度量,典型的有价格指数或者数量指数,由一组具有代表性的基础数据计算得出;如果该指数被用于金融工具或者其他融资契约的参考价格,那么,该指数就是金融工具与融资契约基准。当前产生了很多不同的基准,这些基准不仅是在使用的基础数据有不同,采集数据的方式方法、指数的计算、终端使用上等方面均有不同。放眼全球,行业基准为金融管理者和大宗商品基准管理者制造大约20亿欧元的税收。基准直接影响金融工具和涉及基准的其他融资契约的价值。操纵了基准的价值也就直接导致从一方向其他签约各方转移了财富。许多基准中可观察到的操纵的风险主要是由基准的提交者享有的自由裁量权驱使的,彼时提交者会选择一个数据提交给计算者或者评估提交的意见书。在计算基准的时候,管理者会运用到该自由裁量权。某些基准只依靠意见书提交者的评估,极少得到真实数据的事后验证。此外,意见书的提交者可能会选择只提交数据的一部分,这有损于基准的准确性。如果存在其他利益纠葛,意见书提交者可能没有热情向基准的管理者提交完整的、准确的数据,如披露市场的其他参与者视为绝密的或者机密的商业数据与资讯。如果意见提交者和基准管理者也是基准的使用者,那么,利益纠葛特别明显。

欧盟此次修正金融工具与融资契约基准在一定程度上与利率基准有关,虽然欧盟奉行开放自由的利率政策,但基准利率仍然会影响民间借贷的运行和发展。

(二)修改金融管理的相关条款

欧盟议会和理事会鉴于某些成员国正经受或者已受到金融稳定性带来的重重困难,于2016年9月23日正式修改法规,由欧盟议会议长马丁·舒尔茨(Martin Schulz)和欧盟理事长I. KORČOK联合签署,2016

① European Commission,"Benchmarks-Regulation(EU)2016/10/11",Accessed March 20,2017. https://ec.europa.eu/info/law/benchmarks-regulation-eu-2016-1011_en.

年12月13日由《欧盟公报》刊载，并于次日生效，适用于所有成员国。此次修改了欧盟《法规》第24条第3款，向当前遭遇预算困境的成员国增加支付，临时支付将提高10%，优先适用每一欧洲区域发展基金（European Regional Development Fund，ERDF）、欧洲社会基金（European Social Fund，ESF）、凝聚基金的联合融资率。根据不同成员国符合的条件，相应地分为2013年12月21日至2016年6月30日与2016年6月30日之后的两种类型。对《法规》第120条第3款也做了调整。这些制度对欧盟民间借贷将会产生一定影响，因为，金融比较发达的欧洲民间借贷并不是主流，但对正规金融影响会更大。

二、其他地区民间借贷法律规制的发展

总体而言，发达国家和地区正规金融发达，企业和个人通过正规金融融资的成本相对较小，企业和个人通过正规金融渠道获得融资是主流，这些国家和地区一般没有正规金融与民间金融的明显二元区分模式，民间借贷缺乏壮大的客观环境和空间，因此，这些国家专门针对民间借贷的立法比较少，即使存在也可能嵌入在其他文本之中，查找起来相当不易。而在发展中国家，由于正规金融等存在比较大的问题，企业和个人通过正规金融进行融资的成本较大，因而民间借贷存在较大生存和发展的空间，并与宗教、思想观念、生活习惯等因素有千丝万缕的关系。但囿于语言等因素，收集到的资料比较有限，暂时没有发现其他国家或者地区在2016年对民间借贷相关的立法、执法和司法等相关材料。

第四编　2016 民间金融十大案例

2016 年民间金融领域风险问题仍然尤为突出。P2P 平台跑路、不良资产处置问题、债券违约、资管行业乱象等事件频频发生,民间金融领域的安全问题不容忽视。2016 年“e 租宝”事件、“中晋系”涉嫌非法吸收公众存款、国海证券“萝卜章”等案件的产生均与监管制度不完善有关,互联网金融在一定程度上成了不法分子圈钱的工具。此外,民间金融监管层面的不完善,使一些民间金融领域风险无法被有效防控,2016 年发生的校园贷事件、债券市场的大规模违约,这些事件都为我国民间金融风险防范问题敲响了警钟。

健全的法律体系,是避免监管套利、监管竞次、监管空白的基础和前提。我国的民间金融目前处于一种无序状态。引导民间资金流向,实现民间金融的正规化、合法化,发展民营金融需要建立一套严格的制度作保障。要尽快建立民营金融组织的正常进入和退出机制及严格的监管制度,包括建立存款保险制度、健全我国征信制度、完善民间金融市场准入制度及信息披露制度等。

一、"万宝之争"

(一)基本情况

从 2015 年年末开始,一场中国证券业史上最惊心动魄的股权争斗贯穿了 2016 年。以王石为首的万科管理层、华润为代表的国资以及姚振华为代表的宝能险资等各类资本,都在角逐这家中国市值最大的地产企业的话语权。双方都在竭尽所能地利用场内场外各种规则,为自己赢得话语权,而市场也在这场争斗中,不断做出自己的判断和选择。

在宝能系进入之前,华润集团一直是万科的第一大股东。

2015 年 7 月,宝能第一次举牌万科。自此,也开启了这场扣人心弦的"万宝之争"。显然,宝能这次是抱着势在必得的决心而来。从第一次举牌万科之后,途中宝能持续加仓。2015 年 12 月 16 日,宝能系增持万科股份比例已高达 22.45%,稳坐万科第一大股东之位。万科董事长王石终于按捺不住,12 月 17 日晚 8 点其就宝能举牌万科问题的内部讲话流出,措辞强硬,称不欢迎宝能成为第一大股东。王石的发声也将这场"万宝之争"高调带入了公众的视野。12 月 18 日凌晨 4 点,宝能集团回应王石发言,强调"恪守法律,尊重规则,相信市场的力量"。

12 月 18 日午间,万科 A 股深交所申请临时停牌,公告中写到:因万科企业股份有限公司正在筹划股份发行,用于重大资产重组及收购资产,13:00 起停牌,待公司刊登相关公告后复牌。

不过,虽有众多的支持声音,但实际情况却不容乐观。甚至作为万科的老牌股东,华润也与万科闹起了"别扭"。

最初在万科请求下,华润作了少量增持,但表示华润有自己的情况和困难,只能酌情增持万科,不反对引入新的战略投资者。万科筹划 H 股增发最终遭华润否决。此后,宝能已增持为第一大股东,万科谋求华润支持与其旗下华润置地整合,但在可行性论证阶段也遭华润否决。停牌后,万科曾与华润沟通,华润方面表示现在拿不出资金改变局面,建议万科接受宝能。万科提出另寻国企参与重组,华润后来表示可以,但华润希望重组后仍保持第一大股东地位。深圳地铁参与重组后,华润总体并未反对,但在程序等细节问题上有不同意见。甚至 2015 年 6 月 23 日晚,宝能和华润先后发布公告,联手反对万科重组预案。

而2015年8月4日,恒大的一则股权变动公告,意味着这场万科股权争夺战又多了一个有实力的“抢食者”。这份以许家印之名发出的恒大公告称,该公司通过其附属公司在市场上收购5.17亿股万科A股,约占当时万科已发行股份总额4.68%,耗资约人民币91.1亿元。同年8月4日午后,万科A在该消息刺激下拉至涨停,报收19.67元。

2017年1月12日晚,万科集团发布公告,公司股东华润股份及其全资子公司中润国内贸易有限公司于2017年1月12日与深圳地铁集团签署了《关于万科企业股份有限公司之股份转让协议》,华润股份和中润贸易拟以协议转让的方式将其合计持有的公司1,689,599,817股A股股份转让给深圳地铁集团,约占公司总股本的15.31%。每股交易价格为22.00元/股,转让总价为人民币371.7亿元。在做了万科第一大股东15年之后,华润最终出售股份给深圳地铁集团,套现超过370亿元离场。万科管理层在华润离场后迅速得到了新股东的支持,和宝能系之间的力量对比也随之发生了变化。而参与股权争夺的另外两方,宝能系和恒大的意愿,也成为解开万科股权迷局的关键。

至此,“万宝之争”暂时落下帷幕。

(二)影响及意义

2016年保险资金在我国资本市场上异常活跃,从万科到南玻集团,再到中国建筑和格力电器,保险资金均扮演着重要的角色。然而,保险资金在收购上市公司股权中的杠杆收购问题、举牌乱象、保险资金可投资范围的不统一等问题的出现,引发人们关于保险资金运用的规范化、合法化问题的争议。基于此,监管层面近来出台了一系列监管措施,这意味着我国险资运用问题已经引发了监管层面的足够重视,险资运用不规范问题有望得以解决。

在“万宝之争”中,随着华润退出,深圳地铁集团加入,让这场风波暂时告一段落。而参与万科和宝能之争的前海人寿和恒大人寿,市场往往更愿意把他们叫作某某系,如宝能系和恒大系。这样的称呼最直观地把险资和它背后的大股东联系了起来,同时也让不少业内人士担心大股东一枝独秀的公司结构暗藏的风险隐患。

通过梳理公开资料发现,前海人寿、恒大人寿、华夏人寿等在举牌中表现比较激进的险资,该公司中第一大股东的持股比例往往在51%左右,这也接近保监会规定的单一股东持股比例上限。不仅如此,该类公司其余的股权持有者,往往均与第一大股东有着千丝万缕的联系,这一特殊的股权结构也成为学界及实务界对于保险资金运用进行质疑的重要原因。以"万宝之争"中宝能系的重要成员前海人寿为例,该公司第一大股东为钜盛华公司,然而,钜盛华的大股东就是姚振华100%控股的宝能投资集团,其余持股较多的股东中也不乏宝能集团旗下公司,虽然这些公司从法律上而言均为独立法人,但这些公司在"万宝之争"中体现出来的高度一致性还是让人怀疑其独立性。①

万宝之争中前海万能险的蜕变,并不符合我国保险监管的理念。例如,《保险资金运用管理暂行办法》(中国保监会令2010年第9号)明确规定,保险集团(控股)公司、保险公司不得使用各项准备金购置自用不动产或者从事对其他企业实现控股的股权投资,控股投资的对象仅限于保险类企业、非保险类金融企业或者与保险业务相关的企业。《保险资金投资股权暂行办法》则进一步明确,保险资金直接投资股权,仅限于保险类企业、非保险类金融企业和与保险业务相关的养老、医疗、汽车服务等企业的股权;其中,投资非控股的企业股权,除资本金之外也可以运用责任准备金,但必须与投资资产期限相匹配。不仅如此,在《保险公司资金运用信息披露准则第3号——举牌上市公司股票》(保监发〔2015〕121号)中,5%的举牌标准就已经考虑到保险公司持有或者与其关联方及一致行动人共同持有一家上市公司已发行股份的因素。该准则第3条关于披露的事项要求举牌保险公司说明资金来源(自有资金、保险责任准备金、其他资金)以及对该股票投资的管理方式(股票或者股权)。若资金来源于保险责任准备金的,应当按照保险账户和产品,分别说明截至交易日,该账户和产品投资该股票的余额、可运用资金余额、平均持有期,以及最近4个季度每季度的现金流入、流出金额等。②

2016年3月针对实践中众多小保险公司利用高现价万能险产品冲

---

① 参见新浪财经:《万宝之争暂歇:华润退出,股东深铁力挺万科管理层》,载新浪财经网:http://finance.sina.com.cn/roll/2017-01-15/doc-ifxzqhka3091944.shtml,最后访问日期:2017年3月20日。

② 参见搜狐财经:《万科挑战宝能资管计划:监管层有苦难言》,载搜狐财经网:http://business.sohu.com/20160721/n460262998.shtml,最后访问日期:2017年3月20日。

保费的激进行为,保监会叫停了存续期限不满1年的中短存续期产品,控制1~3年的中短存续期产品的销售规模,以强化对资产负债错配风险和流动性风险的管控。

2017年年初,保监会连续出台法律法规对于保险资金的运用进行规范,其中最为重磅的规则莫过于发布了《保险公司股权管理办法(征求意见稿)》,将险企单一股东持股比例上限由51%降低至1/3。体现了绝不允许保险公司成为内部控制人的"融资平台"和富豪俱乐部的决心。

当然从更深层次来说,随着金融创新力度不断加大,金融风险的识别和管理面临着空前挑战。保险资金在资本市场激进投资跨越了多个监管机构,也是在提醒监管层不应各扫门前雪,而要加强协同监管的必要性。

二、P2P第一案——"e租宝"案件

(一)基本情况

"e租宝"是"钰诚系"下属的金易融(北京)网络科技有限公司运营的网络平台。2014年2月,钰诚集团收购了这家公司,并对其运营的网络平台进行改造。2014年7月,钰诚集团将改造后的平台命名为"e租宝"并上线运营。

2015年12月3日,e租宝深圳分公司被经侦突查。据悉,该公司疑涉嫌非法吸收公众存款,存在自融问题,40余人被警方带走调查。12月8日,新华社正式发布消息称,金易融(北京)网络科技有限公司运营的"e租宝"网站以及关联公司在开展互联网金融业务中涉嫌违法经营活动,正接受有关部门调查。北京市公安局官方微博发布消息称,各地有关地方公安机关已对"e租宝"网络金融平台及其关联公司涉嫌犯罪问题依法立案侦查。微博并称,各地公安机关对相关犯罪嫌疑人采取了强制措施,对涉案资产实施了查封、冻结、扣押。随后,"e租宝"通过其微信公众号发布声明称,平台配合接受相关部门检查,"e租宝"平台暂停平台交易。2016年1月14日,备受关注的"e租宝"平台的21名涉案人员被北京市检察机关批准逮捕。其中,"e租宝"平台实际控制人、钰诚集团董事会执行局主席丁某,涉嫌集资诈骗、非法吸收公众存款、非法持

有枪支罪及其他犯罪。此外,与此案相关的一批犯罪嫌疑人也被各地检察机关批准逮捕。

2016 年 4 月 27 日,“e 租宝”案被定性为非法集资,涉案金额人民币 500 多亿元,主要涉案人员涉嫌集资诈骗罪、非法吸收公众存款罪、非法持有枪支罪、组织他人偷越国(边)境罪。

此案由北京市公安局侦查终结移送审查起诉,北京市人民检察院于 2016 年 8 月 15 日依法受理。2016 年 8 月 16 日下午,北京市人民检察院官网发布公告称,“e 租宝”实际控制人钰诚国际控股集团有限公司涉嫌集资诈骗罪,犯罪嫌疑人丁某(“e 租宝”实际控制人、钰诚集团董事长)、张某(“e 租宝”总裁)等 11 人涉嫌集资诈骗罪,犯罪嫌疑人谢某(钰诚国际控股集团 CEO)、王某某(“e 租宝”联合创始人)等 15 人涉嫌非法吸收公众存款罪。

尽管引起社会轰动的该事件近期已逐渐平静,但其产生的影响却久久挥之不去,不少曾经的投资者也在持续跟进案件发展。“e 租宝”广州分公司 9 名涉案人员在广州市天河区人民法院过堂受审,他们被控发展投资群众购买“e 租宝”推出的理财产品,各自负责发展投资客户少的有 200 多人,多的超过 5000 人,吸存金额都超过千万元。该案对国内蓬勃发展的 P2P 行业造成严重冲击,甚至一度令 P2P 行业进入冰冻期,但也正因如此,对这一行业的规范引起了社会和监管者前所未有的重视。

(二)影响及意义

“e 租宝”涉嫌自融、非法集资案再次提示我们,无论是传统金融,还是新型金融,信息不透明必然造成金融风险,而信息不透明的根源则是监管缺位。2016 年以来,中国网贷行业的监管政策及实施细则逐步明确和落地,行业自律和信息披露逐步加强和完善,P2P 网贷行业总体在向好的方向发展。

2016 年 8 月 24 日,银监会会同工业和信息化部、公安部、国家互联网信息办公室联合发布了《网络借贷信息中介机构业务活动管理暂行办法》。该暂行办法正式发布稿仍延续了征求意见稿所提出的信息中介、小额分散、负面清单制等核心内容。但与征求意见稿有所区别,主要体现在以下 3 个方面:第一,二元监管模式。该暂行办法明确指出,银监会及其派出机构,主要负责网络借贷机构的制度设计、规则制定和日常的行为监管，明确由地方人民政府的金融监管部门，即各地的金融办、金融局负责“网贷”机构的机构监管，包括机构备案、登记，包括“网贷”机构的风险防范和处置。第二，明确了P2P平台的信息中介作用以及小额分散的经营模式。《网络借贷信息中介机构业务活动管理暂行办法》中进一步明确“网贷”机构是信息中介而不是信用中介，不允许“网贷”机构吸收存款，设立资金池进行非法集资等；进一步明确了小额分散这个客户定位和市场定位；进一步明确了网络借贷机构的经营活动必须在线上经营的要求，禁止网络借贷机构在线下从事营销活动，进行虚假宣传；进一步明确了“网贷”机构充分利用技术手段提高效率、降低交易成本，在资产端和投资端合理定价的要求；进一步明确了网络借贷机构必须专注主业、专业化经营，主要从事个体与个体之间融资活动的撮合，而不能从事跨界销售产品进行混业经营。第三，明确中国互联网金融协会为P2P行业自律组织，并成立“网贷”专业委员会。①

P2P行业近几年作为互联网金融代表性行业，发展迅速。金融创新伴随着金融风险，P2P行业在承载拓宽民间融资渠道任务的同时，也对于金融安全造成了一定的隐患。P2P平台在性质上本应该属于信息中介，但一些P2P机构承诺担保增信、错配资金池等，已由信息中介异化为信用中介。《网络借贷信息中介机构业务活动管理暂行办法》的出台可以有效规制这类P2P平台，规范其业务开展的规范性，对于P2P行业可以起到去伪存真的效果。该暂行办法正式实施后，部分P2P平台的主营业务将被直接叫停，包括贷款、担保、自融、资金池、拆标、销售外部理财、股权众筹等。P2P行业将经历一个大浪淘沙的过程，大部分P2P平台面临发展转型。

对于P2P行业的监管，首先要做好市场规范作用。平衡金融发展与金融创新的关系，在注重效率的提高过程中也重视风险的防范，建立与完善我国互联网金融监管体系。对P2P平台要严格市场准入和业务规范，加大行业评级等风险信息披露。只有增强平台的信息透明度，投资

---

① 参见新浪财经：《四部委正式发布网贷监管法与征求意见稿存三大区别》，载新浪财经网：http://finance.sina.com.cn/roll/2016-08-24/doc-ifxvitex8834425.shtml，最后访问日期：2017年3月20日。

者才能有效评估风险、理性投资,不容易陷入“高收益”骗局。各平台才会加强风险控制,从而促进行业良性竞争和规范发展。另外,要加强资金监测和风险监测。要严格要求 P2P 平台落实客户资金第三方托管制度,托管银行要加强对相关资金账户的监督。在风险监测方面,P2P 风险监测的重点,除了平台本身之外,应该是资金运用端。P2P 资金来源端信息透明,风险较小,其风险绝大部分来自于资金运用端。目前,运用端创新很丰富,信息也不透明,要有效监测 P2P 风险,就应重点监测平台自身风险和借款人及借款项目的风险。①

随着 P2P 行业监管政策的落地和监管细则的实施,行业自律的加强和信息披露的完善,该行业有望步入健康可持续发展轨道,行业发展前景将进一步清晰。监管层面应当明确,监管与 P2P 行业并非对立关系,监管的目的并非抑制 P2P 行业的发展,而是促进、规范其发展。

三、“中晋系”涉嫌非法吸收公众存款、集资诈骗

(一)基本情况

中晋资产管理(上海)有限公司(以下简称中晋资产)于 2013 年成立,注册资本人民币 1000 万元。对外投资企业 63 家,国太投资控股(集团)有限公司(以下简称国太控股)是其唯一的股东。而中晋资产对外投资控股企业中,有些还投资设立了大量企业,以上海中晋一期股权投资基金有限公司为例,其对外投资企业高达 140 多家。国太控股成立于 2013 年,注册资本 1.95 亿元,法定代表人陈某。

2016 年 4 月 6 日,上海市公安局称,中晋系相关联公司涉嫌非法集资诈骗而被查处,实际控制人徐某等人在准备出境时被公安人员当场截获,其余 20 余名核心成员也在 4 月 5 日全部抓获。“中晋系”公司通过各种渠道,利用虚假业务、关联交易、虚增业绩等手段骗取投资人信任,并以“中晋合伙人计划”的名义,变相承诺高额年化收益,向不特定公众大肆非法吸收资金。同年 5 月 13 日,包括徐某在内的“中晋系”35 名高

---

① 参见网易财经:《未来中国 P2P 等网贷可能的发展方向》,载网易财经网:http://money.163.com/16/0613/07/BPE4Q6D700252G50.html#,最后访问日期:2017 年 3 月 20 日。

管和业务经理，因涉嫌非法吸收公众存款罪，被检察机关批准逮捕，由公安机关执行。

经公安机关侦查，自2012年7月起，以徐某为实际控制人的“中晋系”公司先后在上海及其他省份投资注册50余家子公司，并控制100余家有限合伙企业，租赁高档商务楼，雇用大量业务员，通过网上宣传、线下推广等方式，利用虚假业务、关联交易、虚增业绩等手段骗取投资人信任，并以“中晋合伙人计划”的名义变相承诺高额年化收益，向不特定公众大肆非法吸收资金。

然而，事发后，经公安部门查证，整个“中晋系”220余家销售理财产品的“有限合伙企业”中，仅有一家到证监部门备案。徐某通过各种包装手段，重金包装“中晋系”公司，同时用10%～25%不等的高收益来吸引投资者，在2015年更是推出了收益率高达400%的理财产品。在高强度宣传、“完美包装”以及超高额度的收益面前，不少投资者落入骗局。

2016年10月13日，上海市检察院第二分院发布公告：犯罪嫌疑单位国太投资控股（集团）有限公司及犯罪嫌疑人徐某、李某、陈某某、汤某、吴某、陈某、蒋某某、孙某某8人涉嫌集资诈骗罪一案，已由上海市公安局侦查终结移送本院审查起诉，本院于2016年10月13日依法受理。

该消息也意味着，这起涉嫌金额高达390亿元的非法集资诈骗案件，结束了长达6个月的公安机关侦查，进入检察机关的审查起诉阶段。此前警方调查发现，“中晋系”的资金几乎全部在内循环——由“合伙企业”吸纳公众资金至国太控股，国太控股再用资金包装“子公司”、股市对冲，几乎没有任何投资盈利渠道，投资者的本息来自新投资者的资金。该案件又一次强烈震荡了国内金融行业并摧残了投资者的内心，为国内一度疯狂发展的私募基金行业敲响警钟。

（二）影响及意义

近年来，类似于“中晋系”的庞氏骗局频繁发生，与一般的金融诈骗不同，“庞氏骗局”往往受骗者更多，社会影响面更广，因此引起监管层面的格外重视。

“中晋系”诈骗案之所以能发生，主要原因有以下几点：第一，法律法规的缺失。我国现行法律对于理财产品的性质、定义、操作规范等规定的缺失，导致监管部门在执法过程中缺乏判断的标准。这也使我国监管部门对于该类案件只能从事后所造成的影响去判断企业行为是否合法,这是一种典型的事后监管。由于标准的缺失,监管层很难对于该类案件进行事前监管。规则的缺失也导致企业缺乏明确的行为标准,违法和合法界限不明晰。第二,我国监管部门在平衡金融创新与金融风险的关系时态度模糊。随着金融混业经营浪潮席卷,市场中各式各样的金融衍生品层出不穷,这也给普通的投资者带来了一定的困扰。由于信息披露不完善,投资者往往难以判断理财产品的资金用途。然而,监管层面出于金融创新带来的金融效率提升考虑,对金融创新产品的监管态度往往较为温和。第三,部分理财经营者缺乏底线,部分从业者素质较低甚至完全没有金融行业从业经验,而又大肆采取各种包装和营销手段欺骗大众和中小投资者,在社会信用体系相对滞后的当下,互联网金融不可避免地出现了违规行为野蛮生长的状况。总体上看,中晋诈骗案对我国的互联网金融法制建设、社会信用体系建设、虚拟经济引导实体经济发展的指导原则、政府在新时期的金融监管能力都带来了强烈的冲击,影响深远。①

私募基金行业发展迅猛,问题和风险也不断凸显。针对此,2016 年 4 月 15 日,中国证券投资基金业协会正式下发《私募基金募集行为管理办法》,并于 2016 年 7 月 15 日起实施。关于私募基金合法募集主体问题,该办法第 2 条、第 4 条规定了私募基金募集主体只有两种,登记的私募基金管理人直销、具有基金销售业务资格且为基金业协会会员的机构代销。且私募基金管理人只能为其自行设立的私募基金募集。此外,募集从业人员应当具有基金从业资格。关于私募基金管理人责任问题,该办法第 7 条规定了私募基金管理人应当履行受托人义务,承担基金合同的受托责任,并且规定委托基金销售机构募集的,不因委托募即免除其依法应当承担的责任。该办法明确私募基金管理人委托基金销售机构募集私募基金的,应当签订书面的基金销售协议,并将协议中有关私募基金管理人与基金销售机构权利义务划分以及其他涉及投资者利益的部分作为基金合同的附件,附件和基金销售协议不一致的,以附件为准。

① 参见财会信报:《中晋系庞氏骗局落幕　投资也须知己知彼》,载财会信报网:http://ckxb.e521.com/paper/2016591/A8/474045.shtml,最后访问日期:2017 年 3 月 20 日。

此外,该办法还规定任何机构和个人不得为规避合格投资者标准募集以私募基金份额或其收益权为投资标的的金融产品,或者将私募基金份额或其收益权进行拆分转让,变相突破合格投资者标准。①

《私募基金募集行为管理办法》的出台无疑会在短期内快速规范私募基金非法集资、违规募集等乱象,同时私募基金销售机构也将面临大规模洗牌。

四、江西赛维破产重整案

(一)基本情况

反复半年之久的江西赛维破产重整方案,近期被法院强制裁定,银行博弈失败,将可能面临承担百亿元损失的局面。

江西赛维集团旗下有 5 家子公司分别为江西赛维 LDK 光伏硅科技有限公司、江西赛维 LDK 太阳能多晶硅有限公司、江西赛维 LDK 太阳能高科技有限公司、赛维 LDK 太阳能高科技(新余)有限公司、赛维 LDK 太阳能高科技(南昌)有限公司,分布在公司硅料、硅片、电池和组件产业链。江西赛维曾是江西省的骄傲,带来无数荣光。作为江西省第一家在美国上市的企业,2007 年 6 月 1 日登陆纽交所的赛维 LDK 创下了中国新能源领域迄今无法超越的最大一次 IPO,并于当年 10 月达到市值巅峰的 102.85 亿美元。但之后其发展急转直下。2012 年受欧美"双反"打压,全球光伏市场陷入低迷,赛维陷入资金链断裂,债务恶化的生存经营危机。当年,国开行高调与赛维签署合作协议,其后持续提供流动性支持。江西省政府同时牵头设立 20 亿元的维稳基金,专项用于各家银行倒贷、安排土地指标担保融资、动员省电力公司、相关银行宽容缓解预期电费和贷款。

此次破产重整,赛维集团总负债在 300 亿元左右,负债率将近 180%,属于严重资不抵债。其中,银行对纳入破产重整的 5 家子公司的总授信近 150 亿元,数十家银行折戟其中。此前存在金融债权共计 270 亿元左右的口径,系有重复申报担保资产的情况。

2016 年 4 月 20 日,管理人发布招募战略投资者公告,其中 9 家机构

① 参见秦政:《〈私募投资基金募集行为管理办法〉十大核心规则解读》,载《私募法律服务圈》微信公众号,最后访问日期:2017 年 3 月 20 日。

提交了重整意向书。2016 年 6 月赛维集团与债权银行沟通相关重整情况，就企业经营、战略投资者招标及重整意向方关于债务解决初步想法等情况进行交流。提出的方案是：重整企业的金融债务按照"30%以上比例削债 + 小部分留债 + 大部分债转股"的思路处理，即整体削债 30%以上再留债，且保证留债后企业资产负债率低于 50%，符合上市标准。剩余的大部分债务折价转股，投资者以现金入股的方式取得对新公司的绝对控股(50%以上)。之后赛维公司各债权人也表达了自己的意见，反映的问题主要有：一是赛维债权清偿比例较以往光伏行业企业重整清偿比例大幅减少，从结果上来看，赛维重整过程实际就是"明重整实清算"；二是赛维的重整方案与赛维实际经营情况不匹配；三是资产评估方法值得商榷；四是重整的流程存在瑕疵。

但各债权人并没有得到满意的答案。2016 年 8 月 12 日召开的第二次债权人会议上，公司的重整方案正式出炉。3 天后，由于清偿率远低于此前预期，加之对方案中债转股计划的担忧：此类债转股并非享有优先清偿顺序的优先股，而只是"有各种条件约束的普通股"。对债权人而言比较不利，放弃各种权利，只享有固定收益，但在法律上清偿顺序依然得不到保证，相当于"同股不同权"——大部分银行均在 3 天后的表决中投下了反对票或者弃权票。

按照《企业破产法》相关条款，未通过重整计划草案的表决组再次表决仍未通过重整计划草案，但草案符合相关条件的，管理人可报请当地法院强制裁定批准。经法院裁定批准的重整计划，对债务人和全体债权人均有约束力。

2016 年 9 月 30 日，江西省新余市中级人民法院批准了江西赛维 LDK 光伏硅科技有限公司、江西赛维 LDK 太阳能高科技有限公司、赛维 LDK 太阳能高科技有限公司的破产重整计划。由于没有接盘方，江西赛维 LDK 太阳能多晶硅有限公司直接被破产清算。①

① 参见财新网：《江西赛维"债转股"的悲惨结局》，载财新网：http://finance.caixin.com/2016－10－10/100995221.html，最后访问日期：2017 年 3 月 20 日；搜狐财经：《江西赛维拿出破产重整计划　14 家银行亏掉 200 亿》，载搜狐财经网：http://business.sohu.com/20160912/n468264227.shtml? t = 1473685601185&t = 1473685601305，最后访问日期：2017 年 3 月 20 日。

通过法律程序从形式上落定之后，赛维集团的各个债权银行只能吞下苦果。

(二)影响及意义

江西赛维破产案件，背后的推动人实际是江西省政府。无论是此次破产重组中采取的“债转股”方式，还是各债权人受偿比例的确定，均是由作为管理人的政府确定，债权人的合法权益难以受到保障。

债转股是将债权人对企业所享有的债权转换为企业的股权，是一种常见的去除银行等债权人不良资产、降低债务企业资产负债率的手段。债转股并不是新兴的制度，在1999年我国第一次实施债转股，由于我国特殊的国情，第一次债转股主要是由政府强制性推进的。2016年10月10日，国务院发布《关于积极稳妥降低企业杠杆率的意见》，并同时发布《关于市场化银行债权转股权的指导意见》，明确规范政府行为。

此次债转股主要是由于我国经济新常态下，经济下行压力过大，企业杠杆率高，资产负债率增高，严重影响企业资金流动性，突出表现为近几年企业债务违约事件的频繁发生。因此，为了缓解企业债务，降低企业杠杆率，消化银行等债权人不良资产，我国重新启动债转股。较之于1999年债转股，本轮债转股有不同的定位及特征，最大的不同之处在于本轮债转股是以市场化、法治化的方式进行。这一方面意味着债转股本身必须尊重市场主体意愿，不能搞“拉郎配”，债转股定价应基于资产质量，不能成为变相逃废债务；另一方面也意味着债转股之后，新股东应当名副其实，而多元股权结构必须促成公司良治。如此一来，则债转股不仅顺应了去杠杆的大局，而且可以成为国企推进混合所有制改革和提升公司治理水平的机遇。

那么，如何推进债转股以市场化、法治化的方式进行。核心问题就是：第一，谁来进行债转股？第二，债转股如何进行？针对第一个问题，此次债转股需要明确，债转股的实施与否均由市场主体自主协商确定，而并非像第一次债转股由政府单方指定。针对如何来进行债转股，即债转股依照什么样的规则进行的问题，按照现有法规，商业银行能直接持有股权，只是“支持银行充分利用现有符合条件的所属机构，或允许申请设立符合规定的新机构开展市场化债转股”。因此，这可能导致商业银行被迫为了债转股而进行债转股。即按照要求找到了名义上无关联关系，但实际控制的机构代持“股份”，原有债权关系并未转移，只是名义报表科目腾挪，真实债权性质及风险毫无变化。换言之，“市场化”不能只体现在名义的机构及代持关系上，而是要根植在真实的业务“初心”。

为最大限度地实现债转股的“市场化”，应尽量解决各类层面的兜底问题。《关于市场化银行债权转股权的指导意见》也明确要求了政府的责任范围，政府将不得干预市场化债转股的具体事务，也不承担损失的兜底责任。

回归到债转股的本质上来看，通过债权转股权，商业银行可力争恢复贷款对象的盈利能力，改善其财务健康状况，尽可能保全银行的资产；而负债企业在财务压力缓解后，经营有望改善。从银行的角度来看，债转股过程中如何保证自己债权的安全性是首要目标，如何保障自己债权能够收回本息，是银行最为关注的事情。债转股中若将自己债权人身份转换为股东，进入企业的管理层，银行并不具备这样的实力。

此外，相关法律法规等配套政策也应该尽快出台、修订，以扫清债转股过程中可能遇到的一些法律障碍。例如，第一，《公司法》上的障碍，股权是否可以作为出资，是否违反资本充足原则，容易引发出资不真实，以虚假债务作为公司资本的情形。第二，我国分业经营体制限制。商业银行或金融资产公司参股实体经济，或违反我国分业经营体系。第三，担保法上的限制。债转股后或面临抵押权丧失，权利失去保障。

五、票交所成立：票据市场发展里程碑

（一）基本情况

目前，票据市场规模持续增长，已成为金融市场的重要组成部分。随着票据功能从支付向融资、投资演变，票据市场发展中的问题也逐渐显现。金融机构受美化报表、扩大营收驱动违规借助信托计划、过桥行、资管计划等各类通道隐藏票据规模；票据中介通过虚假包装、控制同业户等多种手段扰乱市场秩序，增加了风险隐患。在此诱导下，受实体经济及股灾波动的直接冲击，票据市场爆发了多起风险事件。2016年1月，农行爆出39亿元票据诈骗案。接着，中信银行兰州分行发生假存单质押开票无法兑付案，涉及资金近10亿元。2016年4月，天津银行在港交所公布发生一起金额7.86亿元的回购风险。随后，宁波银行公告称，

发现本行员工违规办理票据业务,金额32亿元。票据事件的集中爆发促使银监会、中国人民银行先后下发了203号、126号、122号、224号等多份文件,但治标不治本。①

基于此,中国人民银行办公厅于2016年11月2日印发《关于做好票据交易平台接入准备工作的通知》。该通知表明,中国人民银行筹建票据交易平台(以下简称票交所)并拟于2016年12月8日组织交易系统试运行。从事票据承兑、贴现、交易、质押、保证业务的金融机构分批加入票交所系统。

《关于做好票据交易平台接入准备工作的通知》称,票交所系统(一期)试点机构共计43家,包括35家商业银行、2家财务公司、3家券商、3家基金。对于试点机构的安排为:自2016年12月8日起参与试点,2017年2月27日起开始推广,2017年6月底前完成全部系统参与者的推广上线。

2016年12月8日,中国人民银行牵头筹建的上海票据交易所正式上线。票交所注册资本18.45亿元,发起人包括中国人民银行清算总中心、中国银行间市场交易商协会、上海黄金交易所等。系统一期试点机构共43家,包括35家商业银行、2家财务公司、3家证券公司和3家基金公司。

(二)影响及意义

由于票据市场上风险事件的频繁发生,为从根本上规范票据流通中所产生的风险隐患,监管层开始考虑推动成立票据交易所以集中交易,票交所应运而生。票交所的建立对于我国票据市场的规范发展具有重要的战略意义。

票交所的成立,对于规范票据市场主体的行为、规范票据交易过程均有着重要的作用。

第一,票交所的建立,使票据市场中参与主体多元化,扩充了票据市场参与主体数量。票交所的成立使得证券、基金、保险、信托、期货等可以参与到票据市场中来,丰富了票据市场的参与主体,也充实了票据市场的资金量。不仅如此,票交所还引入了资管计划、理财计划等产品,允

---

① 参见钟俊:《票交所成立:票据市场发展里程碑》,载《银行家》2017年第1期。

许其进入票据市场，各式各样交易主体形态也在一定程度上提升了票据市场产品的创新能力。此外，票交所使票据成为标准化的交易产品，将票据市场与其他资本市场相连接，完善了我国资本市场体系。

第二，票交所的成立推动了票据利率市场化形成机制的建立。之前票据价格形成于线下，主要受制于资金价格、利润调整、市场供应、仓位情况等因素影响，因此，票据价格形成主观性较强，波动性较大。然而，票交所成立后，票据交易环节被减少，规范程度提高，有助于形成全国统一的票据价格体系，完备市场价格指数及形成机制。票交所采用的信用主体规则使得票据定价环节更加市场化、法治化，票据参与主体的资质能力也交给市场优胜劣汰，参与主体的能力可在票据市场上更加直接地通过价格机制体现出来。原来票据交易所采取的过桥增信等交易模式将会逐渐被取代，交易环节完全市场化，交易成本、费用进一步降低。

第三，票交所的成立推动了票据交易无纸化。金融科技的发展对我国资本市场的交易产生了深远的影响，其显著的一点变化就是资本市场交易的电子化，如我国股票市场、期货市场，大多都是以互联网作为依托的电子化交易。然而，我国票据市场却仍然保留纸质交易的形式，如票据承兑业务。这抑制了票据交易的灵活性，不利于我国票据市场的发展。票交所对纸质票据电子化的“一揽子”承兑登记、贴现登记、初始权属登记等安排，以及电子票据的配合推广，使我国票据交易更加方便快捷。电子化交易也是我国票据市场发展的大势所趋，票交所的成立对于我国票据市场电子化有着重要的推进作用。

第四，票交所的成立使票据市场风控水平得以提升。票交所成立后，原本线下的一些交易环节将在票交所集中进行，加上电子票据的运用，票据交易安全将会得到较大程度的保障。此外，票交所成立后将建立会员制度，规范票据市场参与主体，提高票据市场准入标准及门槛，进而淘汰票据市场中一些不符合标准的机构及个人，优化了票据市场参与主体，降低了市场信用风险及道德风险。

第五，规范票据交易中介机构行为。票据中介作为企业与银行、银行与银行之间的中介机构，在票据市场上扮演着重要的角色，它们利用自身信息优势，帮助银行牵线搭桥。作为信息中介，本来也无可厚非。但一些不规范的票据中介铤而走险，自己充当银行，做起了“期限错配”

的生意。本应留在中国人民银行清算系统内流动的票据交易资金,便在票据中介"期限错配"的主导下流出中国人民银行清算体系而不受监控。票交所上线后,上述"期限错配"套出资金的做法将得到有效遏制。此外,票交所的设立还能杜绝票据中介通过"期限错配"赚利差,甚至是"一票两卖"将钱骗出银行间市场的行为。票据中介没有介入票交所,自然无法做"期限错配"。①

票交所的成立是票据发展的里程碑事件,标志着票据市场开始向标准化电子交易迈进,其不仅能够较好地解决纸票时代存在的违规出表、道德风险等问题,更会在价格发现、货币政策传导、交易模式、风险控制、产品创新等方面为票据市场提供新的发展契机。

六、国海证券"萝卜章"事件

(一)基本情况

2016年12月14日,市场上传言廊坊银行代国海证券持有的100亿元债券出现巨额浮亏,而此时国海证券不愿认账。国海证券公司原债券团队成员张某、郭某等人以公司名义与其他交易对手方进行债券代持等,后来张某失联,郭某投案,代持机构要求国海证券接盘,国海证券则称纯属离职员工个人行为,相关协议所用印章系伪造,进而产生纠纷。同年12月15日,公司发布声明,此事责任在于离职员工私刻"萝卜章",公司股票及相关债券自2016年12月15日开市起停牌。此后,国海证券与多家涉事机构进行协调。

2017年1月19日晚,国海证券发布董事会决议公告及复牌公告。该公司表示,对"萝卜章"事件,已与全部事涉机构完成协商,其中,与24家机构签订了相关协议,1家机构自行承担。已处置的债券中,国海证券分担的损失约0.56亿元,计入2016年当期损益;由该公司承担的债券共计面值167.80亿元,全部按成本计入"持有至到期投资"核算。持有期间,债券价格变动均不影响当期利润。该公司股票及相关债券自1月20日开市起复牌。

---

① 参见江西财经大学九银票据研究院课题组:《票据市场2016年回顾及2017年展望》,载《杭州金融研修学院学报》2017年第2期。

国海证券公告称,该公司与事涉机构达成如下处置方案:一是信用债全部由国海证券承担,共计面值 35.90 亿元。二是部分利率债按比例各自买断,国海证券买断面值为 87.30 亿元。三是部分利率债由事涉机构继续持有,其投资收益与相关资金成本之差额由国海证券与事涉机构共担,此部分共计面值 44.60 亿元。四是个别事涉机构已于 2016 年 12 月 20 日前对相关债券进行处置,形成实际损失的按比例分担,国海证券分担损失共计约 0.56 亿元。国海证券共承担债券面值 167.80 亿元。其中,利率债共计 131.90 亿元,全部为安全性和流动性高的国债、国开债,剩余期限 5 年以下的占 5.76%,5 年以上的占 94.24%,加权平均票面利率为 3.26%;信用债 11 只,共计 35.90 亿元,其中,债项评级 AA 及以上的 9 只、AA－的 1 只、A－1 的短期融资券 1 只,分别占信用债总面值的 94.99%、3.34% 和 1.67%,剩余期限(按行权日)5 年以下的占 96.66%,5 年以上的占 3.34%,加权平均票面利率为 7.51%。①

对于事件处置对公司可能造成的影响,国海证券表示,因个别事涉机构于 2016 年 12 月 20 日前处置债券形成实际损失,公司分担的损失约 0.56 亿元,计入 2016 年当期损益,使公司 2016 年度利润总额减少约 0.56 亿元。根据企业会计准则,公司承担的债券面值 167.80 亿元全部按成本计入"持有至到期投资"核算。持有期间,债券价格变动均不影响当期利润,其中,131.90 亿元的利率债,不存在到期无法偿还的违约风险。35.90 亿元的信用债,绝大部分信用评级为 AA 及以上,违约风险预计有限。持有期间,上述债券产生的票面利息收入预计可覆盖融资成本,预计对公司经营业绩的影响有限。

(二)影响及意义

在 2016 年,我国债券市场违约事件大幅增加。伴随着经济结构调整、企业去杠杆的过程,我国产能过剩行业、强周期行业和抗风险能力较弱的中小企业经营面临严峻挑战,债券市场信用风险暴露速度加快,违约事件密集发生。2016 年违约事件呈现大幅上升态势,共 26 只债券发

---

① 参见新浪财经:《国海证券已与"萝卜章"全部事涉机构完成协商》,载新浪财经网:http://finance.sina.com.cn/roll/2017-01-20/doc-ifxzunxf1525702.shtml,最后访问日期:2017 年 3 月 20 日。

生违约,涉及15家违约主体,违约债券只数为2015年的近3倍。公募市场主体违约率从2015年的0.48%,上升到2016年的0.52%。

而把债券市场风云推向高潮的还是国海证券的“萝卜章”案。从本质上说,这是证券公司等金融机构涉嫌违约的事件。不管公章是不是“萝卜章”,这一事件体现了国海证券风险管理和内部控制存在明显的缺陷,也体现了代持债券类金融同业交易的不规范性。而从银行来说,教训则更为深刻。近年来,不少银行开始转型,金融市场业务成为银行转型的方向,其中一些小型银行都试图在这类业务中寻求突破。然而,小型银行在金融市场业务特别是债券业务方面缺乏足够的人才和风险管理手段,对债券业务的风险认识不足、风险管理能力欠缺。

为了建设更加市场化、规范化的债券市场,刘再杰、李艳撰文指出,我们需要重点完善债券市场信用风险及违约风险处置机制,打破刚性兑付,完善我国债券市场监管机制,建立债券市场风险预警机制。具体而言有以下几个方面:

第一,建立债券市场事前事中风险约束机制。建立我国债券市场信用评级机制及信息披露制度。一方面,进行债券信用评级最主要原因是方便投资者进行债券投资决策。投资者购买债券是要承担一定风险的。如果发行者到期不能偿还本息,投资者就会蒙受损失,这种风险称为信用风险。债券的信用风险因发行后偿还能力不同而有所差异,对广大投资者尤其是中小投资者来说,事先了解债券的信用等级是非常重要的。由于受到时间、知识和信息的限制,无法对众多债券进行分析和选择,因此,需要专业机构对准备发行的债券还本付息的可靠程度进行客观、公正和权威的评定,即进行债券信用评级,以方便投资者决策。另一方面,债券信息披露制度是投资者作出投资决定的重要参考之一,我国债券市场的信息披露制度并非十分完善,信息披露程度偏低。发行人或承销商未披露重大投融资事项、子公司或重大关联方相关事项等问题屡见不鲜。因此,有必要进一步完善我国债券市场的信用评级机制以及信息披露制度。

第二,建立我国债券市场多元化风险分散渠道。首先,不断完善我国债券市场信用增级制度,加快完善信用增级行业管理体系,督促信用增级机构依合约履行代偿责任,有效推动信用风险的分散和转移。其次,加大对债券市场中担保公司的监管力度,建立多层次的债券担保制度,将债券市场风险进行分散化。

第三,完善我国债券市场监管制度及风险预警机制。首先要打破债券市场刚性兑付,使债券市场真正市场化,培养投资者风险意识,将债券的优劣交由市场自行判断。其次,完善我国宏观审慎监管,杠杆操作进行监测和统一管理,防范恐慌性的去杠杆以及金融风险的交叉传染。最后,建立我国金融监管机构协调机制,混业经营已成为大势所趋,各金融监管机构之间需要建立良好的沟通协调机制,唯有此才可以对我国债券市场金融进行有效的监管。①

七、"裸条借贷"事件

(一)基本情况

伴随着大学生超前消费意识和攀比心理的不断增长,"校园贷"这一金融产品便应运而生,其灵活快捷的借贷渠道,为大学生创业提供了资金来源。但由于政府监管、社会导向不足,2016 年"校园贷"成为网络热词,与信用透支、欠债跳楼等负面消息捆绑,成为另一个高风险金融领域。

所谓的"裸条借贷",即进行借款时,借款人需手持身份证并裸体拍摄照片或者小视频。当发生违约不还款时,放款人以公开裸体照片或视频与借款人父母联系的手段作为要挟逼迫借款人还款。在 2016 年 12 月,甘肃高校学生 H 向甘肃警方报案,称在 2016 年 12 月 20 日,通过 QQ 社交与"校园放贷中心"的放贷者杨姓男子取得联系,对方声称可以借给 H 同学 1000 元,但要求 H 以裸照和通讯录为抵押,宣称"拍个裸照,立等可取",周息 15%,通过微信转账,快捷便利。在约定时间,H 并没有能力如约还钱,杨姓男子称,可以"肉偿",如果不及时偿还,便将其裸照发送至其好友手中。H 同学无奈,只能报案求助。警方通过沟通得知,H 同学自 2015 年以来,一直深陷裸条借贷旋涡之中,之前已经发生过两次要求"肉偿"的威胁,此次 H 同学无奈只能报案。2017 年 1 月 19

---

① 参见刘再杰、李艳:《我国债券市场信用违约的特征、风险与应对措施》,载《新金融》2016 年第 10 期。

日，警方在甘肃定西火车站对犯罪嫌疑人进行抓获，并在其手机内发现大量"裸贷借款"照片。

其实，早在2016年下半年，网络上就曾经流传过一份"借贷宝10G裸条压缩包"的文件，里面借贷人多为年轻女性，根据个人提供的身份信息可以发现大部分为在校大学生，此事件曾经轰动一时，引起广泛关注。同时，根据网络报道披露，放贷者对没有还款能力的女孩多半要求实施"肉偿"，更是在裸贷过程中成功实现了整套的色情交易网络，如遥控异地裸贷女生对其他放贷人实施线下"肉偿"，并利用裸照长期对借贷女生实施威胁，强迫其从事色情交易等，影响极为恶劣。[①]

（二）影响及意义

校园贷已经成为近期对于我国金融安全有重要影响的金融产品，由于校园贷针对主体具有特殊性，对于校园贷乱象，监管部门的出手治理速度极快。自2016年以来，教育部、银监会等部门多次就校园网贷发出预警，在要求各地金融主管部门在对校园网贷进行排查，并坚决叫停涉足超高利率及暴力催收等问题的不良平台之外，也要求各高校建立预警机制，加强大学生的金融安全知识及风险防范意识教育。2016年4月，教育部办公厅和中国银监会办公厅共同发布了《关于加强校园不良网络借贷风险防范和教育引导工作的通知》。同年10月，银监会相关人员在《P2P网络借贷风险专项整治工作实施方案》公布后表示，在专项整治过程中已经明确了校园贷会作为整治重点，对涉嫌暴力催收、发放高利贷等违法违规机构采取暂停校园网贷业务。

目前，校园贷主要存在的问题有：校园贷公司在与学生签订合同时存在欺诈、隐瞒行为，导致学生并不一定全部了解有关贷款利率、还款方式等核心问题。校园贷款公司收费费率不清晰，没有固定标准。目前大多数校园贷贷款中并未明确约定贷款利率，而是以每期还款金额方式体现费率，那么，这就导致贷款中利率不清晰，难以计算，其中一些校园贷贷款费率超过了我国法定的利率上限。一些校园贷平台为了更快地抢占该市场，纷纷以门槛低、申请手续简单、放款速度快特点吸引广大在校

① 参见金库网微信公众号：《新学期，莫让违规"校园贷"伤了青春，殁了未来》，最后访问日期：2017年3月20日。

大学生。一些校园贷只需要在校大学生在相关平台注册账户，填写个人资料、学籍、家庭住址等信息，连个人签名都不需要，最快几分钟内获得贷款。这也导致一些学生“被贷款”。

任何事物都有其两面性，校园贷开设的初衷是利用资本的流动来解决大学生在自我需求和创业过程中面临的资金短缺。在目前来看，校园贷由于其社会监管不力、标准设置难、超前观念与日常需求不能有效平衡等原因，因此有必要对校园贷进行规范化规制，以发挥其金融功能，并且避免违法校园贷案件的发生。具体而言应从以下几点入手：

第一，校园贷应该限制学生借款的用途。学生借款用途限制在学生最基本的学习和生活，并且一定要经过父母的同意。因为，在校大学生的学习和生活的经济来源是其家长提供保障的。在校大学生没有偿债能力，其偿债能力主要取决于其家长的偿债能力。

第二，建立统一的信用评估体系，提高贷款人的准入门槛。校园贷平台可以运用大数据和互联网技术，为在校大学生提供便捷准确的个人信用评估，并据此评估学生的还款能力，设置相应的授信额度。通过建立大学生贷款的中央数据库，各个借款平台之间可以信息共享，有效避免同一借款人在不同平台借新还旧的欺诈风险。

第三，贷款平台要制定科学、可行的风控标准，这个风控标准要经过政府部门备案和审查。在校大学生作为贷款群体是具有本身的特征的，因为其偿债能力是在未来，而不是当下，对在校大学生的风控与一般贷款的风控是不同的。因此，这个风控标准要经过政府部门备案和审查。

第四，完善校园贷平台规则。校园贷对于在校大学生发放的贷款，贷款平台均应当经过严格的审查环节，对于给错误的对象发放贷款或者发放与还款人还款能力不相符的贷款，贷款平台应当自行承担还款人未还款的后果，给还款人造成损害的，平台应当承担相应的赔偿责任。

八、“校园贷”传销事件

（一）情况简介

2017年1月11日，长春市公安局召开新闻通报会，通报了朝阳区公安分局刑警大队、机动治安大队、经侦大队和乐山镇派出所紧密配合，在吉林省公安厅刑侦总队、经侦总队、长春市公安局科侦支队大力支持下，历经4个月调查取证，成功打掉一个横跨吉林、辽宁、山东、广东、广西、河北、黑龙江、江西8省及重庆市、上海市两个直辖市，专以大学生为侵害对象的系列特大诈骗犯罪团伙，抓获团伙成员8名，涉案150余起，收缴赃车2台。

2016年8月初，长春市公安局朝阳区公安分局乐山镇派出所在“盗抢骗”行动中获得线索，长春市某大学一在校学生被人利用“手机贷”诈骗人民币1万余元。经过深入了解，公安马上意识到这很可能是一起“校园贷”诈骗案，立即展开调查，发现该大学共有5名大学生被骗，他们都是通过大学同学刘某介绍，采取贷款买手机的方式被骗，而经办贷款业务的人叫李某某。

2016年9月8日，公安先后将犯罪嫌疑人李某某、刘某抓获。经审查，李某某交代，他刚刚大学毕业，现就职于长春某家电公司，该公司实际业务为“手机分期贷”，将在校大学生定位为侵害对象。李某某通过大学生刘某，对大学生进行诈骗，每骗一名学生，刘某就能得到500～1000元的“好处费”。

2016年12月初，吉林市几所大学院校发生利用“名校贷”“优分期”，以能屏蔽学生个人贷款信息，贷款不用偿还为谎言的系列诈骗案件。经吉林市公安局侦查，几所大学案件都涉及一个人——李某某。通过案件审讯，专案组发现李某某背后可能还有幕后黑手。后通过侦查，专案组于2016年12月19日17时将本案的幕后张某抓获。

经审讯，张某等人终于交代了犯罪经过。2015年8月，张某公司招聘来一个职工叫李某某，他大学刚刚毕业，对大学校园熟悉，便让他到大学开展“手机贷”“名校贷”“优分期”业务，并教会李某某采取传销模式，发展了吉林市某大学、辽宁某大学的王某某、孔某某、刘某、丁某某、温某某为下线，王某秀自己又发展下线学生约50余人，孔某祎发展下线学生70人，涉及吉林省长春、吉林、通化，辽宁省抚顺、营口，广东、广西、山东、河北、黑龙江、江西省及重庆市、上海市等20余所大专院校，两人将骗得的100余万元先后利用支付宝转账给李某某、张某。为鼓励下线，提高效益，张某、李某某经商量，奖励业绩突出的王某某、孔某某两人各一台汽车。张某还特意将李某某的几个骨干下线找到一起聚会，并当众宣布奖励王某某、孔某某二人汽车，鼓励大家向他们学习，多发展下线，多诈骗大学生钱财。

随着张某等人纷纷落网，仍然抱着幻想的李某某彻底缴械，交代了全部犯罪事实。这个横跨吉林、辽宁、山东、广东、广西、黑龙江、河北、江西 8 省及重庆市、上海市的系列特大诈骗犯罪团伙的犯罪事实大白于天下。[①]

（二）影响及意义

校园贷通过较为简便的手续和快捷的放款速度，在大学生之间广为流传，这种借钱花的消费模式，甚至成为某些群体之间模仿的方式。不法分子假借校园贷的外衣，利用大学生对金融理财知识储备不足的特点，通过谎称低利息、低抵押甚至无抵押等特点，疯狂扩大借贷群体，不断翻滚自己的放贷范围。

此案作案手段并不复杂，张某等人主要是采用传销方式，他利用李某某刚刚大学毕业，让他在毕业大学同学中发展下线，再让被骗大学生发展“下下线”，形成金字塔结构，通过大学生信息贷款后，再采取层层“分红”，让每个人都得到利益，形成利益链条，张某是此案最大受益者，而学生因为得到了利益不愿意轻易报案。

客观上，“校园贷”办贷程序过于简单，为不法分子利用其漏洞进行诈骗提供了“温床”。类似于本案中“名校贷”等贷款平台缺乏基本的反查机制，让并无太强偿还能力的大学生借款如同探囊取物。此外，本案还暴露出，高校对学生信息的掌控能力严重不足。嫌疑人用在校生身份进行贷款，而学校毫不知情，这一点于情于理都说不过去。但目前尚无明确的法律条文，将学生贷款纳入学校管理职责之内，因此，学校监管也存有不少难点与盲区。涉案学生普遍缺乏基本的诚信意识和信贷常识，对在校生的身份并不珍惜，甚至对欠贷不还对自己今后造成的信用污点毫不了解。在校园贷越来越多的情况下，各高校有必要进行一次彻底的风险和诚信教育，让更多学生知道：个人身份信息，绝不能出卖。[②]

---

① 参见搜狐网：《长春警方打掉一特大“校园贷”诈骗团伙》，载搜狐网：http://mt.sohu.com/20170111/n478450499.shtml，最后访问日期：2017 年 3 月 20 日。

② 参见凤凰资讯：《“校园贷”诈骗案：大学生发展下线　12 省 150 余人涉案》，载凤凰网：http://news.ifeng.com/a/20170225/50731734_0.shtml，最后访问日期：2017 年 3 月 20 日。

变了味的“校园贷”,还不起的“青春债”。长春警方破获的这起特大“校园贷”诈骗案,最令人痛心的是涉案学生风险意识和诚信意识的严重匮乏。在涉案学生眼中,个人征信信息是可以拿去做交易的筹码,而传销方式的引入,让更多的被害人变成了犯罪嫌疑人。

九、供应链金融发展迅速,助力民间中小企业融资

(一)基本情况

随着金融全球化进程的不断深化,对我国金融产业的发展提出了新的要求。近年来,以供应链真实交易背景为基础产生的供应链金融得到了高速发展。

生产链和供应链在全球化的背景下联系日趋紧密,生产链的全球化,必然要求供应链金融服务的全球化。以此为基础,国际贸易的全球化趋势,要求金融市场以供应链为中心,提供更为灵活、成本更低、效率更高、风险可控的金融产品和融资模式。供应链金融正是在这种背景下应运而生。对于企业而言,金融的全球化,使得以供应链为中心的融资模式成为了新形势下的必然选择。

供应链金融并不是新鲜事物。实际上,传统供应链金融在国内已有10 多年的发展历程,主要围绕核心企业的信用使其上下游中小企业获得融资。但由于种种原因,传统供应链金融发展始终不痛不痒,更没有真正解决中小企业的融资困境。

但 2016 年开始,沉寂多年的供应链金融被认为“杀了个回马枪”,频频出现在舆论风口。而在 2017 年两会期间,不少金融界的代表、委员都将目光投向通过盘活应收账款、存货等动产来为中小企业“补血”的供应链金融,将其视为解决中小企业融资问题的创新利器。大力发展动产融资,是缓解中小微企业融资难的有效途径之一,也是金融支持实体经济的必要方式。①

(二)影响及意义

供应链金融模式的实质,是把供应链上的核心企业及其相关的上下

---

① 参见凤凰资讯:《两会释放供应链金融积极信号　解锁中小企业融资的新玩法》,载凤凰网:http://news.ifeng.com/a/20170327/50843240_0.shtml,最后访问日期:2017 年 3 月 20 日。

游配套企业作为一个整体,以产业链为依托、以交易环节为重点、以资金调配为主线、以风险管理为保证、以实现共赢为目标,将金融服务在整条供应链全面铺开。该模式好处在于实现物流、商流、资金流、信息流即“四流合一”,把核心企业和配套的上下游企业看作一个整体,为其提供融资和金融解决方案,从而将单个企业不可控的违约风险转化为供应链整体可控的风险。供应链金融在真实的贸易背景下,降低了对银行作为信用中介的需求,从而衍生出保理、融资租赁等模式。①

供应链金融之所以发展迅速,只要基于以下 3 点原因:第一,市场中存在现实需求。据公开资料显示,国内上市公司的应收账款总额数量高达数千亿元,并且收回款项时间周期较长,这也为供应链金融典型结构之一——应收账款融资模式提供了现实基础。第二,国家政策推动供应链金融的发展。2016 年 2 月 16 日,中国人民银行、发改委、工信部等八部委联合发布《关于金融支持工业稳增长调结构增效益的若干意见》。其中明确指出,“大力发展应收账款融资”“推动更多供应链加入应收账款质押融资服务平台”“推动大企业和政府采购主体积极确认应收账款,帮助中小企业供应商融资”等内容,这为供应链金融的发展提供了政策基础。第三,互联网技术的革新推动供应链金融发展。互联网技术在供应链金融中的应用,可以有效避免传统供应链金融发展当中一些难以克服的弊端,能够以更低的运营成本和更高的风控水平触及大量原先缺钱但得不到信贷支持的中小微群体,为供应链金融的发展提供了技术基础。

然而,在大力发展供应链金融,拓宽中小企业融资渠道的同时,需要重视供应链金融发展过程中可能产生的一些法律问题及风险,具体而言,供应链金融中的法律问题包括:

第一,担保中的法律问题。供应链金融并不是通过信用融资的方式进行,其仍需以一定的担保作为基础。供应链金融的担保方式主要包括动产质押和权利质押。与供应链金融有关的权利质押,主要包括应收账款和电子仓单质押。我国动产担保物权制度不完善主要表现在:一是动

---

① 参见搜狐网:《2016 供应链金融迎来黄金发展期》,载搜狐网:http://mt.sohu.com/20160712/n458822324.shtml,最后访问日期:2017 年 3 月 20 日。

产质押实用性不强；二是缺少便捷的担保系统。此外，《物权法》明确了企业应收账款可以质押融资，但其质押登记管理还有许多不完善的地方。如在供应链金融实践中，有关金融管理机构对应收账款的登记内容、撰写要求没有进行规范，使银行很难顺利确权，还可能出现重复登记的现象，直接造成担保无效，甚至产生法律纠纷。①

第二，供应链金融中的非法集资法律问题。目前一些供应链金融模式中，融合了第三方贸易平台与P2P借款方式。投资人通过投标P2P借贷平台的供应链融资项目形成的在途资金，或者平台为投资供应链融资项目而事先归集投资者资金等，可能会形成"资金池"，这就存在非法集资之嫌。因此，需要明确参与供应链金融的P2P借贷平台是投资方（出借人）和融资方（借款人）提供信息交互、撮合、资信评估等中介服务。不得利用平台信息优势为其本身融资，否则，将可能涉嫌非法集资、非法吸收公众存款。②

十、民营银行加速扩容

（一）基本情况

自2014年3月银监会批准5家民营银行试点以来，民营银行的发展进程受到金融界的高度关注。2015年是民营银行的破局之年，2016年是民营银行的起航之年，民营银行加速发展。审批上，完成"试点"向"常态化"发展的转变。进入2016年后，民营银行扩容速度明显加快，民营银行发展正在驶入快车道。数据显示，截至2016年年末，银监会已经批复了重庆富民银行、四川希望银行、湖南三湘银行、安徽新安银行、福建华通银行、武汉众邦银行、江苏苏宁银行、北京中关村银行、山东威海蓝海银行、吉林亿联银行、辽宁振兴银行、广东梅州客商银行12家民营

---

① 参见罗勇、陈治亚：《供应链金融法律风险的成因与防范》，载《财会月刊》2016年第23期。

② 参见朱宁：《贸易平台为主导的供应链金融及其法律问题初探》，载《法律适用》2016年第6期。

银行的筹建,其中3家已正式开业。①

从民营银行的设立情况上来看,目前我国民营银行的设立批复时间仅需20天左右,低于规定的4个月时限,但虽然批复时间压缩,标准却没有降低,仍然严格执行民营银行的设立准入标准。

从服务对象上来看,民营银行与现有银行形成有效补充,解决现有银行业在信贷服务上存在总量供给充裕、结构性供给不足的问题,特别是"三农"、小微企业和一些低收入群体一直是金融服务的短板。民营银行的发展坚持了服务"长尾"客户的定位,在普惠金融中稳稳扎根。

从风险防控角度来看,目前民营银行需要坚持"一行一店模式",只允许民营银行在其总行所在城市设置一家营业部,不得跨区域设立。在经营范围上,民营银行目前仍不允许远程开立全功能的Ⅰ类账户。此外,根据《关于改进个人银行账户服务加强账户管理的通知》,民营银行还需落实个人银行账户实名制、建立银行账户分类管理机制、规范个人银行账户代理事宜。②

(二)影响及意义

我国现有银行体系中,信贷服务在许多领域方面难以企及,中小企业融资困境及普惠金融开展困难是我国现行金融服务体系中尤为突出的问题。基于此,民营银行自"出生"起,其定位就是传统金融的"补充者",通过对于传统银行信贷服务难以企及领域的补充,完善我国金融体系,推行普惠金融体系的建立。

中小企业是民营银行服务的重点对象之一,随着我国民营银行不断建立及完善,将会有效拓宽中小企业融资途径,从而有效发挥金融对于实体经济的支撑作用,完善我国市场经济主体多元化建设。此外,民营银行的建立,与我国现有银行形成相互补充,有效完善我国金融市场体系。

值得关注的是,民营银行的发展刚刚起步,仍面临诸多挑战,如资本补充渠道狭窄、吸收存款难度大、网点扩张受限影响零售业务扩展、非利

① 参见新浪财经:《民营银行加速扩容》,载新浪网:http://finance.sina.com.cn/roll/2017-03-09/doc-ifychhuq3354577.shtml?cre=financepagepc&mod=f&loc=1&r=9&doct=0&rfunc=78,最后访问日期:2017年3月20日。

② 参见《2016年中国十大金融事件》,载《银行家》2017年第1期。

息收入占比偏低、产品和业务创新能力不强等。中国银行业监督管理委员会主席郭树清在谈到民营银行的风险时表示："千万不能将民营银行办成少数人或少数资本控制的银行，变成自己的'提款机'，进行关联交易，吸收公众存款用于自己特殊目的的投资。"

民营银行必须立足自身的资源禀赋、客户结构及所处市场环境，明晰市场定位，坚定不移地走差异化、特色化经营之路。监管部门也应根据民营银行的机构和经营特点，在资本充足率、拨备覆盖率等监管指标设定和公司治理的要求方面，制定有别于大中型银行的监管标准。①

十一、启示与建议

综观2016年这些典型的民间金融案件与事件，我们可以得到几点启发：

（一）互联网金融行业回归理性发展

2014年至今，互联网金融既经历一轮快速发展期，也集中爆发了一些问题。仅从网贷平台来看，根据数据显示，截至2017年2月，我国累计网贷平台数量由2015年1月的2918家升至5882家。而在2014～2016年的3年间，每年的停业及问题平台数量分别为277家、1206家和1850家，出现的问题包括提现困难、经侦介入、停业、跑路等。从2016年网贷新规的发布，到2017年年初全国各地出台网贷新规实施细则，再到银监会发布存管指引，无不显示出国家对于互联网金融行业的整治信心，规范化已经成为2017年行业的风向标。②

互联网金融的迅速发展，使更多的金融机构、金融资本进入了互联网金融市场，实现了金融与实体经济的不断结合与碰撞。但就目前而言，我国互联网金融市场发展并非十分规范，出现了大批融资平台老板跑路、资不抵债等问题。这为我国互联网金融的发展埋下了隐患。

互联网技术迅速发展对于各个行业均产生了深远的影响，尤其对于

---

① 参见新浪财经：《民营银行加速扩容》，载新浪网：http://finance.sina.com.cn/roll/2017-03-09/doc-ifychhuq3354577.shtml?cre=financepagepc&mod=f&loc=1&r=9&doct=0&rfunc=78，最后访问日期：2017年3月20日。

② 参见民间金融研究中心微信公众号：《互联网金融监管趋严　行业回归理性发展》，最后访问日期：2017年3月20日。

互联网金融行业，互联网金融改变了我国传统的金融布局，对于金融市场中的主体、融资方式、市场结构均产生了一定的影响及改变。作为新兴行业，互联网金融需要良好的制度环境及监管环境，以便于其规范化、标准化发展。那么，这就内生了金融监管方式进行相应改变的需求。

伴随着互联网金融的“野蛮生长”，2017 年以来，互联网金融政策逐渐收紧，行业进入优化整合发展期间，互联网金融市场中面临一次大规模的“洗牌”，一些实力不足、运行不规范的中小互联网企业都将面临停业的风险。互联网金融行业准入门槛随着监管细则的出台逐渐提升，其中银行存管、电信与信息服务业务许可、借款额度的小额化等方向成为必要标准。

基于此，我国针对互联网金融行业相继出台了《网络借贷信息中介机构业务活动管理暂行办法》《网络借贷资金存管业务指引》等监管文件。随着一系列监管文件的出台，我国互联网金融市场的发展并没有因为监管而受到抑制。相反，互联网金融市场因为其规范化程度的加深，市场发展逐步规范化。

随着监管力度的收紧，我国互联网金融行业野蛮发展的时代也几近结束，互联网金融行业得到了更多的社会认可度，行业规范化、正规化趋势也越发明显。从长远角度来看，这有利于我国互联网金融行业乃至金融行业的有序发展。从而起到正本清源作用，发挥金融服务于实体经济中的作用。

1. 防控金融风险仍是重中之重

2016 年民间金融领域风险问题仍然尤为突出。P2P 平台跑路、不良资产处置问题、债券违约、资管行业乱象等事件频频发生，使民间金融领域的安全问题不容忽视。

2017 年 2 月 28 日，习近平总书记在中央财经领导小组第十五次会议上强调，防控金融风险，要加快建立监管协调机制，加强宏观审慎监管，强化统筹协调能力，防范和化解系统性风险。2017 年 3 月 5 日，李克强总理在政府工作报告中表示“经济金融风险隐患不容忽视”，并点名对不良资产、债券违约、影子银行、互联网金融等累积风险要高度警惕。2017 年 3 月 10 日的全国两会记者会上，中国人民银行行长周小川等负责人，10 多次提及“风险”。此前的 2016 年 2 月 17 日，中国人民银行发布2016年第四季度货币政策执行报告,更是70次提到“风险”、16次提到“泡沫”;2月中旬,多家P2P平台传出“跑路”消息;同时,我国1～2月外汇储备6年来首次徘徊于3万亿美元关口。加之长期存在的去产能、去杠杆和地方债务及银行坏账等问题,防控金融风险被提到更高的位置。①

目前,我国民间金融的发展仍要将风险防控放在首位,民间金融由于规范化程度不高、监管制度不完善,容易造成流动性风险,加之资金实力和风控能力较弱,一旦发生负面消息,容易导致挤兑现象。此外,民间金融还面临巨大的制度风险,民间金融发展的基础也决定其高风险的先天基因。游离于正规金融的边界之外,也使其深受冒险者、骗子的青睐。2016年“e租宝”事件、“中晋系”涉嫌非法吸收公众存款、国海证券“萝卜章”事件等,这些案件均是由于监管制度的不完善,使互联网金融在一定程度上成了不法分子圈钱的工具。此外,民间金融监管层面的不完善,使一些民间金融领域风险无法被有效防控。2016年发生的校园贷事件、债券市场的大规模违约,这些事件都为我国民间金融风险防范问题敲响了警钟。

2.需防范过度金融化、影子银行现象

2016年我国民间金融发展迅速,但从金融风险来看,应该关注过度金融化的问题。从全国来看,出现了过度金融化的苗头和趋势。我国过度金融化主要体现在四个方面:一是金融在我国GDP中的比重增加,金融业在我国产业链中重要性增加;二是出现了一哄而上办金融的现象,各类新金融、准金融、类金融遍地开花、五花八门,金融行业市场中主体数量、种类均大幅增加;三是部分金融机构存在体内循环、脱实向虚的情况,特别是同业、理财、资管、票据,存在杠杆过高、链条过长、关联过于复杂,造成整个资产负债表畸形;四是有些中小银行,表外超过表内,同业超过存款,这种资产负债表是非常脆弱的,不仅虚增了银行的利润,而且抬高了实体经济的成本。②

① 参见聂欧:《阻击金融风险》,载《财经国家周刊》微信公众号,最后访问日期:2017年3月20日。

② 参见民间金融研究院微信公众号:《中国金融高官集体喊话:2017年打击的就是过度金融化》,最后访问日期:2017年3月20日。

对于影子银行而言，我国金融市场中有影子银行存在的制度空间，因此对于影子银行不能一味打击，此外，如果不正视影子银行，影子银行对实体经济和金融业的伤害也是非常大的。对于影子银行，应当重点管制那些链条过长的、杠杆过高的、结构性过于复杂的、不能穿透的、存在着监管套利和监管真空的金融产品。例如，我国当前"泛资产管理"时代的开启，证券公司、保险公司、基金公司在一定程度上都可以扮演"影子银行"的角色，对这些类"影子银行"业务的监管存在一定的滞后性，需要正视影子银行的产生及其特点，监管方式也应随之进行改进。

基于以上对典型民间金融案件与事件的认识，我们提出以下几点关于民间金融监管与金融法治的建议：

金融监管由机构监管转变为功能监管。资管业务的迅速发展使得我国传统银行业、保险业、证券业、信托业的分业界限逐渐模糊，"泛资产管理"时代下，国民财富大量流入金融领域，那么，对这些领域内金融机构的业务规范就显得尤为重要。在金融监管方式由机构监管转为功能监管的同时，需要明确我国银行业、证券业、保险业等行业的内涵与外延，明确金融理财产品的法律性质，构建完备的金融法律体系。

法律关系清晰是避免监管套利、监管竞次、监管空白的基础和前提。此外，建立独立于"一行三会"的投资者保护机构，是中国的现实选择。目前，由于对证券的定义过于狭窄，对信托关系没有明确的界定，借助各种名目繁多的财富管理计划监管套利，花样频出。对互联网金融的平台属性进行强制界定，不能从根本上解决监管套利问题。而对于涉众的理财，由于缺乏有力的投资者保护机构，而附属于"一行三会"下的投资者保护部门亦缺乏相应的监管工具，难以对涉众和跨界的金融产品，从一诞生就从投资者保护角度介入监管。①

金融创新与金融监管之间的关系是处于动态博弈过程中的，美国经济学家凯恩（E. J. kane）认为，政府对于金融的监管在某种程度上而言相当于一种隐形税负，一方面增加了金融机构的经营成本；另一方面也抑制了金融机构通过规制外的盈利路径。当规制外的盈利收益足够高时，

---

① 参见中企亿融微信公众号：《火速看！2016 民间金融将走向何方?》，最后访问日期：2017 年 3 月 20 日。

此时金融机构就会热衷于金融创新旨在规避金融监管。与此同时,当该金融创新对于金融业稳定以及金融监管造成较大影响时,金融创新又会倒逼金融监管方式的改变。因此可以得出,金融监管是金融创新的一个动因,金融创新又促使金融监管体制的进一步完善,两者之间是一种正向的博弈关系。

因此,我们要正视金融创新与金融监管之间的关系,金融混业经营已经成为大势所趋,与此同时,我国的金融监管也应当作出相应调整。

(二)建立民间金融配套制度,保障民间金融有序发展

我国的民间金融目前处于一种无序状态,所以,引导民间资金流向,实现民间金融的正规化、合法化,发展民营金融需要建立一套严格的制度作保障,要尽快建立民营金融组织的正常进入和退出机制及严格的监管制度。

第一,建立存款保险制度,存款保险制度是银行业投资者权利得到保障的重要制度之一。无论是民营银行还是目前我国金融市场中的“影子银行”中,都可以通过建立存款保险制度,以保障存款人的利益。从而避免类似P2P平台跑路、“中晋系”涉嫌非法吸收公众存款事件中投资者利益难以得到保障情况的发生。

第二,健全我国征信制度。我国民间金融的风险很大程度上源自征信制度的不完善。信用制度是保证金融体系正常运行的重要制度,征信制度的建立是金融机构降低风险和民间资本进入正规融资体系的重要制度保障。当前,我国政府高度重视社会信用制度建设,把健全社会信用体系作为关系经济发展全局的一件大事来抓。国务院专门成立以中国人民银行牵头的“建立企业和个人征信体系专题工作小组”,负责总体规划和组织协调工作。各地社会诚信建设取得明显进展。

第三,完善民间金融市场准入制度及信息披露制度。金融业是一个高风险行业,所以,对进入者必须有严格的规定,如注册资本、经营场地、经营范围等。另外,在原有民间金融机构正规化的过程中,它们过去是否守法经营、有无损害存款人利益的行为,都是可否进入金融业的重要条件。此外,民间金融中信息不对称现象显著,通过我国金融市场信息披露制度的完善,可以有效降低民间金融市场风险。

附录：规范民间金融的法律文本

一、相关法律

《中华人民共和国慈善法》（节选）（主席令第43号）

扫二维码，立现相关法律具体内容

二、部门规章

《网络借贷信息中介机构业务活动管理暂行办法（中国银行业监督管理委员会、工业和信息化部、公安部、国家互联网信息办公室令2016年第1号）》

扫二维码，立现部门规章具体内容

三、主要部门规范性文件

1.《证券期货经营机构私募资产管理业务运作管理暂行规定》（中国证券监督管理委员会公告〔2016〕13号）

扫二维码，立现主要部门规范性文件具体内容

2.《非银行支付机构网络支付业务管理办法》（中国人民银行公告〔2015〕第43号,2016年7月1日起实施）

3.《政府出资产业投资基金管理暂行办法》（发改财金规〔2016〕2800号）

4.《民政部、中国银行业监督管理委员会关于做好慈善信托备案有关工作的通知》（民发〔2016〕151号）

5.《中国银监会办公厅关于进一步加强信托公司风险监管工作的意见》（银监办发〔2016〕58号）

6.《互联网金融风险专项整治工作实施方案》（国办发〔2016〕21号）

7.《商务部办公厅关于做好典当行设立工作的通知》(商办流通函〔2016〕911 号)

8.《国家工商行政管理总局、中央宣传部、中央维稳办等关于印发〈开展互联网金融广告及以投资理财名义从事金融活动风险专项整治工作实施方案〉的通知》(工商办字〔2016〕61 号)

9.《教育部办公厅、中国银监会办公厅关于加强校园不良网络借贷风险防范和教育引导工作的通知》(教思政厅函〔2016〕15 号)

10.《证监会、中央宣传部、中央维稳办等关于印发〈股权众筹风险专项整治工作实施方案〉的通知》(证监发〔2016〕29 号)

11.《中国保监会、中央宣传部、中央维稳办等关于印发〈互联网保险风险专项整治工作实施方案〉的通知》(保监发〔2016〕31 号)

12.《中国银行业监督管理委员会等十五部委关于印发〈P2P 网络借贷风险专项整治工作实施方案〉的通知》(银监发〔2016〕11 号)

13.《中国人民银行关于加强支付结算管理防范电信网络新型违法犯罪有关事项的通知》(银发〔2016〕261 号)

14.《工商总局关于印发 2016 网络市场监管专项行动方案的通知》(工商办字〔2016〕87 号)

15.《关于进一步加强校园网贷整治工作的通知》(银监发〔2016〕47 号)

四、地方规范性文件

扫二维码，立现地方规范性文件1～20具体内容

1.《河北省人民政府办公厅关于引导民间融资创新发展的意见》(冀政办字〔2016〕132 号)

2.《江西省人民政府办公厅关于促进民间融资机构规范发展的意见》(赣府厅发〔2016〕54 号)

3.《内蒙古自治区人民政府办公厅关于进一步引导规范民间融资发展的指导意见》(内政办发〔2016〕185 号)

4.《山东省地方金融监督管理局关于印发〈山东省民间融资机构监督管理办法〉的通知》(鲁金监字〔2016〕6 号)

5.《广东省人民政府金融工作办公室关于进一步促进小额贷款公司

规范发展的意见》（粤金贷监〔2016〕5号）

6.《广东省人民政府金融工作办公室关于印发〈广东省小额贷款公司减少注册资本和解散工作指引（试行）〉的通知》（粤金贷监〔2016〕1号）

7.《合肥市人民政府办公厅关于印发合肥市小额贷款公司监管办法的通知》（合政办〔2016〕45号）

8.《黑龙江省金融办公室在全国中小企业股份转让系统挂牌小额贷款公司扩大业务范围相关监管政策规定（试行）》（黑金办发〔2016〕13号）

9.《呼和浩特市人民政府办公厅关于贯彻落实自治区人民政府办公厅关于支持小额贷款公司持续健康发展加强金融服务指导意见的通知》（呼政办发〔2016〕1号）

10.《吉安市人民政府办公室关于印发吉安市网络小额贷款公司设立申报工作指引和吉安市网络小额贷款公司监督管理暂行办法的通知》（吉府办字〔2016〕185号）

11.《吉林省金融工作办公室关于进一步规范小额贷款公司健康发展的若干意见》（吉金办文〔2016〕73号）

12.《宁夏回族自治区人民政府办公厅关于印发〈宁夏回族自治区小额贷款公司管理暂行办法（修订）〉的通知（2016）》（宁政办发〔2016〕105号）

13.《厦门市人民政府关于印发厦门市小额贷款公司管理办法的通知》（厦府〔2016〕88号）

14.《山东省地方金融监督管理局关于印发〈山东省小额贷款公司（试点）管理办法〉的通知》（鲁金监字〔2016〕9号）

15.《上海市人民政府办公厅关于印发〈上海市小额贷款公司监管办法〉的通知》（沪府办发〔2016〕42号）

16.《通辽市人民政府办公厅关于落实支持小额贷款公司持续健康发展加强金融服务工作的意见》（通政办字〔2016〕33号）

17.《新乡市人民政府办公室关于印发〈新乡市融资性担保公司小额贷款公司风险管理暂行办法〉的通知》（新政办〔2016〕3号）

18.《北京市慈善信托管理办法》（京民慈发〔2016〕385号）

19.《河北省财政厅关于印发〈河北省股权投资基金业发展奖励资金管理办法〉的通知》(冀财金〔2016〕44号)

20.《河北省发展和改革委员会关于开展我省股权与创业投资基金规范运作风险排查工作的通知》(冀发改财金〔2016〕581号)

21.《河北省人民政府办公厅关于印发河北省促进股权投资基金业发展办法的通知》(冀政办字〔2016〕186号)

扫二维码，立现地方规范性文件21～40具体内容

22.《丽水市人民政府关于印发鼓励股权投资业发展的若干意见的通知》(丽政发〔2016〕64号)

23.《湖北省人民政府关于加快股权投资基金业发展的意见》(鄂政发〔2016〕11号)

24.《安阳市人民政府办公室关于转发安阳市产业引导股权投资基金管理暂行办法的通知》(安政办〔2016〕96号)

25.《成都市人民政府关于印发成都市政府投资基金暂行管理办法的通知》(成府发〔2016〕19号)

26.《大同市人民政府办公厅关于印发〈大同市政府产业投资基金管理暂行办法〉及〈大同市政府产业投资基金实施方案〉的通知》(同政办发〔2016〕52号)

27.《福建省人民政府办公厅关于印发〈福建省产业股权投资基金暂行管理办法〉的通知》(闽政办〔2016〕102号)

28.《湖南省财政厅关于印发〈湖南省省级政府性投资基金暂行管理办法〉的通知》(湘财预〔2016〕30号)

29.《淮北市人民政府办公室关于印发淮北市天使投资基金管理办法(试行)的通知》(2016年4月11日)

30.《江门市人民政府办公室关于印发江门市政府投资基金管理暂行办法的通知》(江府办〔2016〕2号)

31.《辽宁省人民政府关于印发国有企业参与设立产业(创业)投资基金若干政策措施的通知》(辽政发〔2016〕29号)

32.《南京市政府关于印发〈南京市政府投资基金管理办法〉的通知》(宁政发〔2016〕264号)

33.《内蒙古自治区发展和改革委员会关于招募基金管理公司的公告（附：内蒙古自治区现代服务业股权投资基金管理暂行办法）》（2016年2月25日）

34.《宁波市人民政府办公厅关于印发宁波市政府与社会资本合作投资基金组建方案的通知》（甬政办发〔2016〕49号）

35.《莆田市人民政府办公室关于贯彻落实〈政府投资基金暂行管理办法〉的意见》（莆政办〔2016〕182号）

36.《青海省人民政府办公厅关于印发青海省省级政府投资基金管理办法（试行）的通知》（青政办〔2016〕212号）

37.《三亚市人民政府关于印发三亚市城乡发展股权投资基金方案等相关文件的通知》（三府〔2016〕140号）

38.《石家庄市人民政府关于财政资金注资政府投资基金支持产业发展的实施意见》（石政函〔2016〕110号）

39.《温州市人民政府办公室关于印发温州市科技创新创业投资基金管理办法（试行）的通知》（温政办〔2016〕61号）

40.《新乡市人民政府办公室关于促进创业投资和产业投资基金发展的意见》（新政办〔2016〕59号）

扫二维码，立现地方规范性文件41～60具体内容

41.《扬州市政府办公室关于印发〈扬州市政府投资基金管理办法（试行）〉的通知》（扬府办发〔2016〕98号）

42.《银川市人民政府关于印发银川市科技创新发展投资基金管理暂行办法的通知》（银政发〔2016〕110号）

43.《蚌埠市人民政府关于印发蚌埠市加快推进地方金融改革发展实施意见的通知》（蚌政秘〔2016〕31号）

44.《大连市人民政府关于促进互联网金融健康发展的实施意见》（大政发〔2016〕32号）

45.《大连市人民政府关于深化金融改革创新的实施意见》（大政发〔2016〕30号）

46.《吉林省人民政府办公厅关于促进互联网金融规范健康发展的若干意见》（吉政办发〔2016〕18号）

47.《江西省人民政府办公厅关于促进全省互联网金融业发展的若干意见》(赣府厅发〔2016〕3号)

48.《萍乡市人民政府办公室关于促进互联网金融产业发展的实施意见(试行)》(萍府办发〔2016〕18号)

49.《西安市人民政府办公厅关于印发促进互联网金融产业健康发展意见的通知》(市政办发〔2016〕6号)

50.《新乡市人民政府办公室关于引导规范互联网金融发展的意见》(新政办〔2016〕15号)

51.《许昌市人民政府关于加快众创众包众扶众筹发展的实施意见(试行)》(许政〔2016〕43号)

52.《安徽省人民政府办公厅关于印发互联网金融风险专项整治工作方案的通知》(皖政办〔2016〕21号)

53.《鞍山市人民政府办公厅关于印发鞍山市互联网金融风险专项整治工作实施方案的通知》(鞍政办发〔2016〕55号)

54.《北京市人民政府办公厅关于印发〈北京市互联网金融风险专项整治工作实施方案〉的通知》(京政办发〔2016〕24号)

55.《本溪市人民政府办公厅关于印发本溪市互联网金融风险专项整治工作实施方案的通知》(本政办发〔2016〕74号)

56.《鄂尔多斯市人民政府办公厅关于印发互联网金融风险专项整治工作实施方案的通知》(鄂府办发电〔2016〕17号)

57.《福建省经济和信息化委员会关于开展类金融机构参与互联网金融及非法集资风险专项整治工作的通知》(闽经信中小〔2016〕381号)

58.《固原市人民政府办公室关于印发固原市互联网金融风险专项整治工作总体实施方案及6个分项方案的通知》(固政办发〔2016〕81号)

59.《广东省人民政府办公厅关于印发广东省互联网金融风险专项整治工作实施方案的通知》(2016年5月14日)

60.《果洛州人民政府办公室关于转发〈果洛州互联网金融风险专项整治工作实施方案〉的通知》(果政办〔2016〕115号)

扫二维码，立现地方规范性文件61～80具体内容

61.《哈尔滨市人民政府办公厅关于印发哈尔滨市互联网金融风险专项整治工作实施方案的通知》(哈政办发〔2016〕33 号)

62.《海南省人民政府办公厅关于报送海南省互联网金融风险专项整治工作方案的函》(琼府办函〔2016〕164 号)

63.《合肥市人民政府办公厅关于印发互联网金融风险专项整治工作方案的通知》(合政办〔2016〕24 号)

64.《河南省人民政府办公厅关于印发全省互联网金融风险专项整治工作方案的通知》(豫政办〔2016〕76 号)

65.《黑龙江省人民政府办公厅关于印发黑龙江省互联网金融风险专项整治工作实施方案的通知》(黑政办发〔2016〕59 号)

66.《葫芦岛市人民政府办公室关于印发葫芦岛市互联网金融风险专项整治工作实施方案的通知》(葫政办发〔2016〕91 号)

67.《黄南洲人民政府办公室关于印发黄南州互联网金融风险专项整治工作实施方案的通知》(黄政办〔2016〕47 号)

68.《吉安市人民政府办公室关于印发吉安市互联网金融风险专项整治工作方案的通知》(2016 年 6 月 3 日)

69.《吉林省互联网金融风险专项整治工作方案》(吉林省金融工作办公室,2016 年)

70.《江苏省政府办公厅关于印发江苏省互联网金融风险专项整治工作实施方案的通知》(苏政办发〔2016〕53 号)

71.《连云港市政府办公室关于印发连云港市互联网金融风险专项整治工作实施方案的通知》(连政办发〔2016〕101 号)

72.《内蒙古自治区人民政府办公厅关于印发互联网金融风险专项整治清理整顿工作实施方案的通知》(内政办发电〔2016〕107 号)

73.《宁夏回族自治区人民政府办公厅关于印发自治区互联网金融风险专项整治工作总体实施方案及 6 个分项方案的通知》(宁政办发〔2016〕90 号)

74.《山东省人民政府办公厅关于印发山东省互联网金融风险专项整治工作实施方案的通知》(鲁政办字〔2016〕88 号)

75.《陕西省人民政府办公厅关于印发互联网金融风险专项整治工作实施方案的通知》(陕政办发〔2016〕38 号)

76.《上海市人民政府办公厅关于印发〈上海市互联网金融风险专项整治工作实施方案〉的通知》(沪府办〔2016〕46号)

77.《邵阳市人民政府办公室关于印发〈邵阳市互联网金融风险专项整治工作实施方案〉的通知》(市政办发〔2016〕8号)

78.《太原市人民政府办公厅关于印发互联网金融风险专项整治工作方案的通知》(晋政办发〔2016〕56号)

79.《铜陵市人民政府办公室关于印发铜陵市互联网金融风险专项整治工作方案的通知》(办〔2016〕88号)

80.《西安市人民政府办公厅关于印发互联网金融风险专项整治工作方案的通知》(市政办发〔2016〕48号)

81.《咸宁市人民政府办公室关于印发咸宁市互联网金融风险专项整治工作实施方案的通知》(咸政办发〔2016〕35号)

82.《许昌市人民政府办公室关于印发许昌市互联网金融风险专项整治工作方案的通知》(许政办〔2016〕40号)

扫二维码，立现地方规范性文件81～93具体内容

83.《宣城市贯彻落实互联网金融风险专项整治工作实施意见》(宣城市政府〔2016〕)

84.《宜昌市人民政府办公室关于印发宜昌市互联网金融风险专项整治工作实施方案的通知》(宜府办发〔2016〕34号)

85.《岳阳市人民政府办公室关于印发〈岳阳市互联网金融风险专项整治工作实施方案〉的通知》(岳政办发〔2016〕32号)

86.《周口市人民政府办公室关于印发周口市互联网金融风险专项整治工作方案的通知》(周政办〔2016〕43号)

87.《珠海市工商行政管理局关于加强互联网金融广告审查的通知》(珠工商广示字〔2016〕1号)

88.《株洲市人民政府办公室关于印发〈株洲市互联网金融风险专项整治工作实施方案〉的通知》(株政办发〔2016〕16号)

89.《淄博市人民政府办公厅关于印发淄博市互联网金融风险专项整治工作实施方案的通知》(淄政办字〔2016〕97号)

90.《关于加强本市小额贷款公司有关在校学生借贷业务监管工作

的通知》(沪金融办〔2016〕287号)

91.《关于印发〈上海市小额贷款公司互联网小额贷款业务专项监管指引(试行)〉的通知》(沪金融办〔2016〕285号)

92.《四川省高级人民法院关于审理民间借贷纠纷案件若干问题的指导意见》(2016年7月27日)

93.《江苏省高级人民法院关于民间借贷、借款、担保合同案件涉及经济犯罪若干问题的纪要》(江苏省高级人民法院审判委员会会议纪要〔2016〕2号)

五、行业规定

扫二维码，立现行业规定具体内容

1.《中国基金业协会关于进一步规范私募基金管理人登记若干事项的公告》(中基协发〔2016〕4号)

2.《私募投资基金管理人内部控制指引》(中国基金业协会2016年2月1日)

3.《私募投资基金信息披露管理办法》(中国基金业协会,2016年2月4日发布)

4.《私募投资基金合同指引》(中国基金业协会,2016年4月18日发布)

5.《私募投资基金募集行为管理办法》(中国基金业协会,2016年4月15日发布)

6.《中国证券投资基金业协会关于发布〈私募投资基金信息披露内容与格式指引2号——适用于私募股权(含创业)投资基金〉的通知》(中国证券投资基金业协会,2016年11月14日)

7.《中国证券投资基金业协会关于发布〈证券期货经营机构私募资产管理计划备案管理规范第1—3号〉的通知》(中国证券投资基金业协会,2016年10月21日)

8.《中国证券投资基金业协会关于落实〈证券期货经营机构私募资产管理业务运作管理暂行规定〉有关事项的通知》(中国证券投资基金业协会,2016年7月18日)

9.《中国证券投资基金业协会关于做好私募基金"两个加强、两个

遏制”相关工作的通知》(中基协字〔2016〕134 号)

10.《中国证券业协会关于发布〈证券公司私募投资基金子公司管理规范〉及〈证券公司另类投资子公司管理规范〉的通知》(中证协发〔2016〕253 号)

11.《中国证券业协会关于发布〈融资担保公司证券市场担保业务规范〉的通知》(中证协发〔2016〕11 号)

12.《关于印发互联网金融信息披露标准和配套自律制度的通知》(中国互联网金融协会,2016 年 10 月 28 日)

图书在版编目(CIP)数据

2016年民间金融法治发展报告 / 岳彩申主编. —北京:法律出版社,2017

ISBN 978-7-5197-1366-9

Ⅰ.①2… Ⅱ.①岳… Ⅲ.①金融法—研究报告—中国—2016 Ⅳ.①D922.280.4

中国版本图书馆CIP数据核字(2017)第221342号

2016年民间金融法治发展报告
2016 NIAN MINJIAN JINRONG FAZHI FAZHAN BAOGAO

岳彩申 主编

策划编辑 陈 妮
责任编辑 陈 妮
装帧设计 乔智伟

出版 法律出版社
总发行 中国法律图书有限公司
经销 新华书店
印刷 北京京华虎彩印刷有限公司
责任校对 王沁陶
责任印制 吕亚莉

编辑统筹 财经出版分社
开本 720毫米×960毫米 1/16
印张 19.25
字数 280千
版本 2017年10月第1版
印次 2017年10月第1次印刷

法律出版社/北京市丰台区莲花池西里7号(100073)
网址/www.lawpress.com.cn
投稿邮箱/info@lawpress.com.cn
举报维权邮箱/jbwq@lawpress.com.cn
销售热线/010-63939792
咨询电话/010-63939796

中国法律图书有限公司/北京市丰台区莲花池西里7号(100073)
全国各地中法图分、子公司销售电话:
统一销售客服/400-660-6393
第一法律书店/010-63939781/9782 西安分公司/029-85330678 重庆分公司/023-67453036
上海分公司/021-62071639/1636 深圳分公司/0755-83072995

书号:ISBN 978-7-5197-1366-9 **定价**:60.00元
(如有缺页或倒装,中国法律图书有限公司负责退换)